首都职工素质建设工程 专版教材

THE CONSTRUCTION PROGRAM FOR THE SELF-DEVELOPMENT OF BEIJING WORKERS

职工法律素养

首都职工素质建设工程指导委员会办公室　组编

杨积堂　主编

ZHIGONG FALÜ SUYANG

高等教育出版社·北京

内容简介

本书是首都职工素质建设工程通识课程——职工法律素养的专版教材。主要内容包括：法治社会、家庭法治、劳动法治、权利法治、契约法治、程序法治六个分篇。目的是为职工在现代法治社会生活、婚姻家庭、劳动保障、人身和财产权利、契约意识与维权，以及遇到纠纷如何通过法律途径解决问题几个方面，提供基础知识、基本理念和解决问题的框架。通过本书的学习，职工能从整体上初步把握生活中常涉法律的框架，为进一步了解和学习法律奠定基础。

本书适合作为企业职工培训教材，也适合作为普法读物阅读。

图书在版编目（CIP）数据

职工法律素养 / 杨积堂主编；首都职工素质建设工程指导委员会办公室组编 .-- 北京：高等教育出版社，2015. 11
ISBN 978-7-04-043850-5

Ⅰ. ①职… Ⅱ. ①杨… ②首… Ⅲ. ①法律 – 中国 – 职工培训 – 教材 Ⅳ. ①D920.5

中国版本图书馆 CIP 数据核字（2015）第 217524 号

策划编辑 梁 洁　责任编辑 靳剑辉　封面设计 赵 阳　版式设计 马 云
插图绘制 姜 磊　责任校对 殷 然　责任印制 刘思涵

出版发行 高等教育出版社
社 址 北京市西城区德外大街4号
邮政编码 100120
印 刷 山东省高唐印刷有限责任公司
开 本 787mm × 960mm 1/16
印 张 20
字 数 350千字
购书热线 010-58581118
咨询电话 400-810-0598
网 址 http://www.hep.edu.cn
http://www.hep.com.cn
网上订购 http://www.landraco.com
http://www.landraco.com.cn
版 次 2015年11月第1版
印 次 2015年11月第1次印刷
定 价 36.00元

物 料 号 43850-00

总前言

首都职工素质建设工程是北京市总工会、北京市委组织部、北京市委统战部、北京市教育委员会、北京市科学技术委员会、北京市经济和信息化委员会、北京市财政局、北京市人力资源和社会保障局、北京市人民政府国有资产监督管理委员会、北京市工商业联合会、北京市科学技术协会、国家开放大学和北京开放大学13家单位，在终身学习背景下，将全面提高首都职工队伍素质作为长期战略任务而为全市职工搭建的公共服务共享平台。为向该平台提供有效、实用的教学内容和课程资源，首都职工素质建设工程指导委员会办公室与高等教育出版社联合开展了“职工教育课程资源建设项目”。

习近平总书记于2015年4月28日在庆祝“五一”国际劳动节暨表彰全国劳动模范和先进工作者大会上讲到：“在前进道路上，我们要始终高度重视提高劳动者素质，培养宏大的高素质劳动者大军。劳动者素质对一个国家、一个民族发展至关重要。劳动者的知识和才能积累越多，创造能力就越大。提高包括广大劳动者在内的全民族文明素质，是民族发展的长远大计。面对日趋激烈的国际竞争，一个国家发展能否抢占先机、赢得主动，越来越取决于国民素质特别是广大劳动者素质。要实施职工素质建设工程，推动建设宏大的知识型、技术型、创新型劳动者大军。”

首都职工素质建设工程是加快推进首都职工知识化进程的务实、创新之举。“职工教育课程资源建设项目”以全市职工为受教育主体，以全面提高职工思想道德素质、科学文化素质和技术技能水平为主要目标，以增容新知识、传授新理念、提升新技能为主要内容，以通用能力培训和行业知识培训为支点，确保在最大范围内满足各层次职工职业生涯发展和实现自我超越的需求。

首都职工素质建设工程专版教材建设得到高等教育出版社的大力支持。高等教育出版社作为专业的教育出版机构，秉承“根植教育、弘扬学术、繁荣文化、服务社会”的宗旨，将多年积淀的高等教育、职业教育、成人教育教材出版的经验，与职工成人职后的社会学习方式、特点、规律有机结合，在共同参与、共同研究、共同建设的工作模式下，研发此系列教材。在教材出版过程中，得到许多专家、业内人士和广大企业与职工的大力支持和有关方面的鼎力相助，在此表示衷心的感谢！限于我们的能力和水平，不足之处在所难免。衷心期望社会各界、特别是广大学习者提出宝贵意见和建议。

首都职工素质建设工程指导委员会办公室

2015 年 10 月 1 日

前　言

党的十八大和十八届四中全会开启了依法治国新时代。《中共中央关于全面推进依法治国若干重大问题的决定》提出了建设中国特色社会主义法治体系，建设社会主义法治国家的依法治国总目标。建设法治体系必须在党的领导和社会主义制度下，贯彻法治理论、形成法律体系、高效实施法治、严密监督法治、有力保障法治，完善党内法规。建设法治国家必须共同推进依法治国、依法执政、依法行政，将法治国家、政府、社会一体建设，即六位一体。促进国家治理体系和治理能力现代化。全会提出的依法治国的任务是：完善社会主义法律体系、依法行政、建设法治政府、保证公正司法、提高司法公信力、提高全民法治观念、建设法治社会和法治工作队伍，加强和改进党对依法治国的领导。其中党的领导是最本质的，既是宪法的内容，也是人民的要求，更是人民利益的保障。公正是法治的生命线，法律的权威源自人民的内心拥护和真诚信仰，要靠完善的制度来保证阳光司法。要恪守以民为本、立法为民理念。把公正、公平、公开原则贯穿立法全过程，建设职能科学、权责法定、执法严明、公开公正、廉洁高效、守法诚信的法治政府才能取信于民。

目前，我国的社会现状使我们深感依法治国的任重道远。我们有的法律法规针对性、可操作性不强，立法工作中存在部门化倾向；我们的执法尚存在有法不依、执法不严、不文明执法、选择性执法、牟利型执法、不公正司法和不作为等问题；由于监督不力，司法腐败、司法不公，关系案、人情案、金钱案时有发生。这就需要我们全社会共同努力，恪守法治原则，实现法治梦想。

首都职工作为工作生活在伟大祖国首都北京的公民，更应成为学法、懂法、用法和维护法律的模范。法律与我们的工作生活密切相关，因此，学习法律、掌握法律、践行法律、维护法律，不仅是职工职业的要求，也是职工个人生活与发展的需要。

本书作为首都职工素质建设工程中的一门通识课程教材，力图通过法治社会、家庭法治、劳动法治、权利法治、契约法治、程序法治六个篇章，为广大职工在现代法治社会生活、婚姻家庭、劳动保障、人身和财产权利、契约意识与维权，以及遇到纠纷如何通过法律途径解决问题几个方面，提供基础知识、基本理念和解决问题的框架。通过本书的学习，力图使职工能从整体上初步把握生活中常涉法律的大体框架，为进一步了解和学习法律奠定基础。

本书在撰写过程中，考虑到所服务的职工是非法律专业人士，因此学习的内容设计成开放的，即重在法律意识的形成，而不在知识获得的多少；倡导理解法律思想和原理；倡导学法是为用法；倡导在实际工作生活中遇到纠纷，主动通过法律手段解决纠纷。总之，重在提升职工的法律素养。参加本书撰写的是北京联合大学法学专业的部分教师及中国社会科学研究院法学研究所李丹菊博士、延庆县人民法院曹倩等。各章节的撰写人分别是：第一和第二篇杨积堂和曹倩，第三篇刘慧勇，第四篇常敏和李菊丹（其中第四节知识产权与法由李菊丹撰写），第五和六篇王小明。全书由杨积堂统稿和定稿。首都职工素质建设工程办公室对全书的定位给予指导并多次组织专家审稿，提出许多宝贵的建议。高等教育出版社朱颖和靳剑辉编辑为本书的出版付出了大量心血，在此一并表示感谢！由于编写时间仓促，书中疏漏恳请广大读者批评指正！

主编　杨积堂

2015 年夏于北京

目 录

第一篇　法治社会

第一节　法治的历程

一、法治时代新篇章

2014 年 12 月 4 日，千千万万中国人将记住这个日子——新中国首个国家宪法日。这一天，随着太阳的升起，学生们面向国旗朗读《宪法》；法官们面对国徽宣誓忠于《宪法》；公民们手捧《宪法》重温她赋予的神圣权力，立志全身心地维护她。

2014 年 10 月 20 日中国共产党第十八届中央委员会第四次全体会议（以下简称十八届四中全会）在北京召开，会议通过了《中共中央关于全面推进依法治国若干重大问题的决定》，可以说，这是中国法治发展进程中的一个里程碑，真正全面推进依法治国必将会推动中国走上依法治国的新时代。（图 1-1）。

图 1-1　中国共产党第十八届四中全会会场

四中全会提出了依法治国的总目标是：建设中国特色社会主义法治体系，建设社会主义法治国家。建设中国特色社会主义法治体系必须在中国共产党领导和社会主义制度下，贯彻法治理论、形成法律体系、高效实施法治、严密监督法治、有力保障法治，完善党内法规。建设法治国家必须将依法治国、依法执政、依法行政共同推进，将法治国家、政府、社会一体建设，即六位一体。促进国家治理体系和治理能力现代化。

全会提出的依法治国的任务是：完善以宪法为核心的中国特色社会主义法律体系，加强宪法实施；深入推进依法行政，加快建设法治政府；保证公正司法，提高司法公信力；增强全民法治观念，推进法治社会建设；加强法治工作队伍建设；加强和改进党对全面推进依治法国的领导。

公正是法治的生命线，法律的权威源自人民的内心拥护和真诚信仰，要靠完善的制度来保证阳光司法。要恪守以民为本、立法为民理念，把公正、公平、公开原则贯穿立法全过程，建设职能科学、权责法定、执法严明、公开公正、廉洁高效、守法诚信的法治政府才能取信于民。

目前，我国的社会现状使我们深感依法治国的任重道远。正如中共十八届四中全会指出：必须清醒看到，同党和国家事业发展要求相比，同人民群众期待相比，同推进国家治理体系和治理能力现代化目标相比，法治建设还存在许多不适应、不符合的问题，主要表现为：有的法律法规未能全面反映客观规律和人民意愿，针对性、可操作性不强，在立法工作中部门化倾向、争权诿责现象较为突出；有法不依、执法不严、违法不究现象比较严重，执法体制权责脱节、多头执法、选择性执法现象仍然存在，执法司法不规范、不严格、不透明、不文明现象较为突出，群众对执法司法不公和腐败问题反映强烈；部分社会成员尊法信法守法用法、依法维权意识不强，一些国家工作人员特别是领导干部依法办事观念不强、能力不足，知法犯法、以言代法、以权压法、徇私枉法现象依然存在。这些问题，违背社会主义法治原则，损害人民群众利益，妨碍党和国家事业发展，必须下大气力加以解决。

在这样的背景下，十八届四中全会全面推动依法治国的车轮滚滚向前，对加快建设社会主义法治国家，全面推进依法治国进行了战略部署，坚定不移走中国特色社会主义法治道路，坚决维护宪法法律权威，依法维护人民权益、维护社会公平正义、维护国家安全稳定，为实现“两个一百年”的奋斗目标、实现中华民族伟大复兴的中国梦提供有力的法治保障（图 1-2）。

二、古代中国法治的缘起

法，作为一种制度，在中国经历了漫长的发展历程。早在远古时代的皋陶（gāo yáo），传说他是黄帝长子少昊的后裔，东夷部落的首领，舜帝的贤臣，任掌管天下刑法的“理官”，推行“五刑”“五教”，用独角兽獬豸（xiè zhì）审案。《尚书·虞书·皋陶谟》记载，他提出“九德”，对君臣的职责提出要求，对时政发表评论。皋陶被尊为中国司法的鼻祖，被后人奉为狱神（图 1-3）。

图 1-2　反腐倡廉，依法治国

图 1-3　皋陶像、皋陶祠和皋陶墓（安徽省六安市郊）

獬豸（xiè zhì）：

又称任法兽、直辨兽、触邪，古代神话传说中的瑞兽，为皋陶所饲。相传形似羊、黑毛、四足、头上有独角、善辨曲直。当人们发生冲突或纠纷时，它能用角指向无理一方，甚至可以将罪该万死的人用角抵死，令犯法者不寒而栗。

法和国家同时萌芽，在夏朝的时候，就传说有《禹刑》三千条。夏无文字可考，殷商则有甲骨、青铜记载史料，其中多有刑与法的记录。至西周周公制礼，书诰犹存。中国第一部成文法，学者多认为是战国时魏国丞相李悝所制《法经》。自此一发而二千余年，先后有《秦律》《汉九章律》《晋泰始律》《北齐律》《隋律》《唐律疏议》《宋刑统》《大元通制》《大明律》《大清律》等，以及辅律而行的其他法律形式：令、科、比、格、敕、式、例等。每一个朝代都构成了以律为核心的包括其他法律形式的完整的法律制度体系。这些制度，虽然在维护社会秩序、维护封建王朝统治方面，有着非常重要的作用，但由于受到等级制度、特权思想、皇权思想等的影响，根本不可能实现诸如“王子犯法与民同罪”的理想。而“刑不上大夫”等观念却在制度中被固化。因此，古代中国之法，仅仅停留在“制”的层面上，而无法企及真正的公平与正义。

灋：

东汉许慎《说文》对法律的解释是：“灋”（fǎ），刑也。平之如水。从水，廌所以触不直者去之，从去，会意。这段话表示法律、法度公平如水的表面；从“廌”（zhì），即独角神兽。

三、近代中国的法治探索

随着西方列强的坚船利炮敲开了泱泱天朝的国门，先觉的有识之士们前仆后继地变法图强。从戊戌变法的百日维新，到《中华民国临时约法》，尽管又有了《中华民国宪法》，但在军阀混战的年代，却有法难依。法治中国依然是民众的梦想。

康有为（1858—1927）：发起变法维新，提倡时移法亦移，主张制定宪法，实行君主立宪。是近代中国第一代倡导依宪治国者。

梁启超（1873—1929）：戊戌变法领袖之一，辛亥革命后一度入袁世凯政府，担任司法总长。著有《中国法理学发达史论》《先秦政治思想史》《变法通议》等。指出变法是救亡图存必由之路。主张法律、道德“相须为用”。

沈家本（1840—1913）：清末官吏、法学家。历任天津、保定知府，刑部右侍郎、修订法律大臣、大理院正卿、法部右侍郎、资政院副总裁等。他精于经学和文字学，继承了我国学术传统中宝贵的考据方法和求实精神。著有《诸史琐言》，主持制定《大清民律》《大清商律草案》《刑事诉讼律草案》《民事诉讼律草案》等一系列法典，重视研究法理学，建议废止凌迟、枭首、戮尸、刺字等酷刑。他说："法之修也不可不审，不可不明。而欲法之审、法之明，不可不穷其理。"主张"会通中外"。

严复（1854—1921）：曾任京师大学堂译局总办、上海复旦公学校长、清朝学部名辞馆总编辑等职。译有《天演论》《群己权界说》《社会通诠》《法意》等法学著作。他在遗嘱中尚称："须知中国不灭，旧法可损益，必不可叛。"对中华民族及其文化的复兴充满信心。

孙中山（1866—1925）：中华民国的缔造者，倡导三民主义，主张建立资产阶级国家的《五权宪法》，即政权、治权分立，政权归国民大会，治权（行政权、立法权、司法权、监察权、考试权）独立运行并互相合作（图 1-8）。

李大钊（1889—1927）：他不仅是中国共产党的创始人之一，还是毕业于天津北洋法政专门学校的法律专业人士。他认为《宪法》是"现代国民自由之证券"；他与人共同主编"北洋法政学会"会刊《言治》。他著有《孔子与宪法》《欧洲各国选举制考》《宪法与思想自由》《隐忧篇》《弹劾用语之解纷》《裁都督横议》《论民权之旁落》《一院制与二院制》《论宪法公布权当属宪法会议》《法律颁行程序与元首》等诸多法律文献。

与此同时，在中国共产党领导的红色苏区，却尝试着全新的法治社会变革。从井冈山的《中华苏维埃共和国宪法大纲》，到抗日战争时期延安的《陕甘宁边区施政纲领》，直到新中国成立前夕还在不断修订的《劳动法》《婚姻法》，在革命根据地，红色政权建立起全新的法律体系。其中特别需要提及的是 1931 年颁布的《中华苏维埃共和国土地法》，它彻底废止了封建土地剥削制度，真正实现了"耕者有其田"。

四、新中国的法治历程

（一）新中国成立后的法制初创

1949 年中华人民共和国成立，开启了中国法治建设新纪元。从 1949 年到 20 世纪 50 年代中期，是中国社会主义法制的初创阶段。这一时期标志性的成就是制定了具有临时宪法性质的《中国人民政治协商会议共同纲领》及其系列法律、法令。它们对巩固新生的共和国政权，维护社会秩序和恢复国民经济，起到了重要作用。1954 年第一届全国人民代表大会制定的《中华人民共和国宪法》是我们立国的根本大法，随后相关的法律法规陆续制定。

（二）“文革”后的法律回归

1. 拨乱反正，法律回归

1976 年 10 月，延续十年之久，给党和国家、社会和人民造成极大伤害的“文化大革命”终于结束。执政的中国共产党必须首先处理好几项艰巨任务：一是认真总结“文革”的历史教训，从理论上弄清“文革”发生的原因，防止“文革”之类事件的再次发生；二是平反冤假错案。自“反右运动”以来，由于国家政治生活不正常和缺少法治，导致历次政治运动中造成了大量的冤假错案。只有平反冤假错案，才能增强民众对执政党的认同，同时使随意打击迫害持有不同意见者的恶劣风气有所改变；三是尽快结束社会的动荡。近百年来，中国社会一直处于激烈的战乱和动荡之中，人民群众对稳定和秩序充满了渴望。

就是在对这些问题的思考与解决过程中，中国共产党以邓小平等为首的一批领导人对法制与民主的重要性开始有了深刻认识。

我们这个国家有几千年封建社会的历史，缺乏社会主义的民主和法制。现在我们要认真建立社会主义的民主制度和社会主义法制。只有这样，才能解决问题。

——1980 年 8 月，邓小平回答著名的意大利记者奥琳埃娜·法拉奇关于中国今后如何避免类似“文化大革命”那样的悲剧的询问时，如是说。

与此同时，理论界亦开始了关于权大还是法大的讨论。1978 年 12 月，党的第十一届三中全会召开，会议明确指出：宪法规定的公民权利，必须坚决保障，任何人不得侵犯。为了保障人民民主，必须加强社会主义法制，使民主制度化、法律化，使这种制度和法律具有稳定性、联系性和极大的权威，做到有法可依，有法必依，执法必严、违法必究。从现在起，应该把立法工作摆到全国人民代表大会及其常务委员会的重要议程上来。检察机关和司法机关要保持应有的独立性；要忠实于法律和制度，忠实于人民利益，忠实于事实真相，要保证人民在自己的法律面前人人平等，不允许任何人有超越法律之上的特权。

但由于中国传统人治观念的影响，加之整个社会与法治隔阂太深，这个阶段主要是把法律当做一种维护社会秩序的工具和手段。这一时期中国法治建设的口号是“依法办事”。

2. 第一次立法高峰

1979 年 2 月，全国人大常委会成立了法制委员会，后改为法制工作委员会，负责研究、起草、修改法律草案，协调法律起草工作，立法工作的速度由此大大加快。同年 7 月第五届全国人大二次会议通过了《刑法》《刑事诉讼法》《中外合资经营企业法》《人民法院组织法》《人民检察院组织法》等 7 部法律。一次人大会议通过 7 部法律，开共和国历史之先河，新时期大规模立法的序幕由此拉开，各种社会关系开始纳入法律的调整范围。1982 年 12 月 4 日，第五届全国人大五次会议通过了新的《中华人民共和国宪法》。简称“八二宪法”。它扩大了全国人大常委会的立法权，进一步推动了立法工作和法制建设。

3. 重建司法机关和司法系统

1978 年全国人大第五次会议决定恢复人民检察院。1979 年全国人大通过决议恢复司法部，主管司法行政事务。1979 年律师制度也开始恢复，1986 年进行了第一次全国律师资格考试。1986 年六届全国人大常委会第十八次会议决定重新设立监察部，司法机关和法律监督机关开始逐渐健全。与此同时，历次政治运动中受到冲击的法律工作者陆续归队，同时还从复员转业军人以及政府机关、学校等企事业单位抽调了一些人员补充进司法机关。复转军人进法院既反映了这一时期人们对法律作用的认识，同时也反映了当时法治建设的无奈，尚缺乏合格的法律专业人才。

同时法学教育重新起步，自 1977 年起停招了多年的高校法学专业开始重新招生，承担起培养合格法律人才的重任。

（三）由“法制”走向“法治”

法律的订立、制度的建立并没有从根本上减少现实生活中有法不依的现象，这引发了民众深刻的反思。知识界率先开始对“法治”与“法制”进行词义的辨析。20 世纪 90 年代以前无论是知识界还是实务界，说起法律问题使用的都是“法制”一词。随着有法不依问题的一再出现，大家开始注意到“法制”与“法治”的异同，经过思考、讨论、辩论，最终形成共识：法制指法律制度，而法治则是贯彻法律至上、严格依法办事的治国原则和方式。

1997年9月，中国共产党第十五次代表大会郑重地将“依法治国，建设社会主义法治国家”写入了修正后的中国共产党党章。1999年3月15日九届人大二次会议通过的宪法修正案，又正式把“中华人民共和国实行依法治国，建设社会主义法治国家”写入了宪法，使其上升为国家意志，力图实现治国方略的根本转换。“法治”由此具有了超越法律工具主义的深广意涵，中国法治建设掀开了新的篇章。

法治的内容应该包括两个方面：一方面是要有良好的法律，也就是说依法治国所依据的法律必须是良法；另一方面这种良好的法律要有至高无上的权威，要得到普遍的服从和遵守。

（四）法律体系基本形成

依法治国首先要有法可依，因此立法工作再次提速并出现新的特点：第一，有了制度创新的意义。全国人民代表大会八届一次会议对“八二宪法”进行修改，规定我国实行社会主义市场经济，此后大批用来规范市场经济的法律法规纷纷出台，有力地推动了社会主义市场经济的建立，而市场经济的发展反过来又为法治的发展提供了更大的空间。第二，不再单纯地满足国内的需要，还需符合国际法和国际惯例。2001年12月11日，中国加入了世界贸易组织（WTO）。世界贸易组织要求的法制统一原则、非歧视性原则、透明度原则，客观上对中国的法律制度建设提出了更高的要求。为了应对入世的承诺，中国制定、修改或者废止了数百件法律、行政法规和部门规章。第三，突出保护人权。2004年，第十届全国人大二次会议通过宪法修正案，将“国家尊重和保障人权”正式写入宪法。2011年3月10日，在十一届全国人民代表大会第四次会议上，吴邦国委员长在全国人大常委会工作报告中宣布：“中国特色社会主义法律体系已经形成”。

《中华人民共和国宪法》第三十三条：

凡具有中华人民共和国国籍的人都是中华人民共和国公民。

中华人民共和国公民在法律面前一律平等。

国家尊重和保障人权。

任何公民享有宪法和法律规定的权利，同时必须履行宪法和法律规定的义务。

第三十七条：中华人民共和国公民的人身自由不受侵犯。

任何公民，非经人民检察院批准或者决定或者人民法院决定，并由公安机关执行，不受逮捕。

禁止非法拘禁和以其他方法非法剥夺或者限制公民的人身自由，禁止非法搜查公民的身体。

第三十八条：中华人民共和国公民的人格尊严不受侵犯。禁止用任何方法对公民进行侮辱、诽谤和诬告陷害。

第一百三十六条：中华人民共和国国旗是五星红旗。

中华人民共和国国歌是《义勇军进行曲》。

第一百三十七条：中华人民共和国国徽，中间是五星照耀下的天安门，周围是谷穗和齿轮。

第一百三十八条：中华人民共和国首都是北京。

（五）全面推进依法治国

2012年11月8日中国共产党第十八次全国代表大会胜利召开，这次会议是在我国进入全面建成小康社会决定性阶段召开的一次十分重要的大会。党的十八大报告提出“全面推进依法治国”，开启了法治中国建设的新时代。报告明确指出：法治是治国理政的基本方式。要推进科学立法、严格执法、公正司法、全民守法，坚持法律面前人人平等，保证有法必依、执法必严、违法必究。完善中国特色社会主义法律体系，加强重点领域立法，拓展人民有序参与立法途径。推进依法行政，切实做到严格规范，公正文明执法。进一步深化司法体制改革，坚持和完善中国特色社会主义司法制度，确保审判机关、检察机关依法独立公正行使审判权、检察权。深入开展法制宣传教育，弘扬社会主义法治精神，树立社会主义法治理念，增强全社会学法敬法守法用法意识。提高领导干部运用法治思维和法治方式深化改革、推动发展、化解矛盾、维护稳定的能力。党领导人民制定宪法和法律，党必须在宪法和法律范围内活动。任何组织或者个人都不得有超越宪法和法律的特权，绝不允许以言代法、以权压法、徇私枉法。

2012年12月4日，习近平总书记在首都各界纪念现行宪法公布施行30周年大会上的讲话指出“依法治国，首先是依宪治国；依法执政，关键是依宪执政。新形势下，我们党要履行好执政兴国的重大职责，必须依据党章从严治党、依据宪法治国理政。党领导人民制定宪法和法律，党领导人民执行宪法和法律，党自身必须在宪法和法律范围内活动，真正做到党领导立法、保证执法、带头守法。”

为贯彻落实党的十八大关于全面深化改革的战略部署，2013年11月12日中国共产党第十八届中央委员会第三次全体会议通过《中共中央关于全面深化改革若干重大问题的决定》，在该决定中提出要“推进法治中国建设”，明确指出：建设法治中国，必须坚持依法治国、依法执政、依法行政共同推进，坚持法治国家、法治政府、法治社会一体建设。深化司法体制改革，加快建设公正高效权威的社会主义司法制度，维护人民权益，让人民群众在每一个司法案件中都感受到公平正义。

第二节 法治生活

一、法治呵护生活

今天我们生活在法治的时代，每个人每一天的日常生活都与法律息息相关。这不是夸张而是现实，比如说，从我们尚未出生，还在妈妈肚子里开始，法律就已经在呵护我们了。

《继承法》第二十八条规定：遗产分割时，应当保留胎儿的继承份额。胎儿出生时是死体的，保留的份额按照法定继承办理。

《刑法》第四十九条规定：犯罪的时候不满18周岁的人和审判的时候怀孕的妇女不适用死刑。

作为弱势群体，法律对未成年人十分关照。即便是遇到天灾人祸，即便是成为孤儿，法律也能保障其健康成长（图 1-4）。

图 1-4　福利院里的儿童

《收养法》第四条：下列不满十四周岁的未成年人可以被收养

1. 丧失父母的孤儿；
2. 查找不到生父母的弃婴和儿童；
3. 生父母有特殊困难无力抚养的子女。

我国现行《未成年人保护法》分别从家庭、学校、社会角度对未成年人的健康成长给予保护。其中，第二章家庭保护中的第十二条：父母或者其他监护人不履行监护职责或者侵害被监护的未成年人的合法权益的，应当依法承担责任。请看以下令人震惊的悲剧：

2014 年 5 月 25 日，在北京市朝阳区奶西村，当 13 岁的小东从学校出来时，他无论如何也预料不到即将等待着他的厄运。三个大孩子拦住了他并将他架着到了附近的荒地。接着，他们开始向小东要钱，小东没钱给他们，于是他们就疯狂殴打小东。

警方连夜破案，发现嫌疑人郭某和程某都是 1999 年出生的，才 15 岁，另一嫌疑人杨某也不过 17 岁。

我们不禁扪心自问，作为家长，我们该如何养育和教育我们的孩子？作为公民，教育好自己的孩子不是个人的私事，而是法律强制我们必须做到的责任和义务。我国现行的《义务教育法》《职业教育法》《高等教育法》等一系列法律保障了每一个人受教育的权利。

当我们长大成人，走向社会，走向自己的工作岗位之时，《劳动法》《劳动合同法》《劳动保险法》《劳动仲裁法》等一系列法律又保障了我们每一个人劳动的权利。

当我们经过恋爱、结婚而成家立业时，《婚姻法》《物权法》《房地产法》为我们保障权益；当我们艰苦创业，为事业拼搏时，有《公司法》《破产法》《合同法》为我们保驾护航；当我们年老体衰步入暮年时，有《老年人权益保护法》《继承法》《丧葬法》保障我们安度晚年。此外，我们在日常生活中无时无刻不与《食品药品安全法》《产品质量法》《消费者权益保护法》《银行法》《税法》等打交道。即便我们不懂法，不用法，但法律在保障我们的日常生活顺利进行中却是客观存在的。而一旦当我们在生活中遇到纠纷时，法律才是我们正确、顺利解决问题的工具和武器。

二、法治保障经济

市场经济必须是法治的经济。随着市场经济体制改革不断深入，对经济发展法治化程度的要求越来越高。能否从官主经济、人治经济转向自主经济、法治经济；能否从全能政府、管制型政府向有限政府、服务政府转变，关系到这场改革的成功与失败。

2011 年 10 月 20 日，广东佛山市南海区大沥镇平地村村民杨昌盛（化名）等位于该镇颜峰村的鹅场因被认定为违法建筑，遭当地有关部门强拆。此前的 9 月 15 日，鹅场被断水断电。9 月 19 日，杨昌盛等 3 户鹅农向南海区法院递交诉状，要求判决大沥镇政府补偿鹅场因断水断电造成的损失 280 余万元。2012 年 2 月 26 日，南海区法院作出行政裁定，以证据不足为由驳回了原告的诉讼请求。2012 年 8 月 23 日，杨昌盛等 3 户鹅农再次将大沥镇政府告上法庭，要求判决大沥镇政府在未进行听证的情况下实施的强拆程序违法。2012 年 11 月 24 日，南海区法院判决杨昌盛等胜诉，但对补偿财产损失 280 余万元的要求不予支持。

——据《南方农村报》

当前，我国在市场监管中，仍然存在一些缺位、越位问题。比如，一些地方政府和部门还在直接干预企业的微观活动，甚至包办代替企业招商引资和投资决策；有的下达招商引资目标、制定奖惩规定，这些做法都带有很浓的“人治经济”色彩。从“人治经济”到“法治经济”，应该依法加强和规范经济管理。

第一，依法明确政府经济管理职能。只有明确了政府经济管理职能的范围，政府在管理经济时才能明确“哪些可为，哪些不可为”。政府应运用经济、法律和必要的行政手段管理国民经济，而不直接干预企业的生产经营活动。明确政府管理经济职能的范围是政府高效能管理经济、促进经济发展的前提条件。

第二，依法正确定位政府在经济活动中的地位。在以市场经济为主要资源配置方式的社会经济中，政府肩负的是以弥补市场失灵而确定的配置、稳定和分配等责任。政府宏观调控的手段主要有经济手段、法律手段和必要的行政手段。在市场失灵的情况下，就要综合运用政府宏观调控的各项手段，稳定经济，促进发展。正确定位政府在经济活动中的地位是政府对经济管理“有所为、有所不为”的必要条件。

第三，依法优化经济发展的软硬两个环境。通过建设良好的服务环境、法治环境、市场环境、政策环境、社会诚信度等软环境，着力营造“亲商、安商、尊商、富商”氛围。本着“规划超前、布局合理、功能完善”的原则，加快城区建设，提升城市品位，完善城市功能，增强对外吸引力。

第四，健全完善依法行政监督制度。充分发挥行政体系内部的监督和行政体系外部的监督作用，及时反映政府在经济管理活动中的“越位”或“错位”等行为，使相关部门能早发现、早纠正，保障市场经济靠法律规范和经济规律发展，避免人为违反法律和干扰经济活动。

三、法治规范政府

有法是依法行政的前提。没有系统的、完善的法律法规，何谈依法行政。立法，必须坚持科学立法，在《宪法》的规范下，按照民主的程序调查研究、科学论证，充分符合国情、地区情、民情，使法律具有可操作性。

懂法是依法行政的条件。有了法律法规，还需要虚心学习，正确地依照法律规定来行使行政权力。认真学习、深入学习、学懂学透，做到了如指掌、运用自如。党政机关工作人员一定要做学法懂法的带头人。

依法是依法行政的关键。做任何事情都要依据法律，这尤其是行政人员的基本素质。只有坚持依法行政，才能避免办错事，走错路，犯错误。

守法是依法行政的根本。对于公务人员来说，要依法行政，守法是根本。要做到守法，就要不设法律之外的特殊权力，不以权谋私，不滥用职权，坚持权为民所用，利为民所谋。

督法是依法行政的保障。一是加强党对全面依法行政的领导，二是建立健全制约和监督机制。依法行政的监督主要包括党内监督、人大监督、民主监督、行政监督、司法监督、审计监督、社会监督、舆论监督。要建立起科学有效的权力运行制约和监督机制、体系，增强监督效力，需要依靠民主的力量。

广东省顺德市以其集体经济发达著称。20世纪90年代初期，公有经济占74%，外资占24.7%，民间资本仅占1.24%。当时在北旺镇，镇办企业占了80%，公有企业占90%，创造出美的空调、容声冰箱、万家乐热水器等名牌。但也出现政企不分，企业成为政府附属物，政府主导经济的运作方式等现象。企业领导权力过大，结果厂外有厂，账外有账，集体资产流失严重，个人的腰包一天天膨胀起来，却企业负亏、政府负债。再不改革，改革开放的成果就没有了！政企不分是一切问题的总根源。于是，以产权制度改革为突破口、以转变政府职能为关键的改革在顺德实施。

政府管什么?

在从前，官员在“经商”而不是行政，但若在条件尚未成熟时硬将职能转移出去，也会造成管理的真空，市场的无序，混乱后果。顺德市政府明确以下职能必须承担:

一是提供公共服务。这是私人不愿做的事，包括环境、气象、邮政、教育、卫生、治安、审计。政企分开后，官员再不用为项目、市场、推销忧愁，而专注于公共服务。

二是管理国有资产。按现代企业制度，设立专门机构，严格按照市场机制运行，保证企业管理权相对独立，实施间接管理。

三是建立社会保障机制。企业要求实现效益最大化，而不承担过多的社会责任，这是符合市场经济规律的。而政府必须发展社会保障事业。顺德市政府启动系列“民心工程”，保证转制期间民心的稳定。保证“老有所养、残有所助、失业有靠、处处无冻饿、生病有治疗”。

——据《南方周末》

四、法治塑造信仰

法律的权威源自人民的内心拥护和真诚信仰。人民权益要靠法律保障，法律权威要靠人民维护，只有人民对法律产生信仰，法律权威才能确立。坚持依法治国，一项重要任务就是不断提高全体社会成员的法治观念。如果人民的法律意识和法治观念淡薄，再好的法律制度也会因得不到遵守而不起作用，法律制度就会形同虚设。以有效的方式将法治精神融入人民内心，培育公众的法律信仰，是我国法治社会建设的重要使命。否则，即使有再多的法律知识，也会触碰法律的红线，坠入违法犯罪的深渊。

一个法学院学生会主席的故事

1985年，秦明在湖南省衡阳县出生。父亲在他只有三岁时就去世了。母亲独自支撑家庭，抚养他和另外两个女儿。母亲一直在火车站做清洁工，一个月工作29天，拿着1 000多块钱的微薄收入，过年过节也不休息。母亲的工资勉强能供他们念书，家中一贫如洗，而且还欠着8万元的巨债。

秦明没有辜负母亲的辛苦付出，2006年高中毕业后，他考入了东北一所不错的本科学校。2010年，他又考入了令人羡慕的北京大学法学院，在该校攻读研究生。其间，他不但获得过学校的奖学金，而且通过竞聘成为法学院的学生会主席。

秦明有个女朋友叫文莉，是秦明大学本科时的同学，也是一名在读研究生。2011年冬天，文莉意外怀孕了，因为没钱，他感觉很无助。不久后，文莉告诉秦明，她已经一个人做了人流手术，并且要和秦明分手。秦明最大的感触就是“如果物质条件允许，文莉不会这样受伤害”。

为了把女朋友留在身边，秦明在行动上作出了他自己的选择。

2012年2月，在学校一个会议中心，秦明看四下无人，拿走了桌上的两把双立人水果刀、一盒茶叶和一个充电器。不过，他尚未离开会议中心，就被保安发现了。当时，由于盗窃物品的价值较低，学校对他进行了批评教育，并未处理他。

这是一个多么幸运的良机啊，这次机会纯粹是上帝给予这个孩子足够体面的警示。如果就此收手，一切将是另一种发展。然而，他只沉寂了几个月。2012 年 10 月 1 日凌晨，再次潜入宿舍偷走了同学的笔记本电脑、名牌手表、佳能相机镜头等贵重物品以及 5 200 元现金。

2013 年 2 月 5 日至 7 日，他进入 15 间宿舍进行盗窃，小到茶叶、衣服，大到笔记本、相机。他将物品装在拉杆箱中，通过窗户顺下去。此外，秦明还偷了一些化妆品、LV 包、首饰等物品赠予文莉。

2013 年 3 月 8 日，秦明落网。被一审法院以盗窃罪判处有期徒刑 2 年 6 个月。秦明不服提出上诉，2014 年 9 月 19 日，北京市第一中级人民法院经过审理后，驳回上诉，维持原判。

多么令人惋惜的悲剧。它告诉我们，即使你是法律专业的研究生，不管你对法律条文有多么熟悉，只要在你的心里，没有法律的位置，那么，法律之绳照样不会视而不见，法律同样是严厉而无情的。

第三节　法律素养

广大公民是依法治国的建设者、捍卫者，也是受益者。因此，全面依法治国，推进法治中国建设，就必须提升全社会公民的法律素养，夯实法治社会的基石，培养法治中国的建设者和捍卫者。法律素养，是指一个人的法律认知能力和法律运用能力，包括法律知识、法律意识、法律观念、法律信仰、法治思维以及运用法律的能力。

一、法律知识

俗话说："无知者无畏"。在法治社会，这句俗语同样有深刻的警示作用。法网恢恢，不会因为一个法盲的无知而放弃法律的制裁。一个公民也不可能因为自己对法律的无知而不承担自己行为的法律后果。基本的法律知识，是一个公民法律素养的基础，因此国家十分重视普法教育。1982 年 9 月召开的党的十二大就明确提出"要在全体人民中间反复进行法制的宣传教育。"1996 年 10 月 10 日，党的十四届六中全会通过的《中共中央关于加强社会主义精神文明建设若干重要问题的决议》中指出，今后15年我国社会主义精神文明建设的主要目标之一是：显著提高以思想道德修养、科学教育水平、民主法制观念为主要内容的公民素质。1986年，党中央宣布全国普法规划开始，每五年为一个制定周期。2011年开始实施的“六五”普法规划，就是要通过深入扎实的法制宣传教育和法治实践，深入宣传宪法，广泛传播法律知识，进一步坚定法治建设的中国特色社会主义方向，提高全民法律意识和法律素质，提高全社会法治化管理水平，促进社会主义法治文化建设，推动形成自觉学法、守法、用法的社会环境。

二、法治精神

美国法学家伯尔曼有句名言：“法律必须被信仰，否则形同虚设。”2015年3月，习近平总书记对上海市高级人民法院副院长邹碧华的先进事迹作出重要批示：邹碧华同志是新时期公正为民的好法官、敢于担当的好干部。他崇法尚德，践行党的宗旨、捍卫公平正义，特别是在司法改革中，敢啃硬骨头，甘当“燃灯者”。要求广大党员干部特别是政法干部要在全面深化改革、全面依法治国的征程中，坚定理想信念，坚守法治精神。

要实现依法治国，就必须使法治精神深入人心。国家行政学院丁元竹教授指出：法治精神是指在一定的社会生活中，为了维护正常的社会秩序，全体社会成员应当自觉地实施对社会和他人负责的一些最基本、最起码的法治准则。每个民族由于本身的历史、文化、政治传统不同，由于民族心理、风俗习惯等不一样，所有的法治精神也就不一样，法治精神具有民族的传统和文化的特点。法治社会建设的根本问题之一，是必须将法治理念和法治信仰一方面内化于人心，另一方面外化于人们的行为。一个社会不仅要通过立法、执法、司法强化社会成员的行为规则，更要通过诚信意识、职业操守、自我克制、勇于担当、礼貌谦逊、全局意识、开诚布公、遵章守纪、权利义务意识等来强化法治意识，使法治精神浸润人心，形成人们内在的心理秩序。在依法治国过程中，决不能忽视对公民法治精神的培育。

三、法律意识

一个人的法律意识，决定着这个人在处理各种事情时行为的选择。一个缺乏法律意识的人，其行为的选择往往不会参照法律所规范的标准，或者在选择行为时寻求法律依据，以衡量其行为的合法性和恰当性，因此其行为往往会更加感性和鲁莽，甚至会导致严重违法的后果。在法治社会建设进程中，公民法律意识的加强，显得尤为重要。一般认为，法律意识是指人们对于法律和有关法律现象的观点、知识和心理态度的总称。法律意识是一种观念的法律文化，它主要表现为人们的法律动机，对自己权利、义务的认识，对法、法律制度了解、掌握、运用的程度，以及对行为是否合法的评价等。

生活在法治社会中的公民，主要应该有如下法律意识：

（一）权利意识

公民具有被宪法和法律所保护的合法权利，公民法律意识的觉醒首先表现在权利意识的觉醒，当公民对自己所拥有的权利产生认知，开始主张并要求自己的合法权利时，我们认为公民已经具有了权利意识。如今，权利意识是我国实行依法治国，构建法治社会的观念基础。公民权利意识对法治社会与社会主义民主政治有十分重要的意义。但是受历史与传统文化的影响，我国公民的权利意识发展层次仍然较低，需要进一步加强。

在古代，受儒家中庸思想影响，中国人明显缺乏权利意识，麻木的接受着封建专制制度的统治。从近代开始，法律在人们生活中所占的地位越来越重。直到现在，宪法等其他法律知识的普及使得权利意识渐渐深入人心。公民不仅能够合理运用自己的权利，而且更加注重保护自己的权益。诉讼案件的激增就可以很好地反映出公民权利意识觉醒后，通过法律定纷止争，行使自己的权利，履行自己的义务。

（二）义务意识

我国宪法规定，任何公民享有宪法和法律规定的权利，同时履行宪法和法律规定的义务。尽管公民可以自由行使自己的权利，但是公民的权利是受宪法和法律制约的，这就意味着公民在行使权利时不是绝对自由的，无边界的。公民行使权利的相对自由不仅指公民不能因为行使自己的权利而侵犯他人的利益，还指公民在行使权利的同时要履行相应的义务，承担相应的责任。

公民首先要履行宪法规定的基本义务，如劳动的义务、接受基本教育的义务等。公民在行使权利过程中，还要履行与之相应的其他义务，如公民与其他当事人签订合同后，可以根据合同约定行使自己的权利，同时，还必须根据合同约定履行自己应尽的义务。公民缺乏义务意识同样会给法治社会的发展带来严重后果。例如，我国近几年来食品安全问题十分严重，其中一个很重要的原因就在于食品行业的从业者没有履行自己应尽的义务。权利总是与义务相对，这就要求公民在权利意识觉醒的同时，义务意识也应当觉醒。

（三）程序意识

程序是一套规则体系，维护公平正义必须要依靠这套规则体系。虽然程序并不一定是公正的标志，但是实现实体的正义必须依靠形式正义或程序正义这套工具，程序能够束权力与权利的正当行使。

法治的显著特征就是正当程序。要想实现法治，就要有程序意识。就诉讼来说，程序要求审判必须听取双方的陈述；任何人不能担任自己案件或与自己利益相关的法官；审判过程、判决理由和判决结果的公开等。程序的意义还在于，人们不会运用正当程序来实现法治的目标，就不可能有公民社会或法治社会，这是法律思维或者说公民文化的关键。

（四）证据意识

我国法律适用的基本原则之一是"以事实为根据以法律为准绳"，该事实要通过证据来证明。因此，在公民具有权利意识、程序意识的同时，还必须具有证据意识，证据意识不仅仅指在诉讼当中要拥有足够的证据或形成完整的证据链条，该意识在于要求公民在尊重法律的基础上同时要实事求是。我国民事诉讼法当中规定了承担举证责任一方因为缺乏证据的不利后果，该不利后果最终导致的结果可能是败诉，刑事诉讼法以及刑法当中虽然没有规定无罪推定的原则，但是规定了疑罪从无的原则，这些都是对证据、对事实的尊重。因此，公民具有证据意识对推进法治社会同样有十分积极的意义。

（五）公平、正义观念

公民之"公"本身就背负着公心、公正、公平、正义、自由和秩序等责任的含义。就像法官不完全是官一样，公民也不完全就是民。从政治要求上看，公民应该是有责任感的、合乎最基本道德要求、不仅关心自己也关心他人和社会的人。公民既然具有了权利意识、程序意识和证据意识，所追求的也必然是公平与正义，而具有利权意识等的公民也必然具有公平正义的观念。公民自觉的遵守宪法与法律，把维护国家利益的责任感、使命感与个人的权利义务融为一体，提升自己的道德观念、价值取向，形成公平正义的价值观念，这就是公民法律意识的最终体现。

权利观念、义务意识、程序意识、证据意识、公平正义观念这些都是现代社会文化所倡导的主题，是法律思维不可缺少的最基本内容，是培育公民文化的核心价值观。建设公民文化不仅是我国目前与今后政治文化建设的主题，而且还是法治文化建设的重要内容，是当代中国人的历史使命。制度要转变成思维方式才能变为文化。因此公民法律意识的培养仍需加强，只有公民增强法律意识，才能为法治实践作出努力，实现和谐社会（图 1-5）。

图 1-5 用法律规范权力

第二篇　家庭法治

幸福的家庭都是相似的，但不幸的家庭各不相同

——托尔斯泰《安娜·卡列尼娜》

婚姻家庭关系是人类社会中最重要的人际关系。无论在历史长河中，还是纷扰繁杂的当下，每个人都会为了婚姻、家庭的现状而幸福或痛苦着！虽然，如何营造幸福的婚姻与家庭不是本书讨论的话题，但如何以法律的思维，运用法律的武器，来维护自己的婚姻、家庭权利，合理、恰当地处理好生活中的婚姻家庭问题，是下面要与您讨论交流的话题。

一个年轻美丽的姑娘，与一个世界500强企业做软件开发工作的小伙子于2013年的春天结识，不久便开始恋爱。小伙子工作能力没得说，生活中井井有条，没有不良嗜好。总之学历高、长得帅、收入高、人品好。女孩子也有令人美慕的职业，真是郎才女貌。唯一遗憾的是小伙子将生活也弄得像计算机编程似的，他与女孩子的东西严格区分摆放区域，遇到争议，也是最理性地分析，寻原因，找责任，刨根究底，并定下各人担责的比例。同时，还写下20条双方必须遵守的规定。他要求结婚前对婚前的财产进行严格的界定。这些都让女孩子感到缺少爱而万分痛苦！

第一节　婚与法

《婚姻法》与我们的生活密切相关，婚姻法律的任务就是要调整婚姻发生和终止的全过程，并对此领域中各项主体的权利和义务关系做出规定。

一、结婚：以法律为爱情上锁

爱情是婚姻的基础，当恋爱的双方有意组成家庭，爱情也就有了责任，感情便需要以法律的方式加以认可，即形成婚姻关系。

古罗马法学家对婚姻的理解：

婚姻是一夫一妻的终生结合，彼此之间发生神事与人事的共同关系。这种主张为基督教的婚姻观所接受。

我国现行《婚姻法》规定：实行婚姻自由、一夫一妻、男女平等的婚姻制度；保护妇女、儿童和老人的合法权益；实行计划生育；禁止包办、买卖婚姻和其他干涉婚姻自由的行为；禁止借婚姻索取财物；禁止重婚；禁止有配偶者与他人同居；禁止家庭暴力；禁止家庭成员间的虐待和遗弃；夫妻应当互相忠实，互相尊重；家庭成员间应当敬老爱幼，互相帮助，维护平等、和睦、文明的婚姻家庭关系。法律为爱情上锁，保护男女双方的合法权益。

新中国的《婚姻法》：

1950年，新中国颁布第一部《婚姻法》，此后分别在1980年和2001年进行修订。此外，最高人民法院还发布对《婚姻法》的司法解释。2011年最新的司法解释中包括了恋爱分手的赠与退还、公积金的分割等新问题。

（一）婚姻法的原则

1. 婚姻自由

我国《婚姻法》规定的婚姻自由原则是《宪法》及《民法通则》的具体体现。婚姻自由是指当事人在法律的规定范围内，不受外力强制和干预，自主决定自己婚姻意愿的自由，它包括结婚自由和离婚自由两个方面。夫妻任何一方，有结婚的自由，也有离婚的自由。为了保障婚姻自由原则的实现，就必须禁止包办、买卖婚姻以及其他干涉婚姻自由的行为。

2015年1月2日本是湖南衡阳小琴姑娘结婚的大喜日子，但结果她却穿着婚纱到公安局报案求助。原来，4年前小琴与阿军自由恋爱，到了谈婚论嫁时，两家父母决定在当地酒店举行婚礼。1月2日当天，小琴喜气洋洋地等着迎亲，可到了中午没等来迎亲车队却等来新郎的一条短信，说自己出事了，被抓进派出所，婚礼进行不了了！于是小琴一家无奈去饭店退酒席，却惊讶地发现新郎阿军在此与另一女子举行婚礼。经民警调查，原来当初到小琴家提亲的人根本就不是阿军的父母。由于阿军的父母不同意这门婚事，阿军就请他人冒充父母前去提亲。不想东窗事发，反被父母逼迫成婚。

尽管最终案情尚不得而知，但无疑父母干涉子女自由恋爱的行为，是违反我国现行《婚姻法》的。

2. 一夫一妻

在婚姻制度中，对一夫一妻制度构成最大破坏的首推重婚行为。所谓重婚，是指有配偶者又与他人结婚的行为。即一个人在同一时间点上并存两个甚至两个以上的婚姻关系。我国《刑法》将重婚分为两种，一为法律重婚，一为事实重婚。前者是指前次婚姻未解除，又与他人登记结婚；后者是指前次婚姻未解除，又与他人以夫妻名义同居。

图2-1　法律保障一夫一妻

2014年，居住在北京东城区的李某被前妻以重婚罪告上法庭。早在十年前，他俩就因经常吵架而分居。2010年，长期分居的李某曾向法院起诉离婚，但因在财产分割问题上达不成一致而未能解除婚姻。于是，他就与新结识的情人在一起共同生活了。李某认为，既然已经长期分居十年了，就是事实离婚了，他又没与他人结婚，何谈犯法？那么，您认为李某犯法了吗？

法律保护一夫一妻的婚姻制度，因此不会允许所谓自动离婚，故李某的行为已构成重婚。离婚必须经过合法程序，具体程序本书下文会详细介绍。

3. 男女平等

《婚姻法》中的男女平等原则是指男女两性在婚姻关系和家庭关系的各个方面都享有平等的权利，承担平等的义务。男女平等的基本含义是指两性法律地位的平等，而非指能力上、工作上的同等。男女之间在体能上、生理上存在着自然差别，这是生物学上的因素所决定的。两性生物意义上不同的特点决定了男女职业上具有不同的适应性，男女也就自然有不同的职业分工。这种男女不同的职业分工，并不意味着男女法律地位的不平等，相反，如果忽视这些生物学上的不同特点追求所谓绝对的男女平等，其结果只能是事实上的男女不平等。《婚姻法》调整的婚姻家庭关系有人身关系和财产关系两类，因此，男女平等原则就必然要求男女两性在人身关系和财产关系两个方面上权利义务平等。

肖丽与涂自立自由恋爱后于2010年登记结婚。2011年9月，涂自立因机动车交通事故致残，获得6万余元残疾赔偿金。2013年9月，涂自立以夫妻感情完全破裂为由，向法院提起诉讼要求与肖丽离婚。庭审中，肖丽同意离婚，但主张原告涂自立获得的6万余元残疾赔偿金系夫妻共同财产，应予以分割。涂自立答辩认为残疾赔偿金是其个人财产，不能分割。您认为肖丽可以分得该笔赔偿金吗？

《婚姻法》平等保护婚姻中的夫妻双方。该案中的赔偿金主要用于对涂自立的人身伤害补偿，尽管由于发生车祸后对肖丽生活也产生了影响。但对她的补偿是另外一个问题，这通常与她对家庭的付出有关。

4. 保护妇女、儿童和老人的合法权益

妇女由于生物学上的自然因素所决定而为社会相对弱势群体。因此，保护妇女的合法权益是男女平等原则的必然要求和必要补充。儿童也是社会的弱势群体，由于儿童的智力和体力都处于待发育成熟状态，其权益往往容易遭到侵害。因此，必须强调对儿童合法权益的特殊保护。老年人随着体能上的不断衰弱也逐渐成为社会的弱势群体，在老龄化时代到来的今天，老年人问题尤其突出。因此，法律同样必须加强对老人合法权益的保护力度。《婚姻法》在离婚程序中对男方诉权的限制，对于财产分割的补偿制度和经济帮助制度等就是针对女方的实际而作出的对妇女权益保护的规定。法律所规定的父母对未成年子女抚养教育义务，以及子女对父母赡养扶助的义务等就是对儿童、老人合法权益保护的具体体现。

阿军与小丽是从农村到北京拼搏追梦的打工族。2010年，这对恋人组成了幸福的家庭。不幸的是，2013年冬天的一个夜晚，由于路滑，阿军驾车出了事故，自己轻伤却永远失去了妻子。在悲痛地处理妻子后事时，外地的岳父岳母提出，由于阿军的失误造成了小丽的离世，因此，阿军要负担他俩今后的养老。阿军认为尽管他愿意尽力补偿自己的过失，但法律并没有强迫自己必须赡养小丽的父母。你认为，阿军是坏了良心了吗？

法律虽然保护婚姻家庭中的妇女、儿童和老人，但还是有条件的。本例中，阿军在情感道义上有赡养二老的义务，但是法律对此并无要求。

（二）什么样的人可以结婚

婚姻家庭是人类特有的社会现象，并不断发展变化着。不同时期的婚姻家庭，承担着与当时社会结构相应的社会职能。目前我们讲到的婚姻家庭的社会职能，主要有三个方面，即生育职能、教育职能、经济职能。怎样完成这些社会职能，则是社会婚姻立法的依据。

什么是家庭：

我国法学家杨大文提出，婚姻是男女双方以永久共同生活为目的，以夫妻的权利义务为内容的合法结合。家庭，是共同生活的，其成员间互享法定权利、互负法定义务的亲属团体。

结婚条件在婚姻制度中起着重要作用。因此结婚条件的构成，应是社会利益和婚姻当事人个人权利双重保护的最佳结合点。在不违背社会公共利益的前提下，应充分保护婚姻当事人的权利。

1. 实质要件

（1）男女双方完全自愿。这条规定是婚姻自由原则在结婚制度上的具体体现。它首先指双方本人自愿，其次指不是父母或其他第三人的意愿，最后指完全自愿而不是附加条件的愿意。

（2）符合一夫一妻制原则。我国现行法律禁止重婚，《婚姻登记条例》第6条规定：申请结婚登记的当事人已有配偶的，婚姻登记机关不予登记。对于构成重婚罪的，应依照《刑法》规定，追究其刑事责任。因此，一夫一妻是允许登记结婚的必要条件。

（3）达到法定婚龄。指法律规定的准予结婚的最低年龄。我国婚姻法规定结婚年龄男不得小于22周岁，女不得小于20周岁。

（4）禁止具有一定血缘关系的人结婚。我国现行婚姻登记条例规定：直系血亲和三代以内的旁系血亲不得结婚。

（5）禁止患有一定疾病的人结婚。主要是指部分遗传性疾病和恶性传染病等医学上认为不应当结婚的疾病。

2. 形式要件

结婚必须经过登记，这是法律规定的缔结婚姻所必须履行的法定手续。只有履行了法定的结婚程序，婚姻才具有法律上的效力，才会被国家和社会承认。

（1）结婚登记机关

根据国务院2003年10月1日颁布的《婚姻登记条例》，国务院下属的各级民政部门主管全国的婚姻登记工作。

（2）结婚登记程序

第一步：申请

申请结婚的当事人双方必须亲自到一方户口所在地的婚姻登记机关提出结婚登记请求，该申请不得采取委托代理或用书面意见代替本人亲自到场。

婚姻登记机关：

县级以上地方各级人民政府的民政部门主管本行政区域内的婚姻登记管理工作。婚姻登记管理机关，在城市是街道办事处或者市辖区、不设区的人民政府的民政部门，在农村是乡、民族乡、镇的人民政府。

婚姻登记机关依法履行如下职责：

① 依法办理婚姻登记；② 依据婚姻登记档案出具婚姻关系证明；③ 依法处理违法的婚姻行为；④ 宣传婚姻法律，倡导文明婚俗；⑤ 婚姻登记档案的管理和移交；⑥ 婚姻登记的统计工作。

申请人需持的证明和文件：① 户口证明；② 居民身份证；③ 本人无配偶以及与对方当事人没有直系血亲和三代以内旁系血亲关系的签字声明。

离过婚的再次登记结婚需持离婚证或法院判决离婚的判决书。离婚当事人恢复夫妻关系的须双方亲自到一方户口所在地的婚姻登记机关申请复婚登记。

如果中国公民同外国人，包括常驻我国和临时来华的外国人、外籍华人、定居我国的外国侨民在中国境内申请结婚，则还有一些特殊的要求。

第二步：审查

婚姻登记机关依法对当事人的结婚申请进行审核与查证。因当事人不符合结婚登记条件而不予登记的，应向当事人说明理由。婚姻登记机关有不明之处，应向当事人询问，必要时，可要求当事人提供有关证明材料。

第三步：登记

婚姻登记机关对符合结婚条件的申请人，应当即时予以登记，发给结婚证；对离过婚的，应注销其离婚证。但对中国公民和外国人的婚姻登记申请，应在收到申请后一个月内办理登记手续，发给结婚证。涉外婚姻的结婚证须贴有男女双方当事人照片，并加盖办理涉外婚姻登记的县级以上人民政府婚姻登记专用章。

申请结婚登记的当事人受单位或者他人干涉，不能获得所需证明时，婚姻登记机关查明确实符合结婚条件的，应当予以登记。

我国古代结婚程序：

法定的公示形式是“六礼”，即纳采、问名、纳吉、纳徵、请期、亲迎，指从议婚至完婚过程中的六种礼节。六礼具备，婚姻关系始告成立。

3. 事实婚姻

（1）事实婚姻的法律界定

事实婚姻是指存在婚姻的客观事实。它与登记婚姻的区别仅仅在于没有履行法定的公示形式（登记）。从事实婚姻成立伊始，其婚姻关系就已经诞生，但是该种婚姻关系并不一定受到法律保护，即不一定产生夫妻之间的权利义务关系。因此，其婚姻的成立与否是一个事实判断问题，其婚姻的有效与否则是一个价值判断问题。

我国现行法律对事实婚姻的法律界定：

1979年最高人民法院《关于贯彻执行民事政策法律的意见》规定："事实婚姻是指没有配偶的男女，未进行结婚登记，以夫妻名义同居生活，群众也认为是夫妻关系的。"

2001年最高人民法院《关于适用〈中华人民共和国婚姻法〉若干问题的解释（一）》规定："1994年2月1日民政部《婚姻登记管理条例》公布实施以前，男女双方已经符合结婚实质要件的，按事实婚姻处理；该条例公布实施以后，男女双方符合结婚实质要件的，人民法院应当告知其在案件受理前补办结婚登记。未补办结婚登记的，按解除同居关系处理。"

（2）事实婚姻的成立

对于事实婚姻的认定要注意一个时间结点即1981年1月1日，这是现行《婚姻法》施行的时间。双方当事人在1981年1月1日以前以夫妻名义共同生活的，群众也认定其夫妻关系的，即使没有办理结婚登记，也认为双方的婚姻具有合法性，完全等同于登记婚姻。这是因为在此之前，由于法律的不完善以及法律和婚姻登记制度不够普及，很多人没有登记结婚的意识。但其双方互相之间所享受的权利及承担的义务完全是婚姻法所规定的夫妻双方之间的权利义务，因此应当认为是事实婚姻。

而1981年1月1日这个时间点之后的，原则上以登记为结婚的必要条件，特殊情况下才能认定为事实婚姻。此特殊情况有两种：第一，《婚姻法》当中的事实婚姻。即2001年《关于适用〈中华人民共和国婚姻法〉若干问题的解释》当中规定的，如果双方以夫妻名义同居是发生在1994年2月1日民政部《婚姻登记管理条例》公布实施之前，则认定为事实婚姻，如果发生在该条例公布之后，一旦起诉要求法院按照合法婚姻关系分割财产等，则法院应当告知其进行婚姻补登记，不登记的按同居关系处理。第二，《刑法》当中的事实婚姻。该事实婚姻主要体现在重婚罪中。即《婚姻登记管理条例》发布施行后，有配偶的人与他人以夫妻名义同居生活的，或者明知他人有配偶而与之以夫妻名义同居生活的，仍应按重婚罪定罪处罚。

所以，确定事实婚以及区分其与非婚同居的区别应注意以下两点。

首先，两性之间须为有婚意的结合。一方面，双方要有同居的客观事实，同居事实不影响法律婚的成立。但是，对于事实婚来说，同居事实是衡量双方是否有婚意的客观条件，也是婚姻成立的基本条件。

另一方面，双方的婚意为结为夫妻关系，是一种互负夫妻权利义务的身份关系的合意，“构成婚姻的不是媾和而是合意”。其次，是婚姻的公开性与公认性。通常认为双方须“以夫妻名义同居生活，群众也认为是夫妻关系”，这是事实婚姻的外部特征，以区别于隐蔽的、临时的不正当两性关系。

2012 年尚未到达法定结婚年龄的小张与小丽因相恋而同居，并按揭购买了一套商品房。房屋首付款和按揭费用均是小张一人支付。房屋所有权证书中注明小丽是房屋所有权人。后二人因感情不和而分手，于是为该套住房的财产分割而对簿公堂。经法院裁定，由于房屋是小张出资购买的，且二人并未登记结婚，故不能作为婚姻共同财产分割。

可见非婚财产不受夫妻共同财产保护。不仅是财产问题，关于非婚子女的合法权益难以得到有效保护的问题也一直是社会热议以及法律修订的焦点。

4. 无效婚姻与可撤销婚姻

（1）无效婚姻

《婚姻法》规定：重婚的、有法律禁止结婚的血缘关系的、婚前患不应结婚的疾病、婚后尚未治愈的、未到法定婚龄的婚姻无效。其中重婚还要负法律责任。重婚包括双方均有配偶的重婚和一方无配偶与已有配偶者的重婚。事实婚姻容易构成重婚罪，我国《刑法》规定：有配偶而重婚，或者明知他人有配偶而与之结婚的，应当追究其刑事责任，不知对方已有配偶而与之结婚的，不是重婚罪的主体。

（2）可撤销婚姻

《婚姻法》规定：受胁迫而缔结的婚姻可以撤销。其对“胁迫而缔结的婚姻”的司法解释是指行为人以给另一当事人或者其近亲属的生命、身体健康、名誉、财产等方面造成损害为要挟，迫使另一方当事人违背真实意愿结婚的情况。

二、离婚：以法律将苦痛解脱

随着社会发展，传统的家庭价值观受到强烈的冲击。“天长地久”“白头偕老”这类美好的字眼似乎越来越远离婚姻而去。据统计，近十年来，我国离婚率持续递增，其原因由高到低依次是对对方期望值过高继而失望、婚外恋、长年分居、女比男强、家庭矛盾，以及性生活不和谐等因素。由于男女地位越来越平等，人们对婚姻生活有了更高的要求。若婚姻中出现的问题得不到妥善解决，往往好聚好散，从而使离婚几乎成为了现代婚姻的常态。（图 2–2）那么，当令人苦恼的离婚问题真的出现在我们身边时，法律能帮助我们做些什么？

图 2–2　婚姻非儿戏

王先生于 2014 年底终于与妻子办理了离婚手续，而早在十年前他们夫妻就貌合神离了。可是为了孩子，他们彼此忍受，成为典型的“任务型”夫妻。两人私下协议等孩子读完大学后就离婚。十年来，尽管两人相安无事，但情意已无。这种由于各种原因已没有婚姻之实却未办理离婚手续的隐性离婚在当今的现实社会生活中并非少数。

离婚是夫妻双方生存期间依照法定的条件和程序解除婚姻关系的法律行为。法律意义的离婚是指婚姻终止的一种方式。而婚姻终止是合法有效的婚姻关系因发生一定的法律事实而归于消灭的法律程序。首先，婚姻终止要基于一定的前提；其次，婚姻终止要基于一定的法律事实；最后，婚姻终止会引起一系列的法律后果。

离婚与无效婚姻也有区别。离婚是夫妻双方按照法定程序和条件将既存的合法婚姻关系予以解除的行为。而无效婚姻是因男女双方的结合欠缺婚姻成立的法定要件而不具有法律效力的违法婚姻。

（一）离婚的方式

1. 协议离婚

协议离婚指婚姻关系因双方当事人的合意而解除的离婚方式。

（1）协议离婚的条件

双方当事人系合法登记的夫妻；双方当事人离婚是完全自愿的；双方当事人对子女抚养、财产和债务处理等事项达成协议；一方或双方当事人的户口是本辖区内的常住户口。

申请离婚登记的双方当事人必须同时到一方常住户口所在地的婚姻登记机关申请，不得委托他人代理。

（2）协议离婚的程序

协议离婚在我国依照接受和办理协议离婚的机关不同，分为三种程序：户籍登记程序、行政登记程序、司法裁决程序。

离婚的户籍登记程序

第一步，申请。申请离婚应持下列证件和证明：① 户口证明；② 居民身份证；③ 离婚协议书；④ 结婚证。

第二步，审查。婚姻登记管理机关对当事人的离婚申请进行审查。

第三步，登记。自受理申请之日起一个月内，对符合离婚条件的，应予以登记，发给离婚证，注销结婚证，当事人从取得离婚证起解除夫妻关系。

2. 调解离婚

（1）什么是调解离婚

《婚姻法》第32条第1款规定：男女一方要求离婚的，可由有关部门进行调解或直接向人民法院提出离婚诉讼。据此，对于离婚纠纷，既可在诉讼前由有关部门进行调解，又可以不经有关部门调解直接向人民法院提出诉讼。因此，调解离婚又可分为非诉讼调解和诉讼调解，我们这里先说明非诉讼调解离婚。而诉讼调解离婚虽属于调解离婚范畴，但属于诉讼离婚程序的组成部分，因此，我们将其放在下文中讨论。

（2）非诉讼调解离婚

非诉讼调解离婚也称诉讼外调解，是指由婚姻当事人所在单位、群众团体、居民（村民）委员会、人民调解委员会等机构主持，在自愿合法的基础上，当事人就保持或解除婚姻关系及其连带的法律问题达成协议的纠纷解决方式（图2-3）。

图2-3　非诉讼调解离婚

正确认识调解离婚：

我国现行《婚姻法》之所以规定诉讼外调解，是因为：第一，我国民间习惯自古就有调解处理婚姻纠纷的传统，以这种方式处理婚姻纠纷可以不伤或少伤和气；同时也符合人们的心理，便于当事人接受。第二，当地有关部门对纠纷情况比较了解，容易抓住矛盾重点进行说服教育和疏导，使纠纷得到及时的、妥善的解决，防止矛盾激化。第三，这种解决离婚纠纷的方式经济、方便、快捷，不耽误当事人的生产、工作和生活，同时减少了法院的诉讼案件，减轻了人民法院的工作负担。

在离婚调解过程中，应坚持自愿合法原则，不得强制或变相强制当事人达成或不达成某种协议。当事人有权提起离婚诉讼，不得限制、阻碍；达成离婚协议的，当事人仍然要到婚姻登记机关办理离婚登记。

非诉讼调解离婚可能出现三种不同的结果：一是调解和好，消除纠纷，继续保持婚姻关系。二是通过调解双方达成离婚协议，并就子女抚养、财产分割等问题达成一致意见，到婚姻登记机关办理离婚登记。三是调解无效，双方仍存在争议的，则由婚姻当事人一方向人民法院提出离婚诉讼，由人民法院审理。

3. 诉讼离婚

诉讼离婚指夫妻一方基于法定理由提出诉请，由法院依法通过调解或判决而解除婚姻关系的离婚方式。

（1）诉讼离婚的基本要求

诉讼离婚必须由当事人一方提出离婚请求，任何第三人都不得以诉讼当事人的身份提出离婚诉讼，而只能依法作为诉讼代理人，代理夫妻一方参加诉讼活动。诉讼离婚限于双方对离婚事项难以协商一致。诉讼离婚只有人民法院才能受理，且由人民法院独立行使审判权。

现役军人的配偶要求离婚须得到军人同意，但军人有重大过错的除外。

我国《婚姻法》规定，女方在怀孕期间、分娩后一年内或中止妊娠后六个月内，男方不得提出离婚。女方提出离婚的或人民法院认为确有必要受理男方离婚请求的，不在此限。

（2）诉讼调解离婚

诉讼调解离婚是指人民法院对已受理的离婚案件，依法进行的调解工作。需要说明的是离婚案件的诉讼调解是必须的，是离婚诉讼所需要的前置程序。但是调解也应当尊重双方当事人的自由和意志，不能久调不决。

（3）判决离婚

人民法院在对离婚案件调解无效的情况下，应当及时作出准予离婚或不准予离婚的判决。感情确已破裂是判决离婚的法定事由。认定感情确已破裂的标准：第一，重婚或有配偶者与他人同居的。第二，实施家庭暴力或虐待、遗弃家庭成员的。第三，有赌博、吸毒等恶习屡教不改的。第四，因感情不和分居满两年的。第五，一方被宣告失踪，另一方提出离婚诉讼的。第六，其他导致夫妻感情破裂的情形。

（二）离婚的法律效果

王辉10岁那年，父母感情不和，经常吵架，想离婚，但看到他这么小，怕影响他的学习，就商量好等他高中毕业再离。可是在这八年当中，他们的所作所为却给了王辉无形的压力，他一直过得不开心，可又不敢对父母言明。18岁那一年，他考完试，终于松了一口气，却哭着对已离了婚的父母说："其实早在八年前我就想叫你们把这婚离了！"

离婚不仅给当事人双方，也会给父母亲戚，特别是孩子带来深远的影响。因此，离婚千万要慎重。但当婚姻维持不下去，离婚真的到来时，也不必躲闪、回避，而应该冷静、智慧地处理好离婚的事宜。其中最重要的就是要善于用好法律这个工具。那么，从法律意义上讲，离婚会带来什么后果呢？

1. 身份

离婚后，夫与妻的身份关系终结。

张燕和王辉结婚14年，孩子都十多岁了，却偶因一次激烈的争吵，双方一赌气就离婚了。事后张燕非常后悔。她与王辉是自由恋爱结的婚，婚后感情一直很好，但她一向爱唠叨，而丈夫又性格内向不爱说话，每次争吵，她就爱说离婚，以前总以为说着玩的，但这次吵完架，在气头上，就真办了离婚。孩子和房子归了她，丈夫拿了几件衣服就去外面租房子住了。离婚后，她没工作，还要带孩子，没钱时向他要，他也给。家里有什么活儿，如水管坏了，需要他干时，他也回来干，但就是不回家，也没有再另找别人。每次张燕提出复婚，他就是不同意。现在张燕真的很后悔当初冲动离婚，期待王辉能回心转意，找回当初完整的家。

2. 财产

夫妻离婚时，应分清个人财产、夫妻共同财产和家庭共同财产。其中，夫妻双方各自的个人财产，既包括婚前个人所有财产，也包括虽为婚后所得但依照法律规定或者双方约定属于个人所有的财产。家庭共同财产中属于夫妻共同所有的部分应予析出，离婚时所应分割的仅是夫妻共同财产。对是个人财产还是夫妻共同财产难以界定的，主张权利的一方有责任举证。当事人举不出有力证据又无法查实的，按夫妻共同财产处理。

夫妻共同财产：

《婚姻法》第十七条规定，夫妻在婚姻关系存续期间所得的下列财产，归夫妻共同所有：① 工资、奖金；② 生产、经营的收益；③ 知识产权的收益；④ 继承或赠与所得的财产，但本法第十八条第三项规定的除外；⑤ 其他应当归共同所有的财产。

夫妻对共同所有的财产，有平等的处理权。

李红与张伟 2010 年登记结婚，婚前张伟有一套住房，婚后两人共同购买了两辆汽车，并且双方在共同生活期间，购买了其他家电、家具。双方在一起共同生活 4 年后，由于感情不和，决定于 2014 年 12 月办理离婚手续。在办理离婚手续的过程中，女方认为那套住房属于夫妻共同财产，自己应该参与分割，从而与男方产生了分歧。

对照《婚姻法》的规定，两人的夫妻共同财产应包括婚后共同购买的汽车、家电、家具，还包括两人的工资、奖金等收入。而张伟在婚前购买的房子则属于个人财产。

3. 债务

(1) 夫妻共同债务

夫妻共同债务指为满足夫妻共同生活需要所负的债务和夫妻共同生产、经营所负的债务。《婚姻法》第41条规定：离婚时，原为夫妻共同生活所负的债务，应当共同偿还。共同财产不足清偿的，或财产归各自所有的，由双方协议清偿。协议不成时，由人民法院判决（图2-4）。

图2-4 夫妻共同分担债务

如果没有共同财产或个人财产不足，双方可以承诺日后继续偿还，由夫妻个人财产加以清偿或由夫妻协商各自偿还的比例。协商不成的，由人民法院进行判决。法院可以依照双方的财产状况、受教育程度、收入水平等综合情况进行判决。

夫妻共同生活所负债务：

包括因购置生活用品、修建或购置住房所负的债务，履行抚养教育和赡养义务、治疗疾病所负的债务以及其他在日常生活中发生的应当由夫妻双方负担的债务。

夫妻共同生产、经营所负的债务：

为了共同投资或者其他金融活动，或为了购买生产资料等这些行为所欠的债务。

（2）个人债务

个人债务是指以个人名义所负的与夫妻共同生活无关的债务。个人债务应以个人财产清偿，他方不负连带责任，没有清偿义务；但自愿协助清偿的行为法律不禁止。

债权人就一方婚前所负个人债务向债务人的配偶主张权力的，人民法院不予支持。但债权人能够证明债务人所负债务用于婚后家庭共同生活的除外。用于清偿个人债务的个人财产，包括共同财产中分割后属于个人所有的财产、法定的个人财产以及妻双方约定的归各自所有的财产等。

李强与王晓均系再婚。在两人结婚期间，李强因个人欠前妻债务6万元，而被法院强制执行。因当时王晓身在外地，由李强用夫妻共同财产交纳了全部执行款。婚姻关系存续期间，两人对夫妻财产未作任何约定。后双方发生纠纷而起诉离婚，王晓则要求李强补偿她3万元还债款，但李强认为6万元属于夫妻共同的合理消费。

对照《婚姻法》规定：个人债务应以个人财产清偿，对方不负连带清偿责任。因此，王晓没有义务替李强偿还债务，理应得到合理补偿。

4. 子女

我国《婚姻法》第三十六条第一款规定：父母与子女间的关系，不因父母离婚而消除。离婚后，子女无论由父或母直接抚养，仍是父母双方的子女。由此看来，父母离婚，不消除父母子女之间的权利义务关系。养父母离婚，也不消除养父母与养子女之间权利义务关系。

父母离婚虽不能消除其父母子女之间的权利义务关系，但子女抚养方式却要发生变化。由原来的父母双方与子女共同生活、共同抚养变成由父母一方与子女共同生活、承担直接抚养责任。我国《婚姻法》诸条关于子女的规定都是基于有利于子女的健康成长为出发点的。

《婚姻法》第三十六条第二和第三款规定：

离婚后，父母对于子女仍有抚养和教育的权利和义务。离婚后，哺乳期内的子女，以随哺乳的母亲抚养为原则。哺乳期后的子女，如双方因抚养问题发生争执不能达成协议时，由人民法院根据子女的权益和双方的具体情况判决。

《婚姻法》第三十七条规定：

离婚后，一方抚养的子女，另一方应负担必要的生活费和教育费的部分或全部，负担费用的多少和期限的长短，由双方协议；协议不成的，由人民法院判决。关于子女生活费和教育费的协议或判决，不妨碍子女在必要时向父母任何一方提出超过协议或判决原定数额的合理要求。

《婚姻法》第38条规定：

离婚后，不直接抚养子女的父或母，有探望子女的权利，另一方有协助义务。行使探望权利的方式、时间由当事人协议；协议不成时，由人民法院判决。父或母探望子女，不利于子女身心健康的，由人民法院依法中止探望的权利；中止的事由消失后，应当恢复探望的权利。

第二节 家与法

一、子女：血脉与法的结晶

（一）婚生子女

他想到了家，想到了母亲，非常难过，不由得又哭起来。他浑身打颤，跪下来，像临睡前那样做祷告。但是他没法做完，因为他抽抽搭搭哭得那么急，那么厉害，完全不能左右自己了。他什么也不想，什么也不看，只是一个劲儿地哭。

突然一只沉重的手按在他肩上，一个粗壮的声音问他："什么事叫你这么伤心呀，小家伙？"西蒙回过头去。一个长着鬈曲的黑胡子和黑头发的高个儿工人和蔼地看着他。他眼睛里、嗓子里满是泪水，回答：

"他们打我……因为……我……我……没有爸爸……没有爸爸。"

"怎么，"那人微笑着说，"可是人人都有爸爸呀。"

孩子在一阵阵的悲伤中，困难地回答："我……我……我没有。"

——莫泊桑《西蒙的爸爸》

唐大历年间，陇西书生李益，二十岁，中了进士。为等吏部复试，到达长安。他门第华贵，风流倜傥，四处寻求名妓而未能如愿。逢长安媒婆鲍十一姐，推荐说：她是从前霍王的小女儿，字小玉，霍王很喜爱她。母亲叫净持，是霍王宠爱的婢女。霍王刚死的时候，众兄弟因为她是低贱的人所生，不太愿意收留。于是分给她些资产，叫她住在外面，改姓郑氏，流落风尘。人们也不知道她是霍王的女儿。

——唐传奇《霍小玉传》

古往今来，世界各地，都曾发生过歧视非婚生子女的现象。自从进入阶级社会建立了调整婚姻家庭关系的法律制度以来，人类社会的生育行为就产生了是否符合当时社会的婚姻家庭制度的问题。即有了合法与非法之分。所生子女也就相应有了婚生和非婚生之别，出现了婚生子女和非婚生子女的概念。

在漫长的封建社会中，非婚生子女的地位极其低下，连王侯之后也不能幸免。新中国成立后，十分重视非婚生子女与婚生子女的平等地位。我国现行《婚姻法》第二十五条：非婚生子女享有与婚生子女同等的权利，任何人不得加以危害和歧视。不直接抚养非婚生子女的生父或生母，应当负担子女的生活费和教育费，直至子女能独立生活为止。

但我国 1950 年《婚姻法》和现行《婚姻法》虽然都使用了婚生子女的称谓，却均未对婚生子女的概念作出规定，也无婚生子女的推定制度。因此我国有学者指出明确婚生子女的概念是完善我国亲子关系首先需要解决的问题。建议对婚生子女的概念规定为“于婚姻关系存续期间受胎或出生的子女为婚生子女。

（二）非婚生子女

非婚生子女，是在受胎期间或出生时，其生父生母无婚姻关系的子女。自从人类社会实行婚姻家庭制度以来，婚姻成立的条件就越来越严格。对于生育非婚生子女的情况，不管是在古代还是在现代，不管是在哪个国家，无论是在法律上还是在实际生活中，非婚生子女总会受到歧视或虐待。现实生活中，非婚生的危害性是多方面的，为了妥善处理非婚生子女的问题，同时减少非婚生现象的发生，我们一定要把对于非婚生问题的处理和对婚生子女的保护有力地结合起来。既要有力地制止非婚生子女的现象，同时也要把非婚生子女利益的保护问题放在首位。前文已述，我国现行《婚姻法》第 25 条强调了对非婚生子女的保护，认为与婚生子女法律地位相等，完全一视同仁。法律有关父母子女间的权利义务，同样适用于非婚生子女之间。非婚生子女享有与婚生子女同等的权利，即法律所规定的受抚养教育和保护管教的权利与未成年子女给国家、集体、他人造成损害时由父母承担民事责任的权利以及继承权等。“任何人”包括父母在内的公民、法人和其他组织，即任何主体都不得危害和歧视非婚生子女（图 2-5）。

根据我国 1980 年《婚姻法》第十九条第二款规定：可以由生父负担非婚生子女必要的生活费和教育费的一部或全部。2001 年修订后的《婚姻法》强化了生母的义务，生父、生母都有义务负担非婚生子女的生活费和教育费。具体负担方法可根据他们的经济情况决定，可由双方分担，也可由一方负担。

图 2-5　不得歧视非婚生子女

实践中处理非婚生子女问题，特别需要注意：非婚生子女的生母与他人结婚的，其丈夫愿意承担该子女的生活费和教育费，则生父的抚养费可酌情减少或免除。如生父要求领回自行抚养该子女，可由生父母双方协商解决，协商不成的可请求法院作出判决。

经过确认之后但未与非婚生子女共同生活的父母一方应该享有探望权。

27 岁的林涛出身于北京一高级知识分子家庭，2013 年大学毕业后到深圳打工，和李莉住同一栋楼。一个多月后两人开始同居，但一直没有办理结婚登记，不久李莉就怀孕了。当时他俩都没有什么钱，拖了一阵子，肚里的孩子大了，只好把孩子生下来。林涛的父母闻知此事，非常生气，让他立刻回家，于是他在今年春节回到北京。

2015 年 5 月，李莉抱着才一岁多的女儿来到北京西城区人民法院递上一张诉状，要求林涛支付女儿的抚养费和教育费等。

最高人民法院 1989 年《关于人民法院审理未办结婚登记而以夫妻名义同居生活案件的若干意见》第九条规定：解除非法同居关系时，双方所生的非婚生子女，由哪一方抚养，双方协商；协商不成时，应根据子女的利益和双方的具体情况判决。因此，林涛和李莉都有抚养女儿的义务，但具体如何分担，要依两人的经济情况而定。

（三）继子女

继子女是指夫与前妻或妻与前夫所生的子女。继父母是指父之后妻或母之后夫。继父母与继子女关系产生的原因一种是由于父母一方死亡他方再行结婚，另一种是由于父母离婚父或母再行结婚而形成的。

法律规定只有在一起共同生活形成了抚养教育关系的继父母子女间才具有法律上的拟制血亲关系，才会产生父母子女间的权利和义务。

继父母子女关系：

这种姻亲关系是由于父母再婚而形成的。继父母子女关系可分为三种情况：第一，父或母再婚时继子女已经成年并已独立生活，法律不予调整。第二，父或母再婚后未成年的或未独立生活的继子女，未与继父母共同生活或未受其抚养教育的。第三，父或母再婚后未成年的或未独立生活的继子女与继父母长期共同生活，继父或继母对其进行了生活上的抚养和教育的。

人到中年的赵明和张燕都是离异的单身，经再婚组成新家庭而一起生活 7 年。2014 年双方因生活琐事诉讼离婚，在权利义务分割时，在对张燕与前夫所生的现年 13 岁的女孩的抚养问题上出现异议。赵明认为随着离婚，该继女与自己已毫无关系了，不存在抚养问题。张燕则认为 7 年的婚姻决定赵明有抚养子女的义务，而所有子女都是一视同仁的。您认为赵明该如何承担对该继女的义务？

前文已述，赵明与该女属于第三种继父女关系，有抚养义务。但随着婚姻解体，这种关系随之消失，因此，从法律意义上，他不再有抚养的义务了。

二、父母：养与育的恩人

（一）父母对子女有抚养的义务

抚养是指父母在经济上对子女的供养和在生活上对子女的照料，包括负担子女的生活费、教育费、医疗费等。抚养义务是父母对子女所负的最主要的义务，目的是为了保障子女的生存和健康成长。

父母对未成年子女的抚养是无条件的。除法律另有规定外，任何情况下父母都必须履行抚养义务。离婚后的父母，无论子女由哪方抚养，另一方都不因此而免除其对子女的抚养义务。

未成年子女：

通常认为满 18 岁成年，但在法律上对未成年子女应做缩小解释。即指不满 18 周岁的公民，但已满 16 周岁而未满 18 周岁的公民且能够以自己的劳动收入为主要生活来源的人除外。“不能独立生活的子女”是指虽已成年，但非因主观原因而无法独立维持正常生活的子女，如子女丧失劳动能力或虽未完全丧失劳动能力但收入不足以维持生活的，子女尚在校接受高中、职高或以下学历教育等情况。

在一般情况下，父母的抚养义务到子女成年为止。当未成年子女或不能独立生活的成年子女的受抚养的权利受到侵犯时，他们有向父母追索抚养费的权利。追索抚养费的要求，可向抚养义务人的所在单位或有关部门提出，也可直接向人民法院提起诉讼。人民法院应当根据子女的需要和父母的抚养能力，通过调解或判决的方式，确定抚养费的数额、给付期限及方法。一般来讲，对未成年子女的抚养程度是与自己维持同一生活水平，对成年但非因主观原因无法独立生活的子女的抚养程度是维持当地一般生活水平。

（二）父母对子女有教育的义务

教育，是指父母在思想品德、学业上对子女的关怀和培养。教育子女是父母一项重要的职责，其中包括两个方面的内容：一是父母或者其他监护人应当尊重未成年人接受教育的权利，必须使适龄的未成年人按照规定接受义务教育，不得使在校接受义务教育的未成年人辍学。二是父母或者其他监护人应当以健康的思想、品行和适当的方法教育未成年人，引导未成年人进行有益身心健康的活动，预防和制止未成年人犯罪。

王小强已经 15 岁了，父母去外地打工，把他留在农村老家上初中，并与爷爷奶奶一起生活。吃喝起居虽然有人照顾，他自己也能帮助老人做不少活，可学习却成了问题。他贪玩，上课不听讲，课后不完成作业，还经常逃学。老师找家长，爷爷奶奶说“管不了”，学校给他父母打电话，父亲说“孩子不是读书那块儿料，随他去吧。”你说学校该怎么办？

义务教育法：

2006年新修订的《中华人民共和国义务教育法》第五条规定：各级人民政府及其有关部门应当履行本法规定的各项职责，保障适龄儿童、少年接受义务教育的权利。

适龄儿童、少年的父母或者其他法定监护人应当依法保证其按时入学接受并完成义务教育。

第五十八条规定：适龄儿童、少年的父母或者其他法定监护人无正当理由未依照本法规定送适龄儿童、少年入学接受义务教育的，由当地乡镇人民政府或者县级人民政府教育行政部门给予批评教育，责令限期改正。

按《义务教育法》学校可向当地人民政府反映或直接向检察院报案。由当地或其父母打工地政府对家长说服教育，直至法院强制解决。

（三）父母对子女有保护的权利和义务

保护，是指父母应保护未成年子女的人身安全和合法权益，防止和排除来自自然界的损害以及他人的非法侵害。未成年子女是无民事行为能力人或限制民事行为能力人，他们缺乏对事物的理解能力和处理能力。法律要求父母对未成年子女进行管教和保护，一方面是为了保障子女的健康和安全；另一方面则是为了防止未成年子女去损害他人和社会的利益（图2-6）。

图2-6　保护子女的义务

在未成年子女对国家、集体或他人造成损害时，父母有承担民事责任的义务。

孩子惹了祸，该谁负责：

《民法通则》第一百三十三条规定：无民事行为能力人、限制民事行为能力人造成他人损害的，由监护人承担民事责任。监护人尽了监护责任的，可以适当减轻其民事责任。有财产的无民事行为能力人、限制民事行为能力人造成他人损害的，从本人财产中支付赔偿费用。不足部分，由监护人适当赔偿，但单位担任监护人的除外。

已成年子女对国家、集体或他人造成损害时，父母仍有承担民事责任的义务。

李勇是在校大学生，2014 年春，因与宿舍同学发生口角，用椅子砸伤同学，致使同学手臂和肋骨骨折，用去医疗费、护理费、营养费等 6 万元。李勇无钱赔偿，被诉法院。法院鉴于李勇已年满 18 周岁，但无力赔偿，责令其父母代为垫付。其父母想不通，明明李勇已经成人，为什么还要连坐父母？你认为法院的判决与我国现行法律有矛盾吗？

父母责任大如天：

最高人民法院《关于贯彻执行〈中华人民共和国民法通则〉若干问题的意见（试行）》中规定：夫妻离婚后，未成年子女侵害他人权益的，同该子女共同生活的一方应当承担民事责任；如果独立承担民事责任确有困难的，可以责令未与该子女共同生活的一方共同承担民事责任。侵权行为发生时行为人不满 18 周岁，在诉讼时已满 18 周岁，并有经济能力的，应当承担民事责任；行为人没有经济能力的，应当由原监护人承担民事责任。行为人致人损害时年满 18 周岁，应当由本人承担民事责任。没有经济收入的，由抚养人垫付；垫付有困难的，也可以判决或者调解延期给付。

没错，李勇已年满 18 岁，已具有完全民事责任了，其父母完全可以不必代他赔偿。但并不是说作为监护人的父母对他的行为就不负责任了。在此，垫付意味着暂时替他赔偿，但将来他是要还给父母的。

父母对子女的抚养、教育和保护的义务，始于子女出生。父母以任何手段危害子女生命和健康的行为都是违法的。《婚姻法》中特别规定，禁止溺婴、弃婴和其他残害婴儿的行为。

有没有弃婴罪：

我国现行法律中没有“弃婴罪”，对应的是“遗弃罪”。我国《刑法》第二百六十一条的遗弃罪，是指对于年老、年幼、患病或者其他没有独立生活能力的人，负有抚养义务而拒绝抚养，情节恶劣的，处五年以下有期徒刑、拘役或者管制。

情节恶劣指：① 由于遗弃致被害人重伤、死亡；② 因遗弃致被害人流离失所；③ 因遗弃致被害人走投无路被迫自杀；④ 在遗弃中有打骂、虐待等情节。

三、亲属：爱与义务的延展

（一）夫妻间的扶养

1998 年夏末深夜，因妻子李艳琼头疼，周汉青送她去医院。刚入院，一阵剧疼使李艳琼昏了过去。这一抢救就是 7 天，医生告诉周汉青，他的妻子是颅内大出血，就算救活也是个植物人。汉青懵了，喊道：“只要还有心跳，我就不放弃！”5 个月后，汉青把成了植物人的妻子从医院接回了家。

妻子只能吃流食，他就变着花样煮粥。他把猪肝、苹果切碎，将红枣、桂圆搭配，煮成各种各样的粥，用勺子小心撬开妻子的嘴，慢慢送进她嘴里。邻居不解地说：“老周啊，她又吃不出味道，干吗费那个功夫。”他听了只是笑笑。

妻子大小便失禁，吃流食就更多。他就不停地换尿片。家里晾得尿片子比万国旗还隆重。洗脸、喂饭、擦身，他每天耐心地重复着。

五年来，他每天都趴在妻子身边耳语，“艳琼，吃饭了”“艳琼，等你好了，我们出去玩”，可一遍又一遍的呼唤却得不到妻子的回应。他不敢出门，怕妻子突然醒来看不见自己，呆坐在妻子床边，成了他最大的消遣。

周汉青没有白等。一次他看电视时，李艳琼突然跟着电视里的歌哼了起来。“醒了，你终于醒了。”汉青抱着妻子，流下了眼泪，有欢喜、也有苦涩。

经历了甜蜜爱情的浸润，一对幸福的人儿终于步入了神圣的婚姻殿堂。婚姻如何能长久？家庭的一切，夫妻生活的全部，都应由爱主宰。真理在爱情面前也要退避三舍，有了爱便没有了立场、原则。有了爱就会忍受一切，舍弃一切。爱不需要回报，付出是爱最大的潇洒，奉献是爱最大的快乐。爱对方就不要为难对方，伤害对方，折磨对方，就应设身处地地为对方着想，想方设法给对方送去幸福和欢乐。

夫妻间扶养的权利与义务：

包括经济上的相互供养、生活上的相互扶助。这是婚姻内在属性和法律效力对主体的必然要求。这既是双方当事人从缔结婚姻开始就共生的义务，也是婚姻或家庭共同体得以维系和存在的基本保障。夫妻可以约定夫妻在婚姻关系存续期间所得的财产的归属，如将其中的某项财产或收入，确定归一方所有或双方分别所有。有的夫妻约定各自的工资或收入归各自所有，但这并不意味着夫或妻只负担各自的生活费用而不承担扶养对方的义务，如当一方患有重病时，另一方仍有义务尽力照顾，并提供有关治疗费用。

从法律角度讲，夫妻之间的互相扶养既是权利又是义务，这种权利义务是平等的。也就是说，丈夫有扶养其妻子的义务，妻子也有扶养其丈夫的义务；反之，夫妻任何一方均有受领对方扶养的权利。

我国《婚姻法》第二十条规定：夫妻有互相扶养的义务，一方不履行扶养义务时，需要扶养的一方，有要求对方给付扶养费的权利。

夫妻扶养从婚姻合法有效成立之时起产生，至婚姻合法有效终止时结束。扶养关系在婚姻有效存续的整个过程中一直存在且具有法律约束力，因而是一种状态性的、持续性的法律关系。

夫妻扶养为法定义务，具有法律强制性。基于夫妻关系的特殊性，夫妻扶养通常在婚姻共同生活中自觉履行。当夫妻一方没有固定收入，缺乏生活来源，或无独立生活能力，生活困难，或因患病、年老等原因需要扶养时，若另一方不履行扶养义务，需要扶养的一方有权要求对方承担扶养责任。

不履行扶养义务的法律责任：

夫或妻一方不履行扶养义务时，需要扶养的一方可以根据婚姻法的规定，要求对方付给扶养费。应当付给扶养费的一方拒绝付给的，需要扶养的另一方可以通过诉讼获得扶养费。如果夫或妻一方患病或者没有独立生活能力，有扶养义务的配偶拒绝扶养，情节恶劣构成遗弃罪的，应当承担刑事责任。

（二）父母子女间的扶养与赡养

1. 父母对子女有抚养和教育的义务

扶养，是指父母为子女的生活、学习等提供物质条件。这种义务对未成年子女是无条件的，对成年子女则是有条件的，即当其不能独立生活时，父母仍应承担抚养义务。如果子女已年满 18 周岁，能够独立生活，父母就不再承担相应的抚养义务了。抚养义务是父母最重要的义务，即使父母已经离婚，抚养义务也不会随之消失。如果父母拒不给付，恶意遗弃未成年子女已经构成犯罪的，还应追究其刑事责任。

教育，是父母从思想文化、科学知识上给予子女一定的指导和帮助。父母对子女最重要的教育义务是保障孩子完成九年义务教育。这不仅是国家对每一对父母的要求，也是国家对公民的基本要求。

2. 子女对父母有赡养扶助的义务

慈母手中线，游子身上衣。临行密密缝，意恐迟迟归。谁言寸草心，报得三春晖。一首唐代孟郊的《游子吟》打动我们千余年，无论怎样尽孝，也难以报答父母对我们的养育之恩！

赡养父母，为父母提供物质上、经济上的帮助是子女不可推卸的义务。子女不履行赡养义务时，无劳动能力的或生活困难的父母，有要求子女付给赡养费的权利。“扶助”则强调子女还应该在精神上、感情上给予父母关心和体贴（图 2-7）。

图 2-7　赡养父母

现行《老年人权益保障法》是1996年颁布的，2012年底修订。其中从第十四条到第二十条，从第二十四条到第二十六条都规定了赡养人对父母应尽的义务。

《老年人权益保障法》第十四条规定：赡养人应当履行对老年人经济上供养、生活上照料和精神上慰藉的义务，照顾老年人的特殊需要。赡养人是指老年人的子女以及其他依法负有赡养义务的人。赡养人的配偶应当协助赡养人履行赡养义务。

《老年人权益保障法》第十八条规定：家庭成员应当关心老年人的精神需求，不得忽视、冷落老年人。与老年人分开居住的家庭成员，应当经常看望或者问候老年人。用人单位应当按照国家有关规定保障赡养人探亲休假的权利。

《老年人权益保障法》第十九条规定：赡养人不得以放弃继承权或者其他理由，拒绝履行赡养义务。赡养人不履行赡养义务，老年人有要求赡养人付给赡养费等权利。赡养人不得要求老年人承担力不能及的劳动。

第二十五条规定：禁止对老年人实施家庭暴力。

李凤鸣中年时丈夫去世，婆婆生活不能自理，需要人照顾。丈夫有一姐和一弟，由于作为儿媳的她身体不好，感到无力服侍老人，于是就想出一份钱而不参与对老人的服侍。请问这样做违法吗?

根据我国《婚姻法》第二十一条的规定，子女对父母有赡养义务，子女不履行赡养义务时，无劳动能力或生活困难的父母，有要求子女给付赡养费的权利。由于，我国现行法律并没有规定儿媳对公婆、女婿对岳父母负有赡养义务，李凤鸣对婆婆的资助完全是出于自愿的良知而不是法律强迫的。

（三）祖孙间的扶养

陈梅2008年结婚，一年后儿子小明出世。她平时孝顺公婆，一家人过得和和美美，夫妻俩还以公公的名义购买了公公单位的福利房。2012年丈夫遭遇车祸身亡，随后陈梅带着4岁的儿子搬出该福利房在外租房别住。现她打工一个月才挣几百元，只够交房租，生活十分窘迫。眼看儿子就要上学，公婆都是国企退休职工，每月有几千元的退休工资，却拒绝资助。于是，一怒之下，她将公婆告上法庭。你说，公婆有扶养小明的义务吗？

我国《婚姻法》第二十八条规定：有负担能力的祖父母、外祖父母，对于父母已经死亡或父母无力抚养的未成年的孙子女、外孙子女，有抚养的义务。有负担能力的孙子女、外孙子女，对于子女已经死亡或子女无力赡养的祖父母、外祖父母，有赡养的义务。

陈梅的情况属于上述“子女无力赡养”这一情况，因此小明的祖父母有扶养的义务。这一规定，使得祖孙之间依法产生了附条件的扶养权利和扶养义务关系。

张老汉今年82岁了，没有生活来源，一直靠儿子赡养。然而，去年儿子患脑血栓卧床不起了。张老汉的孙子经商，收入颇丰，但孙子只负担他自己父亲即张老汉儿子的生活及医疗费用，却拒绝赡养张老汉。孙子的理由似乎也很充分，他说：爹他管，他只有赡养父母的义务而没有赡养爷爷的义务。你说，张老汉对孙子的赡养要求合理吗？

同理，根据相关法律，孙辈在父辈无力尽赡养义务时，如果自己有能力，是要对祖父辈尽赡养义务的。

祖孙关系，是除父母子女以外最亲近的直系血亲，他们之间的抚养、赡养责任，1950年婚姻法虽然未做明文规定，但在事实上是存在的，并且为广大群众所公认。新《婚姻法》附条件地规定了他们之间的权利义务关系，这不仅是必要的，也是可行的。

刘柏林和妻子张佳已年过70且都没有工作和生活来源。2004年独生女小梅不幸遇车祸去世，那年小梅的儿子小刚已20岁了。失去了独生女，老夫妻十分伤心，一下就病倒了。小梅的丈夫孙强可怜两位老人年老体衰，就把小梅的遗产全部留给了岳父母。此后孙强和两位老人很少往来。两年后，再婚后的孙强也因病魔缠身而去世。两个无助的老人生活十分艰难，邻居劝他们去找外孙小刚，让小刚来赡养他们。可此事连老两口也觉得心里没底，外孙有这个义务吗？

这个案例与前述法理相同，由于老人的子女离世，则有扶养能力的外孙就具有赡养的义务。

（四）兄弟姐妹间的扶养

我国《婚姻法》第二十九条规定：有负担能力的兄、姐，对于父母已经死亡或父母无力抚养的未成年的弟、妹，有扶养的义务。由兄、姐扶养长大的有负担能力的弟、妹，对于缺乏劳动能力又缺乏生活来源的兄、姐，有扶养的义务。

2010 年，陈刚与同乡女青年方萍同居，生育一女。2012 年，陈刚因患病死亡，方萍带女儿回娘家生活。天有不测风云，2013 年的一天，方萍骑电动车不幸遇车祸身亡。方萍年迈多病没有收入的老母亲，面对幼小的婴儿，万般无奈，只得求陈刚的大姐收养，而这让早已成家立业的大姐也十分为难。请问，大姐必须要收养这个孤儿吗？

按我国现行婚姻法，陈刚的大姐原本是无需扶养弟弟的孩子的。但本案恰恰出现了特例，即孤儿的父母双亡，而其余众亲属中，只有她具有扶养能力。因此，她依法具有扶养的义务。

第三节　继承与法

张霞 9 岁时，母亲因病去世后，父亲与后母结婚，两年后生下妹妹。2003 年张霞 21 岁时，父亲与后母因矛盾分居，此后 10 年，父亲一直与张霞一起生活，且其中 7 年父亲没有任何经济来源。2013 年父亲病故，留下单位改制房屋一套，这时后母却要来分割房产。鉴于在这 10 年间，后母没有尽到作为妻子、母亲的义务，张霞认为她不能参与遗产的继承？你认为她有资格继承遗产吗？

能否参与遗产继承，不能靠情感和道理，必须有法律依据。相信学完了本节内容，你自己就能对此案做出判断了。

一、遗嘱继承

（一）遗嘱的特征

所谓遗嘱是指遗嘱人生前在法律允许的范围内，按照法律规定的方式对其遗产或其他事务所作的个人处分，并于遗嘱人死亡时发生效力的法律行为。遗嘱有以下几个特征：

第一，遗嘱是单方法律行为，即遗嘱是基于遗嘱人单方面的意思表示即可发生预期法律后果的法律行为（图 2-8）。

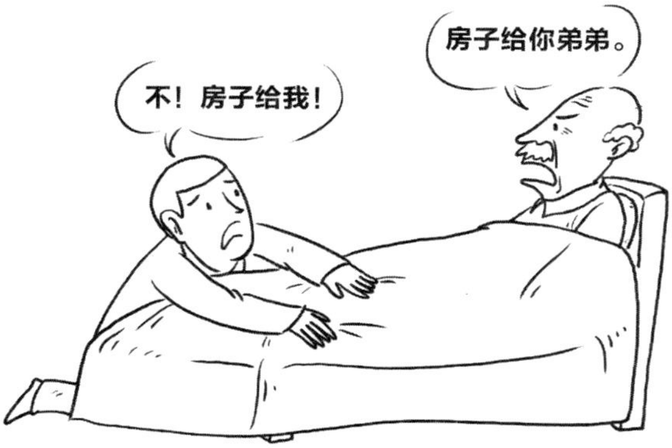

图 2-8 遗嘱是遗嘱人单方意思表示

第二，遗嘱人必须具备完全民事行为能力，即限制行为能力人和无民事行为能力人不具有遗嘱能力，不能设立遗嘱。

第三，设立遗嘱不能进行代理，即遗嘱的内容必须是遗嘱人的真实意思表示，应由遗嘱人本人亲自作出。如是代书遗嘱，也必须由本人在遗嘱上签名。

第四，紧急情况下，才能采用口头形式设立遗嘱，而且要求有两个以上的见证人在场见证，危急情况解除后，遗嘱人能够以书面形式或录音形式立遗嘱的，所立口头遗嘱因此失效。

第五，遗嘱是遗嘱人死亡时才发生法律效力的行为，因为遗嘱是遗嘱人生前以遗嘱方式对其死亡后的财产归属问题所作的处分，死亡前还可以加以变更、撤销，所以，遗嘱必须以遗嘱人的死亡作为生效的条件。

如果遗嘱人没有事实死亡，而是在具备相关的法律条件下，经有关利害关系人的申请，由人民法院宣告死亡的，遗嘱也发生法律效力，利害关系人可以处分遗嘱当事人的财产。如果在短期内遗嘱人重新出现，那相应的财产可以退还遗嘱人；如果时间较长，例如超过两年以上以及财产出现了无法退还的情况，则受益人应当对遗嘱人的基本生活在其受益的范围内提供帮助，但法定义务人不受此限。

（二）遗嘱继承的程序

遗嘱继承是指按照立遗嘱人生前所留下的符合法律规定的合法遗嘱的内容要求，将遗产的全部或部分指定由法定继承人的一人或数人继承。

1. 遗嘱的设立

（1）遗嘱能力：遗嘱是民事法律行为，须有相应的民事行为能力才能实施。但遗嘱又是一种特别的民事行为，因此，公民须具有法律特别规定的行为能力才可以设立遗嘱。

一般地，具有完全民事行为能力的人都是有遗嘱能力的人。民事行为能力不完全的人不具有遗嘱能力。

我国《继承法》第二十二条规定：无民事行为能力人或者限制民事行为能力人所立的遗嘱无效。我国法律规定患有聋、哑、盲等生理性疾病的成年人，只要精神状况健康，也是完全民事行为能力人，其设立的遗嘱有效，但应当为他们设立遗嘱提供方便。

（2）遗嘱形式：公证遗嘱是指经过公证机关公证的遗嘱。这是最为严格的遗嘱方式，更能保障遗嘱人意思的真实性，是证明遗嘱人处分财产的意思表示的最有力最可靠的证据。

自书遗嘱是指遗嘱人亲笔书写的遗嘱。这种方式简便易行，而且可以保证内容真实。我国《继承法》第十七条规定：自书遗嘱由遗嘱人亲笔书写，签名，注明年、月、日（图 2-9）。

图 2-9　自书遗嘱

（3）遗嘱内容：指定继承人、受遗赠人，指定遗产的分配办法或者份额。遗嘱中可以对遗嘱继承人或者受遗赠人附加义务，即遗托。再指定继承人以及指定遗嘱执行人和其他事项，如丧事的安排要求等。

（4）遗嘱变更和撤销：在遗嘱变更或撤销时，遗嘱人须有遗嘱能力；须为遗嘱人的真实意思表示；须由遗嘱人亲自依法定的设立遗嘱的方式和程序进行撤销和变更。需要注意的是，公证遗嘱的撤销与变更同样需要经过公证机关公证。

2. 无效遗嘱

无民事行为能力人或者限制民事行为能力人所立的遗嘱无效；受胁迫、欺诈所立的遗嘱无效；但有时因为粗心等原因，未能按法定要求订立的遗嘱也可能无效。

70 岁的张广才育有三子，妻子和三子已经去世，三儿媳也改嫁，只留下尚未成年的孙女由老张抚养。在孙女 18 岁那年，老张结识了赵兰并在该年办理了结婚登记。为了弥补孙女自小就失去的父爱，老张在新婚妻子的见证下书写了一份遗嘱，把自己名下 70 平米的房产交由孙女一人继承。可能是由于当时疏忽或是其他原因，这份自书遗嘱一直都没有签上落款日期。

2013 年老张过世，两个儿子不同意将房产全部归属其孙女一人，而认为应该共有。那份遗嘱因为没有落款日期所以无效。

最后，尽管赵兰出面证明遗嘱的真实性，法院还是因为缺少落款日期，无法判定老张是粗心忘了还是没有最后下决心而未完成遗嘱，而判定该遗嘱无效。

可见，订立遗嘱是一件十分严肃的事，一定要严肃、郑重，最好请有见证人。

十年前，孙大成和妻子各自立了一份自书遗嘱，让对方继承自己名下的财产。2010 年老伴因病去世，老孙未与两个儿子在一起而是自己独立生活。2013 年的一天，妻子单位通知老孙，说妻子有一笔房屋补贴，要家属前去领取。当老孙前去领款时，却被告知补贴要由妻子的父母和她的两个儿子以及老孙一起领取。当老孙出示了妻子的遗嘱后，经办人说无法鉴别遗嘱的真伪，必须有"权威机构"公章才能被承认。

最后，老孙在公证处，提供了结婚证、妻子父母的死亡证明、两个儿子签名放弃继承权，才使这份自书遗嘱有效。倘若两个儿子不是自愿放弃继承权，那就要进行笔迹鉴定了。

可见，有时候公证遗嘱反倒简便。

3. 遗嘱的执行

（1）确定遗嘱执行人：遗嘱人在遗嘱中指定遗嘱执行人，遗嘱人未指定遗嘱执行人或者指定的遗嘱执行人不能执行遗嘱的，遗嘱人的法定继承人为遗嘱执行人。若前两者都没有，则由被继承人生前所在的单位或继承开始地点的基层组织为遗嘱的执行人。

（2）执行人的职责：查明遗嘱是否合法真实，如遗嘱的内容不明确，要弄清遗嘱人的真实意思，作出符和原意的解释，这是其首要任务。清理财产，查清财产的名称、数量、地点、价值等状况，编制遗产清单，管理遗产以执行遗嘱的必要为限。如为他人占有则可请求返还，债权到期可讨回债。管理所需费用，可以从遗产中扣除或者由继承人承担。召集全体遗嘱继承人和受遗赠人，公开遗嘱内容，说明遗产情况，按照遗嘱内容执行遗嘱和将遗产最终转移给遗嘱继承人和受遗赠人。排除各种妨碍，必要时请求司法救济。

1990 年，周建国曾亲笔立下遗嘱，言明他的不动产和动产的三分之一归胞妹，其余三分之二作为给母亲丧葬买墓地制碑之用，余下的捐给本地教区。2013 年 6 月，周建国死亡。

2014 年 1 月，周建国的胞妹到公证处办理了继承权的公证手续，内容为：她是周建国的妹妹，周建国死亡后遗有房产，但没有发现留下遗嘱，由于周的父母先于其死亡，其生前离异，未再婚，且无子女，周建国的以上遗产应由她继承。

随后，周家另二远房姐弟称，周某的胞妹擅自办理了周某遗产继承的公证手续，旨在侵吞遗产，现得知周某生前已立下书面遗嘱，要求将周某的遗产按遗嘱处理。周某的胞妹称，她去办理公证是因对周某立有书面遗嘱不知情的缘故，现既然周某立有遗嘱，愿意将周某的遗产按遗嘱处理。

法院认为，本案应按遗嘱优先原则，依遗嘱执行。本案之所以产生争议，主要是因为周建国虽然立有遗嘱，但在遗嘱中没有明确由谁担任遗嘱执行人。

（三）遗赠

指公民通过遗嘱方式将其遗产的一部分或全部赠与法定继承人以外的个人或者社会组织，并于遗嘱人死亡时发生法律效力的行为（图 2-10）。

设定遗赠的人称为遗赠人，接受遗赠的人称为受赠人或遗赠受赠人，通过遗赠赠与的财物称为遗赠财产或遗赠物。遗赠是单方的、无偿的法律行为，只需遗赠人一方作出意思表示即可成立，并不需要征得受赠人的同意。但遗赠不

图 2-10 遗赠

同于生前赠与，必须在形式上和内容上具备设立遗嘱的法定要件方为有效。

遗赠由遗赠人嘱托的继承人或执行人执行。

附有条件的遗赠：

遗赠执行人在交付遗赠财产时可以要求受赠人完成遗赠所附的条件，受赠人接受此项财产以后就要受其约束，承担相应义务。中国的司法实践中，对附有公益义务的遗赠，遗赠受赠人应当履行义务。没有正当理由不履行义务的，有关组织或人民法院可以责令其履行义务，或者追还其所得的财产。如果受赠人放弃受领权利，或被追还所得财产，遗赠财产按法定程序由法定继承人继承或归国家所有。

《继承法》第二十五条规定：继承开始后，继承人放弃继承的，应当在遗产处理前，作出放弃继承的表示。没有表示的，视为接受继承。

受遗赠人应当在知道受遗赠后两个月内，作出接受或者放弃受遗赠的表示，到期没有表示的，视为放弃受遗赠。

一对老夫妻在儿子去世后立了一份公证遗嘱，遗嘱中的受益人为已故儿子的女儿，即老夫妻的孙女。该遗嘱在执行的时候出现了问题，因受益人在遗嘱生效后两个月内未表示是否接受相关财产，该夫妻的其他法定继承人提出，老夫妻把财产在去世后留给孙女，因孙女不适用于法定继承人范围，在法律上应视为遗赠，需要受益人在遗嘱生效后两个月内表示是否接受该赠与，逾期则视为无效，故主张该遗嘱无效，该财产应由其法定继承人继承。

上述老夫妻的孙女就是因为不熟悉现行法律而在无意中放弃遗赠的。

（四）遗赠扶养协议

指遗赠人和扶养人之间关于扶养人承担遗赠人的生养死葬的义务，遗赠人的财产在其死后转归扶养人所有的协议。遗赠扶养协议是一种平等、有偿和互为权利义务关系的民事法律关系，是我国《继承法》确立的一项新的法律制度。

根据我国《继承法》的规定，遗赠扶养协议可分为以下两类：

一类是公民之间的遗赠扶养协议。《继承法》第三十一条第一款规定：公民可以与扶养人签订遗赠扶养协议。按照协议，扶养人承担该公民生养死葬的义务，享有受遗赠的权利。一般来说，这里的遗赠人是没有子女或子女不在身边、独立生活存在困难而需要他人照顾的老人。他享有受扶养人扶养的权利，负有死后将其遗产遗赠给扶养人的义务。这里的扶养人一般是遗赠人的亲属、街坊邻居或者其他亲朋好友等。他负有扶养遗赠人、承担其生养死葬的义务，享有接受遗赠人遗赠财产的权利。这里须强调的是，遗赠扶养协议中的扶养人不能是法定继承人，因为法定继承人与被继承人之间具有法定的互相扶养和互相继承的权利义务关系，用不着以协议的形式来确定。

另一类是公民与集体所有制组织之间的遗赠扶养协议。《继承法》第三十一条第二款规定：公民可以与集体所有制组织签订遗赠扶养协议。按照协议，集体所有制组织承担该公民生养死葬的义务，享有受遗赠的权利。这里的遗赠人一般是缺乏劳动能力又缺乏生活来源的鳏寡孤独的“五保户”老人，他们享有受其所在集体所有制组织扶养的义务。集体所有制组织，承担其生养死葬的义务，享有受“五保户”遗赠财产的权利。

刘强退休前在北京工作并与第二任妻子及继女共同生活。2004年他退休后思乡心切，在老伴去世后只身回到农村老家。此后，饮食起居一应由侄女刘艳照顾。2013年，老刘重病，回北京治疗，在此期间依然是侄女刘艳照料。继女听说老刘生病也并没有照顾。2013年12月，老刘在病床上立下一份遗嘱，决定将名下所有的财产遗赠给侄女刘艳，条件是刘艳需全部承担他治病期间的费用并悉心照顾他至去世。这份遗嘱拟定时，老刘的胞弟、侄子等人都在现场，并在遗嘱上签了字。这之后不到一个月，老刘便去世了。刘艳料理完老刘的后事便开始办理遗产取得的一系列手续。然而此时她才发现，老刘的继女刘兰已将老刘名下的存款挂失，并要求取得存款。刘艳一纸诉纸将刘兰告上了法庭。

法庭审理认为，刘艳有老刘胞弟、侄子等人签字的遗嘱并有村民们的证实，虽然刘兰是老刘的继女，是第一顺序继承人，但遗赠扶养协议的效力高于法定继承，刘艳按遗赠扶养协议履行了相应的义务，依法享有接受遗赠的权利。

二、法定继承

（一）什么是法定继承

法定继承是指在被继承人没有对其遗产的处理立有遗嘱的情况下，由法律直接规定继承人的范围、继承顺序、遗产分配原则的一种继承形式。法定继承又称为无遗嘱继承，是相对于遗嘱继承而言的。

在法定继承中，可参加继承的继承人、继承人参加继承的顺序、继承人应继承的遗产份额以及遗产的分配原则，都是由法律直接规定的。因而法定继承并不直接体现被继承人的意志，仅是法律依推定的被继承人的意思将其遗产由其亲近亲属继承。

（二）法定继承人的范围和继承顺序

适用法定继承时，依照下列规则分配遗产：继承开始后，由第一顺序继承人继承，第二顺序继承人不继承。没有第一顺序继承人继承的，由第二顺序继承人继承。同一顺序法定继承人继承遗产的份额，一般应当均等，法律另有规定的除外（图2-11）。

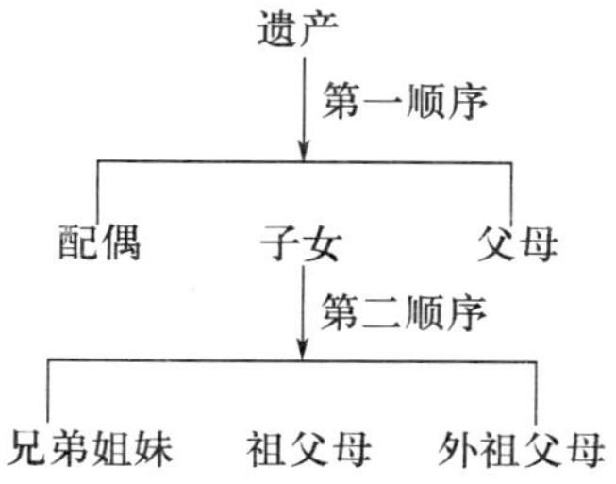

图2-11 法定继承人顺序图

1. 第一继承人

现行《继承法》第十条规定：配偶、子女、父母同为第一顺序继承人，所谓子女，包括婚生子女、非婚生子女、养子女和有抚养关系的继子女。

（1）配偶

合法婚姻关系中配偶双方互为第一顺序继承人。所以，同居关系的双方、婚姻被宣告无效或被撤销的双方互不享有继承权。

须注意：① 配偶一方在离婚诉讼期间死亡的，另一方仍为第一顺序法定继承人；② 被宣告死亡人（若于判决宣告时并未自然死亡）于判决宣告之后才自然死亡的，若死亡宣告的判决尚未撤销，其原配偶即使尚未再婚，也不享有继承权。

（2）父母

父母包括被继承人的生父母、养父母和形成扶养关系的继父母。继父母继承了继子女遗产的，不影响其继承亲生子女的遗产。

须注意：生父母对被他人收养的亲生子女不享有继承权。

（3）子女

包括被继承人的婚生子女、非婚生子女、养子女和有扶养关系的继子女。

子女继承人的说明：

1. 继子女继承了继父母遗产的，不影响其继承生父母的遗产；

2. 养子女不能继承生父母的遗产。养子女对生父母扶养较多的，可以作为法定继承人以外的人适当分得生父母的遗产。

根据《收养法》第十五条规定，收养须办理收养登记，未办理登记的，收养关系无效。

丧偶儿媳对公、婆，丧偶女婿对岳父、岳母，尽了主要赡养义务的，无论其是否再婚，均作为第一顺序继承人。

名为养孙子女的养子女：

最高人民法院《关于贯彻执行〈中华人民共和国继承法〉若干问题的意见》第二十二条规定：收养他人为养孙子女，视为养父母与养子女关系的，可互为第一顺序继承人。

名义上为养孙子女，实际上属于养父母与养子女关系的，该“养孙子女”为第一顺序继承人。

刘伟两岁时被张广才收养为养孙，户口迁入且其后一直与他共同生活至成年。此后张广才又另收养了养女胡艳。2013 年 8 月，张老汉去世，留有一套房产和若干不动产，胡女士主张她是张老汉的养女，是唯一的继承人。请问你觉得刘伟是否享有继承权，能作为第一顺序继承人吗？

根据上述我国现行《继承法》规定，刘伟完全可以作为张老汉遗产的第一继承人。

除了配偶、父母、子女外，第一顺位继承还包括代位继承和胎儿继承两种情况。

代位继承人：指代自己的父母参与继承，也是第一顺序的继承人。还记得上文中一对老夫妻在儿子去世后立公证遗嘱，遗赠财产给孙女的案例吗？虽然他们的孙女在遗嘱生效后两个月内未接受遗赠，从而使遗赠失效。但她仍可以父亲的代位继承人身份参与继承。而此时，根据遗嘱优先原则，就可执行遗嘱了。

胎儿：胎儿的父亲死亡，给胎儿保留应继份额的时候，胎儿的地位相当于第一顺序的继承人。不过，胎儿出生时是死体的，胎儿的应继份额由其父亲的其他继承人继承。

2. 第二继承人

（1）兄弟姐妹

包括同父母的兄弟姐妹、同父异母或者同母异父的兄弟姐妹、养兄弟姐妹（养子女与生子女之间、养子女与养子女之间，亦属“养兄弟姐妹”）、有扶养关系的继兄弟姐妹（只有彼此形成扶养关系的继兄弟姐妹才能互为第二顺序的法定继承人）。继兄弟姐妹之间相互继承了遗产的，不影响其继承亲兄弟姐妹的遗产。

（2）祖父母、外祖父母

被继承人死亡的，其祖父母、外祖父母均可作为第二顺序的继承人参与继承。须注意，祖父母、外祖父母死亡时：① 孙子女、外孙子女不属于第二顺序的继承人，由其父母作为第一顺序的继承人参与继承；② 其父母先于祖父母、外祖父母死亡的，孙子女、外孙子女也不是“第二顺序继承人”，而是以“代位继承人”的身份参与继承，其在法律上的地位相当于第一顺序继承人。

3. 代位继承与转继承

（1）代位继承

代位继承是和本位继承相对应的一种继承制度，是法定继承的一种特殊情况。它是指被继承人的子女先于被继承人死亡时，由被继承人子女的晚辈直系血亲代替先死亡的长辈直系血亲继承被继承人遗产的一项法定继承制度，又称间接继承、承租继承。先于被继承人死亡的继承人，称被代位继承人，简称被代位人。代替被代位人继承遗产的人称代位继承人，简称代位人。代位人代替被代位人继承遗产的权利，叫代位继承权（图 2-12）。

图 2-12　代位继承

现行《继承法》第十一条规定：被继承人的子女先于被继承人死亡的，由被继承人的子女的晚辈直系血亲代位继承。代位继承人一般只能继承他的父亲或者母亲有权继承的遗产份额。

（2）转继承

是指继承人在继承开始后实际接受遗产前死亡，该继承人的合法继承人代其实际接受其有权继承的遗产。转继承人就是实际接受遗产的死亡继承人的继承人。

郑教授有三子一女，均已成年。2010 年冬，大儿子因病亡故，留有二子，即郑教授的两个孙子。2011 年春，郑教授去世。2013 年，郑教授的两个儿子又在一次车祸中不幸亡故，各自遗有一个女儿，即郑教授的两个孙女。2014 年准备处理郑教授的遗产时，发现他的女儿、两个孙子、两个孙女对遗产的继承意见不一致。假如你是法官，该如何分割遗产。

法院首先要理清两孙子和孙女有无继承权，郑教授的女儿如果也有子女，他们又有无继承权。此案中，大儿子先于郑教授去世，其两子属于代位继承人，而另两个儿子在郑教授去世后亡故，按理本该直接继承遗产而不存在子女代位继承问题。但本案中，这两子恰恰尚未来得及实际接受遗产，因此法理上只能发生转继承，而不能发生代位继承了。

第三篇 劳动法治

劳动是人类社会存在与发展的基础。自从人类出现以来，劳动首先是人与自然之间的物质变换过程，人通过劳动作用于自然界，获取满足人类生存需要的各种资源。由于人类以群居的社会方式生存，故劳动也使人们彼此间发生联系。只有通过人与人在劳动之间的分工与协作，人类才能迸发出巨大的创造力。

第一节 现代社会中的劳动关系

19世纪初，随着世界工人运动的兴起，缩短工作日、增加工资、禁用童工、保护女工及未成年工等要求不断提出。为缓和劳资双方日益激烈的矛盾，资产阶级政府被迫制定了限制工作时间、规定最低工资、禁用童工等相关法规，从而促使现代社会“劳动关系”以及“劳动法”概念的产生。

在英国，1802年颁布《学徒健康和道德法》可算做现代社会《劳动法》的开端，1864年又颁布《工厂法》，1901年颁布《工厂和作坊法》。几乎同一时期，德国也于1839年颁布《普鲁士工厂矿山条例》，法国也分别颁布《工厂法》（1806年）、《童工、未成年工保护法》(1841年）和《劳工法》(1912年)。进入20世纪后西方主要国家几乎都颁布了相关劳动法规。

一、现代劳动关系

（一）怎样理解社会主义劳动关系

新中国成立后，实行社会主义公有制的计划经济体制，劳动人民当家作主。人是国家的人，单位的人，劳动为国家，国家为劳动者的生活和发展提供全面的保障。改革开放后，实行以公有制为主体的社会主义市场经济体制，劳动关系出现多元化和复杂化。因此，迫切需要通过法律来协调具体的个性化的劳动关系。于是劳动合同制度建立起来，并成为根本性的劳动制度。

在社会主义市场经济体制中，特别是我国由计划经济向市场经济转轨的过渡阶段，企业成为市场的主体。是企业将劳动与资本按其市场价格组织起来，并使两者与一定的科学技术相结合，生产出产品或服务，并将产品或服务按市场价格出售，最后收回成本并取得盈利。因此，企业的生产经营活动表现在劳动方面，企业是用工主体；与此相对应，劳动者成为劳动主体。所谓劳动关系，是指企业（雇主）与劳动者（雇员）之间在运用劳动者的劳动能力，实现劳动过程中所发生的社会关系。由此可以看出，在社会主义市场经济体制中，劳动主体是特定的：即从整体上看，尽管企业可以是不同的，但表现在劳动关系上，都是用人单位，是劳动力的使用者；与此相对应，劳动者也可以是不同的，但他们在劳动关系中都是劳动力使用权的让渡者。劳动关系只能是这两者之间的抽象关系（图 3-1）。

图 3-1　社会主义和谐劳动关系

新中国成立后，1950年颁布《中华人民共和国工会法》和《关于劳动争议解决程序的规定》，1951年颁布《中华人民共和国劳动保险条例》，1952年颁布《关于劳动就业问题的决定》，1954年颁布《国营企业内部劳动规则纲要》，1956年颁布《关于工资改革的决定》《工厂安全卫生规程》《建筑安装工程安全技术规程》《工人职员伤亡事故报告规程》等，1958年颁布《关于工人、职员退休处理的暂行规定》。1966年到1976年，在文化大革命期间，劳动立法实际处于停滞状态。1978年颁布《关于安置老弱病残干部的暂行办法》《关于工人退休、退职的暂行办法》《关于实行奖励和计件工资制度的通知》，1982年颁布《企业职工奖惩条例》《矿山安全条例》《矿山安全监察条例》《锅炉压力容器安全监察暂行条例》等。1986年颁布《全民所有制工业企业职工代表大会条例》《国营企业实行劳动合同制暂行规定》《国营企业招用工人暂行规定》《国营企业辞退违纪职工暂行规定》《国营企业职工待业保险暂行规定》等，1987年颁布《国营企业劳动争议处理暂行规定》《关于禁止招用童工的通知》，1988年颁布《女职工劳动保护规定》，1992年新颁《中华人民共和国工会法》《中华人民共和国矿山安全法》，1993年颁布《企业劳动争议处理条例》，1994年颁布《关于职工工作时间的规定》。

我国自1956年就开始起草劳动法，经1979年、1983年等多次努力，直到1994年终于颁布《中华人民共和国劳动法》，并于1995年1月1日起施行。

罗成于2010年7月14日在报上看到某公司的招聘信息，后成功应聘该公司，入职人事部经理一职，每月基本工资3万元，还有餐贴、房贴、车贴、电话费等各种津贴。不过，自他入职后，一直未与公司签订劳动合同。2013年9月30日，罗成离职，向公司要求获得双倍工资，遭到拒绝，遂向当地劳动争议仲裁委员会提起仲裁。

罗成认为，他自2010年7月受聘该公司，负责人事行政工作，双方没有签订书面劳动合同。公司违反《劳动合同法》，应依法支付双倍工资。而公司认为，罗成进公司是负责人事行政工作，未签劳动合同是其个人行为失职。作为人事部经理，公司与员工的劳动合同签定本由他来负责，为此责任在他自己，公司不必支付其双倍工资。

劳动争议仲裁委员会认为：罗成作为人事部经理，签订劳动合同是其分内工作，他明知后果而不签合同本应承担相应责任，故对此请求不予支持。

此案的仲裁引起了争议，有人认为用人单位必须支付双倍工资。因为《劳动合同法》明文规定“用人单位自用工之日起超过一个月不满一年未与劳动者订立书面劳动合同的，应当向劳动者每月支付二倍的工资。”为什么不贯彻？法律既然规定只要未签劳动合同，用人单位就要支付双倍工资，并没有允许例外情形的出现。因此，只要劳资双方未签书面的劳动合同，不管任何原因，用人单位均需要承担双倍工资的处罚。而支持仲裁结果的人认为，人事经理作为特殊群体，职责所限，是主观上存在过错，故本人应当承担过错的后果，用人单位当然无需支付双倍工资。

（二）劳动者该如何正确对待劳动关系

在企业中，劳动者与企业间所存在的劳动关系具有以下特点：

1. 在现代市场经济体制下，劳动关系是劳动的社会形式

劳动是这种劳资双方劳动关系的基础，也是其实质和内容。劳动关系以劳动力的所有权与使用权相分离为核心；劳动者在劳动关系中始终是劳动力的所有者，在劳动过程中是劳动力的支出者；用人单位以拥有生产资料（资本）的所有权为条件，使其成为劳动力的使用者。

2. 劳动关系具有人身关系属性和财产关系属性相结合的特点

由于劳动力是人体中的一种机能，只能寄寓在活的人体之中。劳动力的存在和消费与劳动者人身须臾不可分离，劳动者向企业提供劳动力，实际上就是将其人身在一定限度内交给用人单位，因而劳动关系从其本来意义上说是一种人身关系。而人身关系的属性使得劳动关系的运行具有极其复杂的特征，从而对人力资源管理提出有别于其他资源管理的特殊要求。由于劳动者是以让渡劳动力的使用权来换取生活资料，企业等用人单位向市场提供商品或服务，收回成本和取得盈利，并要向劳动者支付工资，因此劳动关系又是一种财产关系。

3. 劳动关系具有平等性和隶属性的特点

劳动关系的当事人，即企业与劳动者之间是平等主体的劳动合同关系，两者具有平等的法律人格。然而，劳动合同一经订立，劳动者就成为企业的员工，企业就成为劳动力的支配者和劳动力的管理者，劳动者必须听从企业的领导、命令和指挥，并要遵守企业内部的劳动规则，这使得劳动关系具有隶属性，即成为一种隶属主体间的以指挥和服从为特征的管理关系。

王志刚被聘到一家外商投资的公司工作，工资很高，工作环境很好，一切都令他非常满意，但唯独一件事情让他放心不下。那就是进入公司工作后，他要求与公司签订劳动合同，可公司领导却说："你是急聘进来的，公司一般要到5月份才大批招人，现在只和你一个人签了合同，不好管理，等到5月份和成批进来的员工一起签吧。"他只好等。可到了5月，领导又说："这次招的都是工人，工作性质和你不一样，等到管理人员续订劳动合同时，再签吧！"之后，虽然他多次要求公司和他签订劳动合同，但公司一直以种种理由推托。两年过去了，2014年10月，公司以富余人员太多，需要裁减为理由，决定结束与他的劳动关系。他在办完离职手续，向公司提出享受经济补偿金的要求时，遭到了公司的拒绝。公司的理由是：双方之间没有劳动合同，是事实劳动关系，双方均可随时结束这种关系，没有必要支付经济补偿金。

王志刚不服，申请劳动仲裁。仲裁机构认定公司违反《劳动法》和《劳动合同法》，判定应该补偿王志刚的各项损失。理由是劳动关系不以是否具有劳动合同为前提，它是一种客观存在的社会关系。只要有证据证明存在劳动关系，就认定其法律地位。王志刚为企业尽到了自己的义务，因此理应获得合理的回报。

二、劳动的法律关系

（一）为什么要强调劳动的法律关系

为什么要特别强调劳动的法律关系呢？那么，首先让我们弄清什么是劳动法律关系。

所谓劳动法律关系是指劳动法律规范在调整劳动关系过程中所形成的，劳动者（雇员）与企业（雇主）之间的权利义务关系，即人们在实现现实的劳动过程中所发生的权利义务关系（图3-2）。

图 3-2　劳动法律关系

那么，在今天，为什么我们如此地重视劳动的法律关系呢？如果没有国家意志的干预，劳动关系就完全根据当事人双方的意志形成，是纯粹的双方的行为。但是，在现代市场经济制度中，国家意志介入到劳动关系之中，劳动关系的性质就发生了变化。当劳动关系受到法律确认、调整和保护时，劳动关系也就不完全取决于企业（雇主）与劳动者（雇员）双方的意志。在法律所涉及的地方，当事人必须服从国家意志，在确定劳动关系各方面的内容，如工时、工资、劳动条件等，以及变更、解除和终止劳动关系时，必须服从国家意志的制约，任何一方违反法律规范，都将承担法律责任。劳动关系经劳动法律规范调整后，即变为劳动法律关系，企业（雇主）、劳动者（雇员）双方有明确的权利义务。这种受到国家法律规范、调整和保护的企业与劳动者之间以权利义务为内容的劳动关系即为劳动法律关系，它与劳动关系的区别就在于劳动法律关系不仅照顾了劳资双方的权利义务，还体现了国家意志。

丁鸿 2002 年 6 月进入某公司工作，最后一期劳动合同至 2013 年 8 月 31 日到期。2013 年 8 月 1 日，公司书面通知他合同到期后将终止劳动合同，于是他在合同到期后就不再到公司上班了。2013 年 9 月公司通知他领取经济补偿金并办理离职手续。他十分愤怒，认为公司可以与他终止劳动合同，但公司违反《劳动法》和《劳动合同法》中有关用人单位应当与连续工作 10 年以上的员工签订无固定期限劳动合同的法律规定，因此应该支付他解除劳动合同的经济赔偿金。

但公司认为，虽然公司应该依法与丁鸿签订无固定期限劳动合同，但已就终止合同的意向曾事先征求过他本人的意见，他未提出异议则应该视为默许。劳动合同应该建立在双方自愿基础之上，故终止劳动关系应该可以理解为是双方的共同意愿。

由于双方的意见分歧，决定请求劳动仲裁。劳动仲裁委员会认为：尽管《劳动合同法》虽有明文规定，对于10年以上的员工应签订无固定期限的劳动合同。但本案中，公司的确发函给丁鸿提出希望终止劳动合同，在这种情况下丁鸿原本有权要求公司与其续订无固定期限劳动合同。只是由于自己的原因，无意中放弃了国家法律给予自己的保护。

本案给劳动者的教训是尽管国家以《劳动法》的方式保护劳动关系中双方的合法权益，但法律意义上的劳动关系，终究要靠合同、证据来说话，不能觉得自己有理就一定能得到法律的保护。

（二）劳动法律关系的构成

劳动法律关系由三个要素构成：

1. 劳动法律关系的主体

劳动法律关系的主体就是依法参与劳动法律关系，享有权利和承担义务的当事人，一方为用人单位，另一方为劳动者。任何市场主体成为劳动法律关系的主体都必须具有劳动权利能力和劳动行为能力。所谓劳动权利能力是指主体依法享有劳动权利和履行劳动义务的资格；所谓劳动行为能力是指主体能以自己的付出依法行使劳动权利和履行劳动义务的资格。企业要成为劳动法律关系的主体，必须能够提供不低于国家标准规定的劳动条件、依法为其员工缴纳社会保险费、为员工支付工资等。企业的权利能力表现为企业的用工权利、制定内部劳动管理规则的权利等。

2013年春节后，得知某机械设备厂欲招聘一名机械设计师，40岁的王强欣然应聘。被录用后，他与厂方签订了为期3年的劳动合同，未约定试用期。一个月后，厂方发现王强根本不能胜任工作，便书面通知与其解除劳动合同。王强不服，要求仲裁。经劳动仲裁机构调查：当时该机械设备厂因生产需要，欲招聘一名有机床设计工作经验，且掌握机床电气原理和机床维修知识的机械设计师。王强到该厂应聘时声称自己完全符合该厂所提出的招聘条件，不但具有8年从事机床设计工作的经验，而且精通各种机床的电气原理和维修知识。厂方听了王某的自我介绍后，便与其签订了为期3年的劳动合同，约定的工作岗位为机械设计师。经过调查，王强的自荐材料纯属虚构，他高中毕业后，在一家国有企业当机床维修工人，并不懂机械设计。

据此劳动仲裁委员会认定王强不具备签订该劳动合同的资格。根据《劳动法》第十八条的规定：采取欺诈、威胁等手段订立的劳动合同为无效劳动合同。

2. 劳动法律关系的内容

劳动法律关系的内容即指劳动者与企业各自享有的权利和义务，即现行《劳动法》所包含的内容。我国现行《劳动法》的主要内容包括：促进就业、劳动合同、工作时间、工资、劳动安全、女职工和未成年工特殊保护、职业培训、社会保险和福利、劳动争议、监督和法律责任等内容。

研究生毕业的张小萌在应聘某公司财务会计岗位时，发现在劳动合同中约定她需向公司交1万元押金。此外还有诸如“入职两年内不得离职、怀孕”，“必须无条件服从领导的工作安排”等令她十分反感的条款。可是面对如此激烈的就业竞争环境，她十分无奈地接受了这些条款。回来后，她向自己法律专业毕业的男友述说了心中的不快。男友认为这些条款均违背了《劳动法》和《劳动合同法》，根本就是无效合同。比如《劳动合同法》第九条就规定：用人单位招用劳动者，不得扣押劳动者的居民身份证和其他证件，不得要求劳动者提供担保或者以其他名义向劳动者收取财物。第二十六条规定：以欺诈、胁迫的手段或者乘人之危，使对方在违背真实意思的情况下订立或者变更劳动合同的属于无效或部分无效的合同。第三十二条规定：劳动者拒绝用人单位管理人员违章指挥、强令冒险作业的，不视为违反劳动合同。

3. 劳动法律关系的客体

劳动法律关系的客体是指劳动法律关系主体的权利和义务所共同指向的对象，即劳动法律关系所要达到的目的和结果，如劳动给付、劳动报酬、保险福利、劳动纪律、安全卫生、职业培训等体现劳动权利和义务的事物。

在市场经济条件下，企业与员工之间的关系既然是劳动法律关系，法律规定的劳动合同制度、集体合同制度以及其他相关制度就为规范企业劳动关系双方的行为，保障双方正当权益，维护稳定和谐的劳动关系和生产工作秩序奠定了基础。

企业组织内部人力资源管理工作中的员工招收、录用、企业内部人力资源的配置调整、薪酬分配等项事务，在劳动关系管理中表现为劳动合同的订立、变更、解除、终止和短期货币工资的决定，这些都属于劳动法律行为。

劳动关系管理的各项事务都必须依照严格的程序，按照有关法律、法规和企业内部劳动管理规则的规定实施。

张风是北京某民营企业的一名高级主管。2012 年公司派他去美国参加一项行业协会组织的技术培训，为期一个月。在赴美之前，他与公司签订了《培训协议》，约定培训结束后他五年内不得离职。若自行辞职，应补偿公司培训费五万元。当时他认为可以接受，就签订了该协议。谁知培训归来后，还不到一年，他就与公司发生矛盾，于 2013 年愤然辞职。于是公司便要求他支付所承诺的培训费五万元。张风认为错不在自己，虽然当初轻率地签下了协议，但感到十分委屈，于是提请劳动仲裁机构给予仲裁。

仲裁机构认为：尽管《劳动合同法》第二十二条有用人单位为劳动者提供专项培训费用，对其进行专业技术培训的，可以与该劳动者订立协议，约定服务期。劳动者违反服务期约定的，应当按照约定向用人单位支付违约金。但也规定了违约金的数额不得超过用人单位提供的培训费用。用人单位要求劳动者支付的违约金不得超过服务期尚未履行部分所应分摊的培训费用。

因此，本案的焦点在于确定该培训的实际成本及合理的分摊方式，而这些都是需要公司来举证的，不能仅凭协议来执行。

第二节　劳动法与劳动保障

劳动权利是劳动者的基本权利，在劳动者与用人单位的关系中，劳动者处于弱势一方。我国劳动法律制度在对用人单位基本权利的保障下对劳动者实行倾斜性的保护，这是符合我国实际国情的，也符合国际惯例。坚持对劳动者和公民的基本生存权的保障，是我国社会保障制度的核心价值取向，社会保障体系的完善，是社会发展的要求，也需要国家、用人单位、劳动者和公民共同承担相应的责任。

一、认识劳动法

劳动法是调整劳动关系以及与劳动关系紧密联系的社会关系的法律规范的总称。广义的劳动关系是指与劳动有关的社会关系，狭义的劳动关系是指劳动者与用人单位之间的社会经济关系。

劳动法是公法与私法相融合而产生的部门法律，广义的劳动法包括《中华人民共和国劳动法》（本书中简称《劳动法》）、《中华人民共和国劳动合同法》（本书中简称《劳动合同法》）等在内的法律规范。狭义的劳动法是指第八届全国人民代表大会常务委员会第八次会议 1994 年 7 月 5 日通过，1995 年 1 月 1 日起施行的现行《劳动法》。该法是劳动法律制度的基本规范，一共一十三章一百零七条，包括：总则、促进就业、劳动合同和集体合同、工作时间和休息休假、工资、劳动安全卫生、女职工和未成年工特殊保护、职业培训、社会保险和福利、劳动争议、监督检查、法律责任和附则等内容。劳动法的立法宗旨为保护劳动者的合法权益，调整劳动关系，建立和维护适应社会主义市场经济的劳动制度，促进经济发展和社会进步。

> 我国现行劳动法体系：
>
> 除《劳动法》外，我国现行的劳动法律体系还包括《劳动合同法》《劳动争议调解仲裁法》《就业促进法》《职业病防治法》《工资支付暂行规定》《女职工劳动保护特别规定》《最高人民法院关于审理劳动争议案件适用法律若干问题的解释（一、二、三、四）》《劳务派遣若干规定》等涉及职工权益的法律、法规、司法解释、部门规章以及地方立法。

（一）劳动法的适用范围

我国境内的企业、个体经济组织和与之形成劳动关系的劳动者，适用劳动法。国家机关、事业组织、社会团体实行劳动合同制度的以及按规定与之建立劳动合同关系的劳动者，可依照劳动法执行。公务员和比照公务员制度的事业组织和社会团体的工作人员，现役军人及家庭保姆不适用劳动法。

刘家旺是北京市延庆县某乡村民。2013 年 8 月，他所在的乡与北京某国有企业签订了为期一年的《劳务协议书》。在这份协议书中约定该乡派务工人员 30 名到该企业从事装卸、搬运、绿化等工作；企业按务工人员的实际出勤天数计发工资（每人每天 100 元），并于当月将务工人员的工资汇至该乡，由乡里发放；此外还以务工人员当月工资总额的 30%，当月付给他们作为劳动保护费用、小型工具费、医疗费、伤假工资、伤残工资、死亡抚恤金及善后处理等有关全部费用；此外，该企业则不承担任何费用和经济责任。

2013 年 11 月，刘家旺在车间搬运工件时受重伤，事后企业为其治疗共支付医疗费约 4 万元。2014 年 10 月，刘家旺要求该企业为其落实工伤保险待遇。企业则认为当初的《劳务协议书》写得明明白白，除当月工资总额的 30% 作为伤假工资、伤残工资外，企业不再承担任何费用和经济责任。

由于双方难以达成共识，遂向当地劳动仲裁机构提起仲裁。劳动仲裁委员会认为由于双方签订的是为期一年的《劳务协议书》，属于劳务合同而非劳动合同。作为输出的务工人员，与企业之间并无劳动关系，而是平等的一般民事主体关系。因此，他在企业发生的工伤，应由劳务合同当事人按照《劳务协议书》约定的内容协商解决。如果协商不成，可直接起诉到法院。

（二）劳动者的基本劳动权利和义务

劳动者享有平等就业和选择职业的权利、取得劳动报酬的权利、休息休假的权利、获得劳动安全卫生保护的权利、接受职业技能培训的权利、享受社会保险和福利的权利、提请劳动争议处理的权利以及法律规定的其他劳动权利。

劳动者应当完成劳动任务，提高职业技能，执行劳动安全卫生规程，遵守劳动纪律和职业道德。

劳动者的其他权利和义务：

用人单位应当依法建立和完善规章制度，保障劳动者享有劳动权利和履行劳动义务。

国家提倡劳动者参加社会义务劳动，开展劳动竞赛和合理化建议活动，鼓励和保护劳动者进行科学研究、技术革新和发明创造，表彰和奖励劳动模范和先进工作者。

劳动者有权依法参加和组织工会。工会代表应维护劳动者的合法权益，依法独立自主地开展活动。劳动者依照法律规定，通过职工大会、职工代表大会或者其他形式，参与民主管理或者就保护劳动者合法权益与用人单位进行平等协商。

（三）国家立法促进就业

国家通过多种政策，采取各种措施，促进劳动就业，劳动立法是其中重要的部分。发展职业教育，制定劳动标准，调节社会收入，完善社会保险，协调劳动关系，逐步提高劳动者的生活水平。同时，通过促进经济和社会发展，创造就业条件，扩大就业机会。

国家鼓励企业、事业组织、社会团体在法律、行政法规规定的范围内兴办产业或者拓展经营，增加就业。国家支持劳动者自愿组织起来就业和从事个体经营实现就业。地方各级人民政府应当采取措施，发展多种类型的职业介绍机构，提供就业服务。

劳动者就业，不因民族、种族、性别、宗教信仰不同而受歧视。妇女享有与男子平等的就业权利，在录用职工时，除国家规定的不适合妇女的工种或者岗位外，不得以性别为由拒绝录用妇女或者提高对妇女的录用标准；残疾人、少数民族人员、退役军人的就业，法律法规有特别规定的，从其规定。

禁止用人单位招用未满十六岁的未成年人。文艺、体育和特种工艺单位招用未满十六周岁的未成年人，必须依照国家有关规定，履行审批手续，并保障其接受义务教育的权利。

据人民网报道，因在应聘时遭遇性别歧视，2012 年 7 月 11 日，山西籍女应届毕业生曹菊（化名）将招聘单位——北京巨人教育科技有限公司（以下简称巨人教育）投诉到北京海淀区人力资源和社会保障局，同时，她以“平等就业权被侵害”为由向北京市海淀区人民法院提起诉讼。

2012年6月10日，曹菊浏览智联招聘网站时，看到北京巨人教育发布的行政助理职位招聘启事，当时她感觉自身的条件完全符合该职位的描述，能够胜任该工作，便于次日通过智联招聘网站向巨人教育投递了简历。6月12日，为以防万一，她再次向巨人教育的招聘邮箱投递了简历。一连13天她都没有收到巨人教育的邮件通知，6月25日，她再次登录智联招聘网站查看投递简历消息时，赫然发现在巨人教育的行政助理招聘启事中有一条“仅限男性”的条件。该职位的具体描述为：① 熟练使用各种办公软件及办公设备，普通话标准（仅限男性）；② 形象好，沟通能力强；③ 能承受一定的工作压力；④ 踏实认真，责任心强；⑤ 市场营销专业毕业，并有一定工作经验者优先。”

中国政法大学知名的就业歧视法律学者、宪政研究所负责人刘小楠表示，这可能是《就业促进法》生效后全国性别就业歧视第一案。

二、工作时间和休息休假

（一）工作时间

1. 工时制度

根据《劳动法》第三十六条的规定，国家实行劳动者每日工作时间不超过8小时、平均每周工作时间不超过44小时的工时制度。1995年2月17日国务院又发布《国务院关于职工工作时间的规定》，确定劳动者每日工作时间不超过8小时、平均每周工作时间不超过40小时。对实行计件工作的劳动者，用人单位应当根据前述的工时制度合理确定其劳动定额和计件报酬标准。

2. 工时延长

用人单位不得违反劳动法而延长劳动者的工作时间，若由于生产经营需要，经与工会和劳动者协商后可以延长工作时间，一般每日不得超过1小时；因特殊原因需要延长工作时间的，在保障劳动者身体健康的条件下，延长工作时间每日不得超过3小时，但是每月不得超过36小时。若有下列情形之一的，延长工作时间不受上述规定的限制：① 发生自然灾害、事故或者因其他原因，威胁劳动者生命健康和财产安全，需要紧急处理的；② 生产设备、交通运输线路、公共设施发生故障，影响生产和公众利益，必须及时抢修的；③ 法律、行政法规规定的其他情形（图 3-3）。

3. 延长工时的工资补偿

有下列情形之一的，用人单位应当按照下列标准支付高于劳动者正常工作时间工资的工资报酬：① 安排劳动者延长劳动时间的，支付不低于工资百分之一百五十的工资报酬；② 休息日安排劳动者工作又不能安排补休的，支付不低于工资百分之二百的工资报酬；③ 法定休假日安排劳动者工作的，支付不低于工资百分之三百的工资报酬。

图 3-3　不得违法延长工作时间

（二）休息休假

1. 休息

用人单位应当保证劳动者每周至少休息 1 日。

2. 法定休假

劳动法规定，用人单位在下列节日期间应当依法安排劳动者休假：① 元旦；② 春节；③ 国际劳动节；④ 国庆节；⑤ 法律、法规规定的其他休假节日。

3. 带薪年休假

国家实行带薪年休假制度。机关、团体、企业、事业单位、民办非企业单位、有雇工的个体工商户等单位的职工连续工作 1 年以上的，享受带薪年休假（以下简称年休假）。单位应当保证职工享受年休假，职工在年休假期间享受与正常工作期间相同的工资收入。

职工累计工作已满 1 年不满 10 年的，年休假 5 天；已满 10 年不满 20 年的，年休假 10 天；已满 20 年的，年休假 15 天。国家法定休假日、休息日不予计入年休假的假期。

三、工资

（一）关于工资的基本制度

1. 工资分配制度

工资分配应当遵循按劳分配原则，实行同工同酬。

工资水平在经济发展的基础上逐步提高，国家对工资总量实行宏观调控。

2. 用人单位工资分配自主权

用人单位根据本单位的生产经营特点和经济效益，依法自主确定本单位的工资分配方式和工资水平。

3. 最低工资制度

国家实行最低工资保障制度。最低工资的具体标准由省、自治区、直辖市人民政府规定，报国务院备案。用人单位支付劳动者的工资不得低于当地最低工资标准。

（二）确定和调整最低工资标准的因素

确定和调整最低工资标准应当综合参考下列因素：① 劳动者本人及平均赡养人口的最低生活费用；② 社会平均工资水平；③ 劳动生产率；④ 就业状况；⑤ 地区之间经济发展水平的差异。

（三）工资的支付

工资应当以货币形式按月支付给劳动者本人，不得克扣或者无故拖欠劳动者的工资。劳动者在法定休假日和婚丧假期间以及依法参加社会活动期间，用人单位应当依法支付工资。

四、劳动安全卫生

（一）用人单位的责任与义务

用人单位必须建立、健全劳动卫生制度，严格执行国家劳动安全卫生规程和标准，对劳动者进行劳动安全卫生教育，防止劳动过程中的事故，减少职业危害。

（二）劳动安全卫生设施

劳动安全卫生设施必须符合国家规定的标准。新建、改建、扩建工程的劳动安全卫生设施必须与主体同时设计、同时施工、同时投入生产和使用。

（三）劳动防护

用人单位必须为劳动者提供符合国家规定的劳动安全卫生条件和必要的劳动防护用品，对从事有职业危害作业的劳动者应当定期进行健康检查。

（四）特种作业资格

从事特种作业的劳动者必须经过专门培训并取得特种作业资格。

（五）劳动者的权利与义务

劳动者在劳动过程中必须严格遵守安全操作规程。劳动者对用人单位管理人员违章指挥、强令冒险作业，有权拒绝执行；对危害生命安全和身体健康的行为，有权提出批评、检举和控告。

（六）劳动安全和职业病统计报告制度

国家建立伤亡、职业病统计报告和处理制度。县级以上各级人民政府劳动行政部门、有关部门和用人单位应当依法对劳动者在劳动过程中发生的伤亡事故和劳动者的职业病状况，进行统计、报告和处理。

五、女职工和未成年工特殊保护

（一）对女职工的特殊保护

禁止安排女职工从事矿山井下、国家规定的第四级体力劳动强度的劳动和其他禁忌从事的劳动。

不得安排女职工在月经期从事高处、低温、冷水作业和国家规定的第三级体力劳动强度的劳动。

不得安排女职工在怀孕期间从事国家规定的第三级体力劳动强度的劳动和孕期禁忌从事的劳动。对怀孕 7 个月以上的女职工，不得安排其延长工作时间和夜班劳动。

女职工生育享受不少于 90 天的产假。不得安排女职工在哺乳未满 1 周岁的婴儿期间从事国家规定的第三级体力劳动强度的劳动和哺乳期禁忌从事的其他劳动，不得安排其延长工作时间和夜班劳动。

（二）对未成年工的特殊保护

未成年工是指年满 16 周岁未满 18 周岁的劳动者。

用人单位不得安排未成年工从事矿山井下、有毒有害、国家规定的第四级体力劳动强度的劳动和其他禁忌从事的劳动。用人单位应当对未成年工定期进行健康检查。

六、职业培训

（一）国家、政府的责任与义务

国家通过各种途径，采取各种措施，发展职业培训事业，开发劳动者的职业技能，提高劳动者素质，增强劳动者的就业能力和工作能力。

各级人民政府应当把发展职业培训纳入社会经济发展的规划，鼓励和支持有条件的企业、事业组织、社会团体和个人进行各种形式的职业培训。

（二）职业分类及职业资格证书

国家确定职业分类，对规定的职业制度和职业技能标准实行职业资格证书制度，由经过政府批准的考核鉴定机构负责对劳动者实施职业技能考核鉴定(图 3-4)。

图 3-4　国家鼓励职工培训

（三）用人单位的职业培训责任

用人单位应当建立职业培训制度，按照国家规定提取和使用职业培训经费，根据本单位实际，有计划地对劳动者进行职业培训。从事技术工种的劳动者，上岗前必须经过培训。

第三节　劳动合同

一、什么是劳动合同

（一）理解劳动合同的本质

劳动合同是劳动者与用人单位确立劳动关系、明确双方权利义务的协议。订立劳动合同的目的是为了在劳动者和企业之间建立劳动法律关系，规定劳动合同双方当事人的权利和义务。劳动者和企业签订劳动合同的法律地位平等，但是在劳动合同履行过程中，劳动者必须参加到企业的劳动组织中，担任一定职务或工种、岗位的工作，服从企业的领导和指挥，遵守企业的劳动纪律、内部劳动规则和各项规章制度；同时享有企业的工资、劳动保险和福利待遇。

2014 年 12 月，身为前台服务员的王小丽在酒店外捡到一张押金单，于是就将该押金单里的钱取出来为自己所得。但后有客人来退款，她又将押金退还给客人。此事被单位知道后，她被罚款一百元并立即被辞退。王小丽觉得委屈，因为按照劳动合同，对此该批评教育而不应该直接辞退。但酒店认为，信誉如天大，其他工作失误可以原谅，但涉及职业道德的错误，坚决一票否决！你认为双方谁更有理？

依据《劳动合同法》第三十九条规定，有六种过错性解除劳动合同的情形：

（1）在试用期间被证明不符合录用条件的；

（2）严重违反用人单位规章制度的；

（3）严重失职，营私舞弊，给用人单位造成重大损害的；

（4）劳动者同时与其他用人单位建立劳动关系，对完成本单位的工作任务造成严重影响，或者经用人单位提出，拒不改正的；

（5）因本法第二十六条第一款第一项规定的情形致使劳动合同无效的；

（6）被依法追究刑事责任的。

无论适用哪种情形解除劳动者劳动合同，不仅需要实体上符合该种情形，而且需要严格按程序进行。

上述六种情况，是因为劳动者的过错行为，使法律赋予用人单位即时解除劳动合同的权利。

本案明显符合其中的第（2）（3）两种情况。但在认定是否属于严重错误时，双方是有明显分歧的。为此，建议通过劳动仲裁机构来调解。在仲裁机构，一般会对企业上述 6 方面的招聘录用机制进行考察：

对于第（1）种情形，要看用人单位是否对“录用条件”事先进行明确界定并公示，是否做好了试用期内的考核。以便及时发现劳动者不符合录用条件，尽早解除劳动合同。

对于第（2）（3）（4）种情形，用人单位对于哪些情形属于“严重违反”“严重失职”“重大损害”“严重影响”等要在其内部规章制度中予以规定并公示，让劳动者清楚明白地知道单位有哪些规定是属于即时被辞退的情形，从而减低用人单位在以后可能发生的仲裁或诉讼中的败诉率。

由此看出本案的关键在于王小丽能否举证对其工作错误酒店没有事先告知。

（二）正确认识劳动合同

1. 劳动合同的主体具有特定性

一方是自然人即劳动者；另一方是法人或非法人经济组织即用人单位。作为劳动合同主体的劳动者必须年满 16 周岁以上，有就业要求，具有劳动行为能力；用人单位包括企业、个体经济组织以及和劳动者建立劳动合同关系的国家机关、事业组织、社会团体等。用人单位必须依法成立，具有为劳动者提供符合国家规定的劳动或工作条件、支付劳动报酬、缴纳社会保险费，并能够以自己的名义承担相应的民事责任。

雇佣关系：

雇佣关系是指受雇人向雇用人提供劳务，雇用人支付相应报酬形成的权利义务关系。雇佣关系是雇主和受雇人达成契约的基础上成立的，雇佣合同可以是口头的，也可以是书面的。它的主体双方具有平等性，没有隶属性。主要是在流通领域发生的关系，而不是在社会劳动过程中所发生的关系。因此，雇佣关系不属于《劳动法》和《劳动合同法》调整的范围。

河北来京务工人员张芳在一家企业当保洁员三年了，在劳动报酬上，除了工资，企业给员工的一些福利，她也都有。时间长了，她也把自己看成是企业一员。而且，随着《劳动法》的普及，她开始琢磨企业怎么没与自己签订劳动合同，也没为自己缴纳社会保险。由此，她认为企业的做法肯定不合法，于是与企业发生了劳动纠纷。

劳动仲裁机构认为张芳与企业间属于雇佣关系而非劳动关系，因此不适用《劳动法》和《劳动合同法》。

劳动关系与雇佣关系的区别：

两者虽然具有很大相似性，但却属于两种不同的法律关系。区别在于：一是受国家干预程度不同。国家对劳动关系有强制的法律规定，劳动关系双方必须遵守，不得以合同排除法律的适用，而雇佣关系的本质是一种劳务关系，雇佣合同的内容双方可以约定，只要不违反社会公共利益和第三人的利益，法律一般不加以干涉。二是是否形成行政隶属关系。在劳动关系中，用人单位与劳动者之间产生组织领导的行政隶属关系，劳动者要接受用人单位的领导和管理、成为用人单位的成员，用人单位依法制定的各项规章制度劳动者都必须遵守。在雇佣关系中，劳动者虽然是在雇主的授权或指示范围内从事生产经营或其他劳务活动，并接受雇主的指挥、控制、支配、监督和管理，但是，劳动者不是雇用单位的成员，也不必遵守该单位的各项规章制度，雇用单位与劳动者之间是一种平等的人身关系，不属于行政上的隶属关系。三是福利待遇不同。在劳动关系中，劳动者有权享有养老、医疗、工伤、失业等社会保障和福利待遇，而雇佣关系中的劳动者一般不享有这些社会保障和福利待遇权。四是从所从事的工作（劳务）时间上看，劳动关系中用工单位对雇请的劳动者一般打算长期使用，劳动者一般同样有长期、持续、稳定在用工单位工作的主观意图，而雇佣关系一般具有临时性。五是用工主体不同，这是劳动关系与雇佣关系的根本区别。在雇佣关系中，对用工主体没有特别限制，自然人、法人、合伙都可以作为雇佣人（用工主体），在劳动关系中，《劳动法》第二条规定了劳动合同的用人单位（用工主体），用工主体限定为在我国境内的各类企业、个体经济组织（个体工商户）和与劳动者建立劳动合同关系的国家机关、事业组织、社会团体（《劳动合同法》规定民办非企业单位属于“用人单位”）。

相信弄清劳动关系与雇佣关系区别后，你就会明白劳动仲裁机构之所以认定张芳与企业之间的关系不适用《劳动法》和《劳动合同法》的原因了。

2. 劳动合同是双务合同

由于劳动法律关系是双务关系，故劳动合同属于双务合同。劳动合同主体既是权利主体，又是义务主体，任何一方在自己未履行义务的条件下，无权要求对方履行义务。

宏昌贸易公司总部位于广州，在合肥设有分公司，王小明自2012年起就在合肥分公司上班。2014年春，公司因业绩不好想减员，为了逃避赔偿责任就以调岗为由发通知给王小明，将他调到广州总部工作。他本人不同意，理由是当初在签订劳动合同时并没有告知需要到外地工作，但公司认为即便当初没有告知，作为职工有根据工作需要，服从公司工作安排的义务，因此强行将其人事关系转入广州总部，并告知若不按时去新岗位报到，责任自负。你认为王小明对新工作的拒绝合理合法吗？

其实，本案的关键在于调王小明去广州总部工作这一新任务是否违背《劳动法》和《劳动合同法》的规定。根据《劳动法》第十七条订立和变更劳动合同，应当遵循平等自愿、协商一致的原则，不得违反法律、行政法规的规定。第二十六条有下列情形之一的，用人单位可以解除劳动合同，但是应当提前三十日以书面形式通知劳动者本人：① 劳动者患病或者非因工负伤，医疗期满后，不能从事原工作也不能从事由用人单位另行安排的工作的；② 劳动者不能胜任工作，经过培训或者调整工作岗位，仍不能胜任工作的；③ 劳动合同订立时所依据的客观情况发生重大变化，致使原劳动合同无法履行，经当事人协商不能就变更劳动合同达成协议的。

可见本案例中首先就未能做到平等自愿、协商一致，即去广州总部工作非王小明所自愿。其次，需要界定劳动合同订立时所依据的客观情况是否发生重大变化，即公司真的无力安排王小明继续在合肥工作了吗？这则需要公司举证，如经营不善濒临破产，不得不裁减员工等合理要求，否则就是违反《劳动法》的行为。此外，《劳动合同法》中也有类似的规定。

《劳动合同法》中的相关条款：

第三条：订立劳动合同，应当遵循合法、公平、平等自愿、协商一致、诚实信用的原则。依法订立的劳动合同具有约束力，用人单位与劳动者应当履行劳动合同约定的义务。

第四条：用人单位应当依法建立和完善劳动规章制度，保障劳动者享有劳动权利、履行劳动义务。

在规章制度和重大事项决定实施过程中，工会或者职工认为不适当的，有权向用人单位提出，通过协商予以修改完善。

用人单位应当将直接涉及劳动者切身利益的规章制度和重大事项决定公示，或者告知劳动者。

3. 劳动合同属于法定要式合同

所谓要式合同是指必须具备特定的形式或履行一定的手续方能成立的合同，要式合同由法律直接规定的则是法定要式合同。根据《劳动法》和《劳动合同法》的规定，劳动合同应当以书面形式订立、劳动合同应当具备法定条款等。上述法律规定使劳动合同成为法定要式合同。

二、怎样订立劳动合同

（一）订立、变更劳动合同的原则

根据《劳动法》和《劳动合同法》的规定，订立和变更劳动合同应遵循以下原则：

1. 公平、诚信、平等、自愿、协商一致

无论《劳动法》还是《劳动合同法》都倡导劳资双方在公平、诚信、平等、自愿的基础上，经过协商，取得共识来签订劳动合同。

《劳动合同法》中对劳动合同的相关规定：

第十条：建立劳动关系，应当订立书面劳动合同。已建立劳动关系，未同时订立书面劳动合同的，应当自用工之日起一个月内订立书面劳动合同。用人单位与劳动者在用工前订立劳动合同的，劳动关系自用工之日起建立。

第十一条：用人单位未在用工的同时订立书面劳动合同，与劳动者约定的劳动报酬不明确的，新招用的劳动者的劳动报酬按照集体合同规定的标准执行；没有集体合同或者集体合同未规定的，实行同工同酬。

王林于2014年从青岛大学毕业来到北京找工作，寻寻觅觅后，应聘到四海广告公司。在签订劳动合同时，他发现劳动合同附带有承诺书，其中的主要内容为：本人被四海公司招聘录用为合同制员工后，如果公司因实际情况未能履行劳动合同中部分条款时，本人表示理解并自愿放弃权利，不作异议。王林觉得自己的合法权益受到侵害，问公司不签行不行？公司说不行，不签就不予录用。考虑到毕业在即，王林只得签了承诺书。上班后，公司要求王林每周工作6天48小时。虽然合同中约定是每周40小时工作时间，但根据承诺书，在特殊情况下公司有权要求增加工作时间。此外，原本公司应该为他缴纳的“三险”也一直未缴。为此，王林申请劳动争议仲裁，要求公司支付加班费并补缴“三险”。公司辩称，加班和“三险”未缴都是公司实际情况造成的，王林在签合同时也签了附带的承诺书，表示可以自动放弃权利。据此，公司认为自己的行为合法。你认为双方谁的主张合理合法？

事实上经审理，劳动仲裁委员会最终支持王林的请求，维护了他的合法权益。因为《劳动法》和《劳动合同法》都对无效合同有相同的规定：① 违反法律、行政法规的劳动合同；② 采取欺诈、威胁等手段订立的劳动合同。本案中，公司恰恰依靠胁迫手段，以不予录用相威胁来订立劳动合同，从而违反了订立劳动合同应当遵循平等自愿协商一致的原则。

《劳动法》中对劳动合同的相关规定：

第十六条：劳动合同是劳动者与用人单位确立劳动关系、明确双方权利和义务的协议。

建立劳动关系应当订立劳动合同。

第十七条：订立和变更劳动合同，应当遵循平等自愿、协商一致的原则，不得违反法律、行政法规的规定。

劳动合同依法订立即具有法律约束力，当事人必须履行劳动合同规定的义务。

2. 不得违反法律、行政法规

此项原则包括两方面的内容：第一，订立劳动合同的主体要合法，就劳动者一方而言，除体育、文艺、特种工艺单位等因性质特殊，经审查批准可以招用未满 16 周岁的未成年人以外，其他行业不得招用童工；就用人单位而言，必须能够提供符合国家规定的劳动条件。第二，内容要合法，劳动合同的各项条款必须要符合法律和行政法规的规定。

位于河北省的东风木器厂于 2014 年录用了一批 14 岁左右的孩子，无偿学习一门技能，在学习和实习期间，管吃管住但不给报酬。于是有人举报，告他们非法雇佣未满 16 周岁的童工。但木器厂辩称工厂只是培养孩子，属于培训，怎么能算非法使用童工呢?

然而当地工商管理部门还是认定东风木器厂非法使用童工，并对其予以处罚。因为我国《劳动和社会保障部办公厅对〈关于童工问题的请示〉的复函》规定：“除文艺、体育和特种工艺三个特殊行业外，其他用人单位（如汽车修理部等）招用未满 16 周岁的学徒工，无论这些学徒工是否获得经济收入，均应视为违法行为。”

虽然该文件依据的国务院令［1991］第 81 号文件已经失效，但 2002 年新实施的《禁止使用童工规定》已然沿袭禁止使用童工的立法宗旨，何况我国

《劳动法》明确规定，年满16周岁的公民才享有劳动者主体资格。

由此可见，除了文艺、体育和特种工艺三个行业外，其他任何用人单位不得录用童工。汽修厂招用未满16周岁的学徒工，不管学徒工是否获得经济性收入，不论是否经过学徒工的家长或监护人同意，一律被法律禁止，显然属于违法行为。

（二）订立劳动合同的程序

1. 要约和承诺

劳动者或用人单位向对方提出订立劳动合同的建议称为要约，即一方向另一方提出订立劳动合同的要求。提出要求的一方为要约方，与之相对的一方为被要约方。被要约方接受要约方的建议并表示完全同意称为承诺。承诺一旦做出，劳动合同即告成立。这是劳动合同订立的一般程序。

在通常情况下，要约方往往为用人单位。用人单位通过招工简章、职业介绍机构招聘登记等形式，提出要约。要约包括工作岗位、工作任务、劳动报酬、劳动条件、保险福利等事项，以及应招人员应具备的条件等。要约方也可以是劳动者，其通过求职信、求职登记等形式提出要约。

秦汉原来在北京一家大型国有企业工作，2013年年底，他见到一家外资公司的招聘广告，觉得十分适合自己的条件，于是投递了简历并参加了面试。由于面试结果不错，不久他就收到了该公司的录用通知书。通知书中还写明了他的职位、试用期工资标准、转正工资标准、其他福利待遇、上班报到时间及其他注意事项。于是，他将录用通知书的回执寄回，并向原单位递交离职申请。令他意想不到的是，当他拿着原单位的离职证明，按照通知的时间前去这家外资公司报到时，却被告知不再被录用。愤怒之余他向法院起诉了该公司，要求赔偿其损失。

法院认为根据《合同法》，当事双方订立合同的要约就是希望和他人订立合同的意思表示，该企业制作的录用通知书符合要约的构成要件，具有要约的法律效力。而承诺是受要约人作出的同意要约内容已成立的意思表示。承诺一旦生效，合同即成立并产生法律约束力。因此，秦汉寄出录用通知书回执之时起，劳动合同即宣告成立。因此判该公司违约，应当依法承担违约责任。

2. 相互协商

被要约方与要约方就订立劳动合同的建议和要求进行平等协商。各自向对方如实介绍自身真实情况和各自的要求，在双方意思表示一致后，协商即告结束。根据我国劳动力市场和企业的实际情况，当事人双方协商的基础往往是由用人单位提出劳动合同草案，在协商时应保障劳动者对劳动合同草案充分表达意见和要求的权利。

李翰青2013年夏天大学毕业，正赶上就业形势非常严峻。他好不容易才获得一个面试的机会，于是精心准备，一心想要给面试官留下一个好印象。面试的过程很紧张，面试官问了他很多问题，他都一一认真作答，面试官似乎比较满意。等到面试官问完问题后，他也想了解一下这家公司的情况，比如公司的业务情况、办公条件等。可他一张嘴，面试官就不耐烦地冷冷打断他说：我没时间回答你的问题，你要是不想来我们公司就另谋高就，要是想在我们公司干，就回家等通知，你后边还有20多人等着面试呢，我今天上午必须面试完，怎么可能有时间回答你的问题。翰青只好知趣地告辞了。

其实，该面试官的做法是违反《劳动法》和《劳动合同法》的。无论是《劳动法》，还是《劳动合同法》，都规定了订立劳动合同应当遵循合法、公平、平等、自愿、协商一致、诚实信用的原则。

对于劳动者来讲，用人单位在招聘劳动者时，应当告知劳动者本单位工作方面的相关内容和劳动者想了解的一些情况，这是劳动者的知情权。而用人单位也有权了解劳动者与劳动合同直接相关的基本情况，劳动者不得隐瞒，这是用人单位的知情权。

3. 双方签约

劳动合同当事人双方在签约前应认真审阅劳动合同文本约定的内容是否真实，是否与约定的条件一致。经确认后，劳动者本人和用人单位法定代表人签字、盖章，并填写年、月、日。法定代表人可以书面委托有关人员代理签字。如果当事人双方要求的劳动合同生效时间与最后一方签字盖章的时间不一致时，必须注明该劳动合同的生效时间。

张海涛于2014年4月6日同公司签订了有效期从2014年5月23日起到2015年5月22日止，为期一年的合同，试用期2个月。合同的最后一条为合同生效时间：本合同一式两份，甲、乙双方各执一份。合同中甲、乙双方于2014年4月06日在×××公司内签订，自签字之日起生效。双方签字盖章了，但没有签写日期。在双方签字盖章的下面空白处，有这样一段打印的说明文字："2014年5月20日作成"。实际张海涛是5月20日上班的。由于公司业务调整，张海涛于2014年7月14日被公司辞退，公司没有支付5月20日至22日的工资，于是他请求有关机构给予劳动仲裁。

仲裁机构认为，依据《劳动法》和《劳动合同法》，劳动者和用人单位都在劳动合同上签字以后，劳动合同才生效。单有劳动者的签字或者单有用人单位的签字，劳动合同都不能生效。如果劳动者和用人单位是在同一天签字的，那么劳动合同就从这一天起生效，但如果双方不是在同一天签字的，劳动合同就在后一个签字人签字后生效。如果有一方没有写签字时间，那么另一方写明的签字时间就是合同的生效时间。

本合同中，尽管双方都没有签署日期，但合同中有明确的表示：① 甲、乙双方于2014年4月06日在×××公司内签订，自签字之日起生效。② 有效期从2014年5月23日起到2015年5月22日止，为期一年。因此，可视为张海涛自5月23日开始工作。除非他自己能举证自5月20日已实际开始工作了，那么既然合同已经生效，就该按实际工作时间计算薪酬。

三、劳动合同的内容

劳动合同的内容是当事人双方经过平等协商所达成的关于权利义务的条款，包括法定条款和约定条款。

（一）法定条款

法定条款是依据法律规定劳动合同双方当事人必须遵守的条款，不具备法定条款，劳动合同不能成立。《劳动合同法》规定，劳动合同应当具备以下条款：

1. 用人单位和劳动者的名称与地点

（1）用人单位的名称、住所、法定代表人或主要负责人。

（2）劳动者的姓名、住址、居民身份证或其他有效身份证件号码。

2. 劳动合同期限

劳动合同期限是劳动合同规定的双方当事人权利义务的有效时间。劳动合同按照不同期限分为三种：

（1）有固定期限的劳动合同。此种劳动合同中当事人订立劳动合同时明确约定合同生效和终止时间，也称定期劳动合同。

《劳动合同法》第十三条规定：

有下列情形之一，劳动者提出或者同意续订、订立劳动合同的，除劳动者提出订立固定期限劳动合同外，应当订立无固定期限劳动合同：

1. 劳动者在该用人单位连续工作满十年的；

2. 用人单位初次实行劳动合同制度或者国有企业改制重新订立劳动合同时，劳动者在该用人单位连续工作满十年且距法定退休年龄不足十年的；

3. 连续订立二次固定期限劳动合同，且劳动者没有本法第三十九条和第四十条第一项、第二项规定的情形，续订劳动合同的。

用人单位自用工之日起满一年不与劳动者订立书面劳动合同的，视为用人单位与劳动者已订立无固定期限劳动合同。

（2）无固定期限的劳动合同。此种合同是没有明确约定合同终止日期的劳动合同。在正常履行劳动合同的情况下，劳动者可以一直工作到退休。

（3）以完成一定工作为期限的劳动合同。此种合同是一种特殊的定期劳动合同，双方当事人把完成某项工作或工程的时间作为劳动合同的存续期间，约定工作或工程完成后合同就可以终止。

赵京华女士1996年起在北京市某商业大厦工作，2008年她随丈夫赴美国。出国前，她与该商业大厦签订了一份为期一年的协议书，约定：她出国期间，人事档案仍存放在企业，她与单位保留劳动关系，停发工资及各项补贴，各项社会保险手续由企业代缴，但费用由她自己支付。此后她出国4年，在此期间，企业一直为其缴纳社会保险。2012年赵女士回国，根据单位出具的缴费明细表，她交给单位几年来为其上缴的社会保险费2.6万元。此后她多次要求回单位上班，但都被单位以各种理由拒绝。无奈之下，她诉至北京市朝阳区劳动争议仲裁委员会，要求单位与其签订无固定期限劳动合同，并返还应该由企业交纳的社会保险费用2.6万元，补发生活保障费及住房公积金。仲裁委经审理后，裁决该商业大厦应与赵女士签订无固定期限劳动合同，并支付生活费896元。

该商业大厦不服裁决，理由是赵女士出国前仅与企业签订了为期一年的劳动合同，到期后未回国，因此意味着双方劳动关系已结束。因她长期毫无音讯，企业已对其按离职处理，因此只同意向其支付生活费896元。

仲裁委员会认为：赵女士出国前，双方约定保留劳动关系，单位也一直为她缴纳社会保险，并存放其人事档案，故可认定双方之间的劳动关系处于延续中。由于她在该单位连续工作已满10年，故单位理应与其签订无固定期限劳动合同。

3. 工作内容和工作地点

工作内容是劳动者应当为用人单位提供的劳动，即承担何种工作或职务，包括工种和岗位。关于工作的数量、质量标准，如不宜具体规定，做出原则性规定即可。工作地点指劳动者所在岗位的具体地理位置，即劳动合同的履行地。

4. 工作时间和休息休假

工作时间是指劳动者为履行劳动义务，在法律规定的标准下，根据劳动合同和集体合同的规定提供劳动的时间。目前，我国实行三种类型的工时制度，分别是标准工时制度、不定时工作制和综合计算工时工作制。

工时制度：

即工作时间制度，我国目前有三种工作时间制度：

标准工时制：根据《劳动法》和《国务院关于职工工作时间的规定》，工人每天工作的最长工时为8小时，每周最长工时为40小时。

综合计算工时制：根据《劳动部关于职工工作时间有关问题的复函》规定，一般以月、季、年为周期综合计算工作时间；其平均日工作时间和周工作时间应与法定标准工作时间相当，但无论平时工作时间数为多少，只要在综合工时计算周期内的总工作时间数不超过，即不视为加班。若超过，则超过部分按《劳动法》规定支付报酬，且延长时间每月不得超过36小时。

不定时工时制：根据劳动部《关于企业实行不定时工作制和综合计算工时工作制的审批办法》规定，企业对高级管理、外勤、推销、值班等人员，以及长途运输、出租汽车、铁路、港口、仓库等因生产特点、工作特殊需要的工作人员可以实行不定时工作制。其工作时间不受《劳动法》第四十一条规定工作时间标准限制。

企业实行不定时工作制和综合计算工时工作制的，应按相关规定办理审批手续。另外关于劳动者休息休假的办法也应约定清楚。

《劳动法》明确规定：用人单位在元旦、春节、国际劳动节、国庆节，以及法律、法规规定的其他休假节日期间应当依法安排劳动者休假。

5. 劳动报酬

劳动报酬是用人单位根据劳动者劳动的数量和质量，以货币形式支付给劳动者的工资。此项条款应明确员工适用的工资制度、工资支付标准、支付时间、支付周期、工资计算办法、奖金津贴获得条件和标准；如有必要，还可以明确加班工资的计算办法、支付时间以及下岗待工期间的工资待遇等。工资标准不得低于当地最低工资标准，同时也不得低于本单位集体合同规定的最低工资标准。

6. 社会保险

社会保险是国家通过立法建立的，对符合法定条件的劳动者在其生育、退休、疾病、死亡、伤残、失业以及发生其他生活困难时，给予物质帮助的制度。本项条款应明确双方当事人各自的社会保险缴费项目、缴费标准和缴费办法等。

《劳动法》第七十条至第七十六条规定：

国家发展社会保险事业，建立社会保险制度，设立社会保险基金，使劳动者在年老、患病、工伤、失业、生育等情况下获得帮助和补偿。

社会保险水平应当与社会经济发展水平和社会承受能力相适应。

社会保险基金按照保险类型确定资金来源，逐步实行社会统筹。用人单位和劳动者必须依法参加社会保险，缴纳社会保险费。

劳动者在退休、患病、负伤、因工伤残、失业、生育等情形下，依法享受社会保险待遇。劳动者死亡后，其遗属依法享受遗属津贴。

劳动者享受社会保险待遇的条件和标准由法律、法规规定。劳动者享受的社会保险金必须按时足额支付。

社会保险基金经办机构依照法律规定收支、管理和运营，并负有使社会保险基金保值增值的责任。

社会保险基金监督机构依照法律规定，对社会保险基金的收支、管理和运营实施监督。社会保险基金经办机构和社会保险基金监督机构的设立和职能由法律规定。任何组织和个人不得挪用社会保险基金。

国家鼓励用人单位根据本单位实际情况为劳动者建立补充保险。国家提倡劳动者个人进行储蓄性保险。

国家发展社会福利事业，兴建公共福利设施，为劳动者休息、休养和疗养提供条件。用人单位应当创造条件，改善集体福利，提高劳动者的福利待遇。

五险一金：

指用人单位为劳动者提供的保障性待遇之合称，包括养老保险、医疗保险、失业保险、工伤保险和生育保险，及住房公积金。

五险属于社会保险，是由国家通过立法强制实行的，以保证劳动者在年老、失业、疾病、工伤等失去劳动能力的情况下，给予基本生活保障的制度。因此，它们是国家赋予劳动者的基本劳动权利，不应将其与个人购买的商业险相混淆。

需要说明的是，虽然“五险一金”同为强制性规定，但处理方式不同。用人单位不为劳动者缴纳社会保险属于劳动争议，可以通过向社保中心举报或向劳动争议仲裁委员会提出仲裁申请的方式予以解决。而用人单位不为劳动者缴纳住房公积金，不属于劳动争议，不能通过劳动仲裁解决，只能通过向住房公积金管理中心举报的方式予以解决。

2012年5月，李向东先生应聘到北京朝阳区某公司担任业务主管，当他询问劳动合同和五险一金的相关情况时，人力资源部经理说正在办理相关手续，所以暂时不能与他签订劳动合同，但对他口头承诺了手续办好后就立即办。此后一段时间，他多次向公司相关领导提出要求签订劳动合同和缴纳相关社保的要求，但公司却一直没有明确的答复。2013年12月底，他向公司提出辞职，并要求公司结算当月的工资，可对方对他不予理睬。

2014年春节一过完，李向东就以公司未与自己签订劳动合同，未能按时缴纳“五险一金”为由，向北京市朝阳区劳动仲裁委员会申请仲裁。仲裁机构认定，该公司应向李向东支付工资、经济补偿金、双倍工资差额，并为他补缴从上班之日起至2013年年底的各项“五险一金”。

7. 劳动保护、劳动条件和职业危害防护

劳动保护是用人单位为保障劳动者在劳动过程中的安全和健康，防止工伤事故和预防职业病的发生，所应采取的技术措施和组织措施。劳动条件是为完成工作任务应由用人单位提供、不得低于国家规定标准的必要条件。具体的劳动条件应当包括：工作班制、劳动工作条件、劳动工具、生产工艺流程、安全操作规程、安全卫生制度、健康检查、女职工及未成年工特殊保护和伤亡事故处理制度等（图 3-5）。

图 3-5　法律重视劳动保护

劳动保护：

指国家和用人单位为保护劳动者而在劳动过程中对安全、健康等所采取的立法、组织实施等措施。可分为劳动安全保护和劳动卫生保护两部分。

1. 劳动安全保护

依据《劳动法》及其相关法律、法规，国家制定了各行业的劳动安全技术规程，如《工厂安全卫生规程》《建筑安装工程安全技术规程》《矿山安全条例》等。其保护的领域主要包括：① 机器设备的安全；② 电气设备的安全；③ 锅炉、压力容器的安全；④ 建筑工程的安全；⑤ 交通道路的安全。企业必须按照这些安全技术规程使各种生产设备达到安全标准，切实保护劳动者的劳动安全。

2. 劳动卫生保护

除《劳动法》外，还包括：《环境保护法》《工厂安全卫生规程》《国务院关于加强防尘防毒工作的规定》《关于防止厂矿企业中粉尘危害的决定》《工业企业设计卫生标准》《工业企业噪声卫生标准》《防暑降温暂行办法》《中华人民共和国关于防治尘肺病条例》等相关法律、法规。其保护的领域主要包括：① 防止粉尘危害；② 防止有毒、有害物质的危害；

③ 防止噪声和强光的刺激；④ 防暑降温和防冻取暖；⑤ 通风和照明；⑥ 个人保护用品的供给。企业必须按照这些劳动卫生法律法规达到劳动卫生标准，才能切实保护劳动者的身体健康。

姜涛是河南省来京务工人员，2013 年春他应聘到北京大兴区某印刷厂成为一名印刷工人。2013 年 10 月，一次他在操作裁纸机时，右手不幸被切。虽经医院及时治疗，但他的右手仍然伤残严重，被诊断为毁损性离断伤，达工伤致残鉴定标准三级。10 月底，双方到当地司法所申请调解，姜涛及其家人提出 300 万元的损害赔偿，而厂方只愿给付 50 万元，调解陷入僵局。

司法机构于是请来劳动仲裁委员会的专家，专家们认为根据我国《工伤保险条例》第十四条规定：职工在工作时间和工作场所内因工作原因受到事故伤害的应当认定为工伤。本案中，姜涛是在操作机械时，不慎发生事故，其损害事实发生在工作期间和工作场所内，损害事实的发生与其本职工作存在着因果关系，应当认定为工伤，因此，工厂应当依据《工伤保险条例》中的规定赔偿其一定的经济损失。经劳动仲裁委员会专家帮助双方仔细梳理赔偿标准和计算后，最终双方达成了调解协议：由工厂支付姜涛工伤赔偿费用共计 70 万元，分两次付清。

工伤：

又称工作伤害，是指劳动者在从事职业活动或者与职业活动有关的活动时所遭受的不良因素的伤害和职业病伤害。就普通工伤而言，工伤认定最核心的内容是工作原因，由工作原因而引起的伤害，都应当认定为工伤。《工伤保险条例》规定，工作原因包括：因工作原因受到事故伤害、从事与工作有关的预备性或者收尾性工作受到事故伤害、因履行工作职责受到暴力等意外伤害、患职业病、因工外出、上下班途中等。

8. 法律、法规规定应当纳入劳动合同的其他事项

法律、法规规定应当纳入劳动合同的其他事项是指按照《劳动合同法》以外的其他法律和行政法规的规定，应当在劳动合同中载明的内容。

关于违反上述规定的法律责任，法律明确规定“用人单位提供的劳动合同文本未载明本法规定的劳动合同必备条款或者用人单位未将劳动合同文本交付劳动者的，由劳动行政部门责令改正；给劳动者造成损害的，应当承担赔偿责任。”

应当纳入劳动合同的其他事项：

指国家规定的劳动合同基本内容以外的进一步约定，如：① 员工必须严格遵守公司的各项规章制度和工作守则；② 员工应服从公司的安排在规定的场所工作；③ 公司为员工支付培训费进行专项培训，并约定服务期为一年半；④ 公司有权以不符合录用条件为由辞退试用期内的员工；⑤ 可经过甲乙双方协商后确定工资变动的具体形式等。

需要注意的是，这些其他约定均需要不违反《劳动法》和《劳动合同法》等相关法律、法规，否则将会成为无效合同或部分无效合同。

2013 年 9 月 1 日，王力到新被录用的公司入职，公司告知他有三个月的试用期，但没有与他签订书面的劳动合同。2014 年 3 月 15 日，公司通知王力，由于他在试用期表现不佳，所以公司决定辞退他。王力觉得十分委屈，因为他在试用期内确实十分努力地工作，而且自认为表现是不错的。于是他找到劳动仲裁机构，要求讨个说法。

劳动仲裁机构认为公司早在 9 月份王力刚入职时就应当与其签订书面的劳动合同。根据《劳动合同法》第十条规定：建立劳动关系，应当订立书面劳动合同。已建立劳动关系，未同时订立书面劳动合同的，应当自用工之日起一个月内订立书面劳动合同。由于公司到 2014 年 3 月 15 日，仍然未与小王签订书面的劳动合同。根据《劳动合同法》第八十二条规定：用人单位自用工之日起超过一个月不满一年未与劳动者订立书面劳动合同的，应当向劳动者每月支付二倍的工资。因此，王力既可以要求继续履行劳动合同，也可以要求补偿二倍薪金。

（二）约定条款

约定条款是指除以上法定条款以外，劳动合同双方当事人可以根据实际需要在协商一致的基础上规定的其他补充条款。约定条款的内容只要合法，就同法定条款一样对当事人具有法律约束力。一般常见的约定条款有以下内容：

1. 试用期限

试用期限是劳动者和用人单位为相互了解、选择而约定的考察期，当事人分别用于考察劳动者是否符合录用条件、用人单位所介绍的劳动条件是否符合实际情况。依据《劳动合同法》的规定，劳动合同期限三个月以上不满一年的，试用期不得超过一个月；劳动合同期限一年以上不满三年的，试用期不得超过二个月；三年以上固定期限和无固定期限的劳动合同，试用期不得超过六个月。同一用人单位与同一劳动者只能约定一次试用期。以完成一定工作任务为期限的劳动合同或者劳动合同期限不满三个月的，不得约定试用期。试用期包含在劳动合同期限内。劳动合同仅约定试用期的，试用期不成立，该期限为劳动合同期限。

2013 年 3 月刘国庆与北京某公司签订了一份为期 6 个月的试用期合同，约定试用期满后，若考核通过，双方再开始签订正式的劳动合同。令人意想不到的是在试用了 4 个月后，公司以他不符合录用条件为由解除了与他的试用期合同。刘国庆感到十分委屈，于是向当地的劳动仲裁机构申请仲裁。

仲裁机构认为：根据《劳动合同法》规定，劳动合同期限三个月以上不满一年的，试用期不得超过一个月；劳动合同期限一年以上不满三年的，试用期不得超过二个月；三年以上固定期限和无固定期限的劳动合同，试用期不得超过六个月。在试用期内单位有权与经证明不符合录用条件的员工解除劳动合同。由此看来，当初公司与刘国庆不签订劳动合同只签订试用期合同本身就是违法的，根据《劳动合同法》第十九条第四款的规定，劳动合同当事人仅约定试用期的，试用期不成立，所约定的期限为劳动合同期限。因此公司以此为由解除劳动合同违反了《劳动合同法》。

2. 培训

双方当事人可以约定培训的条件、培训期间的工资待遇、培训费用的支付方法、服务期限等。

2013年6月，北京某合资企业诉董少先在劳动合同期内接受公司培训后不辞而别，并带走技术资料，要求他赔偿培训费和给企业造成的经济损失，退还技术资料。经法庭调查，2010年10月，董少先被该企业招聘，双方签订了5年的劳动合同。合同中约定：试用期3个月；若乙方（劳动者）被甲方（用人单位）送外学习培训则必须安心在甲方工作，擅自违约应赔偿培训费，并不得出卖、转让甲方技术资料。合同签订后，企业因生产需要，送他出国接受技术培训，回厂后从事车间管理与技术工作。但合同履行4年后，董少先受同行业另一厂家的高薪诱惑，不辞而别，竟然到新应聘的企业上班。在双方协商及劳动仲裁机构调解无效的情况下，原公司将董少先告上法庭。

法院认为：根据《劳动法》第十九条规定：当事人可以协商约定其他内容。也就是说，双方在合同中约定的内容，如果未与法律法规相抵触，就应作为双方行为的规范。董少先与企业在劳动合同中就学习培训和不得出卖转让技术资料等内容既然作了约定，就是有效条款，他擅自违反，就应承担赔偿责任。法院最后判决董少先赔偿企业培训费及经济损失共计6万元，将技术资料退还给原公司，双方解除劳动合同。

3. 保密事项

劳动过程涉及用人单位商业秘密的，当事人应当对有关保密事项加以明确规定，使之成为劳动者履行劳动合同的一项基本义务。用人单位与劳动者可以在劳动合同中约定保守用人单位的商业秘密和与知识产权相关的保密事项。

对负有保密义务的劳动者，用人单位可以在劳动合同或者保密协议中与劳动者约定竞业限制条款，并约定在解除或者终止劳动合同后，在竞业限制期限内按月给予劳动者经济补偿。

劳动者违反竞业限制约定的，应当按照约定向用人单位支付违约金。竞业限制的人员限于用人单位的高级管理人员、高级技术人员和其他负有保密义务的人员。竞业限制的范围、地域、期限由用人单位与劳动者约定，竞业限制的约定不得违反法律、法规的规定。

在解除或者终止劳动合同后，前款规定的人员到与本单位生产或者经营同类产品、从事同类业务的有竞争关系的其他用人单位工作，或者自己开业生产或者经营同类产品、从事同类业务的竞业限制期限，不得超过二年。

张慧是北京一家外商独资企业的技术经理，与公司签订的劳动合同是自2010年1月1日起至2012年12月31日止，为期3年，月薪8 000元。2012年3月11日，她接到公司人力资源部的通知，要求其4月1日离职，并在此之前办妥一切移交手续。她马上向人力资源部提出质疑，要求做出解释，得到的答复是：双方签订的劳动合同中有一条约定，合同双方任何一方均可提前30天通知对方解除合同，至于解约的理由，是公司怀疑她与另一家竞争对手公司接触频繁。张慧要求公司提供证据或书面说明，但公司拒绝给她提供书面说明。公司表示，由于张慧在公司已工作2年多的时间，可以给她2个月的工资作为补偿。

张慧感到愤怒和委屈，她没有出卖公司机密而被无端怀疑，与公司签订的劳动合同也没有到期，自己又没有什么过错，气愤之余，她将公司诉之劳动仲裁机构。

劳动争议仲裁委员会认为：首先公司怀疑张慧泄露公司机密，这需要确凿的证据而不能捕风捉影地无端怀疑。此外，劳动合同中的“合同双方任何一方均可提前30天通知对方解除合同”这一条，是与《劳动法》相违背的。因为《劳动法》虽然赋予了劳动者这一弱势方提前30天通知解约的权利，但是并没有赋予用人单位这一权利，对于用人单位来说，根据《劳动法》第二十六条第一款规定：有下列情形之一的，用人单位可以解除劳动合同，但是应当提前30天以书面形式通知劳动者本人。

（1）劳动者患病或非因公负伤，医疗期满后，不能从事原工作也不能从事由用人单位另行安排的工作的；

（2）劳动者不能胜任工作，经过培训或者调换工作岗位，仍不能胜任工作的；

（3）劳动合同订立时所依据的客观情况发生重大变化，致使原劳动合同无法履行，经当事人协商不能就变更劳动合同达成协议的。

张慧的情况不符合解除劳动合同的情形。因此，张慧完全有理由要求维持原劳动合同，如果同意终止合同，也可以依法获得双倍薪酬的补偿。

商业秘密：

从法律的视角看，构成一个企业竞争优势的任何机密的商业信息都可以被认为是商业秘密。除持有人以外的任何人未经许可使用这些信息都将被认为是一种不公平竞争行为和侵权行为。

我国《反不正当竞争法》规定：商业秘密是指不为公众所知悉、能为权利人带来经济利益、具有实用性并经权利人采取保密措施的技术信息和经营信息。

4. 补充保险和福利待遇

根据法律、法规的有关规定，企业根据自身经营发展战略及经济效益，选择协商确定补充养老、医疗等保险和适应企业特点的福利待遇。

这里所说的养老、医疗等保险和其他福利待遇，并不是指前文谈到的劳动合同法定条款中的社会保险，即我们常说的五险一金。那是国家强制要求用人单位必须给劳动者提供的福利待遇。而此处约定的条款主要是指企业有能力，也愿意为劳动者提供更多的商业险和其他更优厚的福利待遇，如提供班车、健身场所，提供交通、住房补贴和补充保险等。

5. 当事人协商约定的其他事项

劳动合同当事人的具体要求千差万别，如住房、班车、子女就学等问题都可成为劳动合同的内容，这些内容只要不违反国家法律和行政法规的规定，一经双方商定，均为合法有效且对当事人具有法律约束力。

另外，劳动合同中还可以约定服务期条款。用人单位为劳动者提供专项培训费用，对其进行专业技术培训的，可以与该劳动者订立协议，约定服务期。劳动者违反服务期约定的，应当按照约定向用人单位支付违约金。违约金的数额不得超过用人单位提供的培训费用。用人单位要求劳动者支付的违约金不得超过服务期尚未履行部分所应分摊的培训费用。用人单位与劳动者约定服务期的，不影响按照正常的工资调整机制提高劳动者在服务期期间的劳动报酬。

李京于2011年3月应聘到北京市海淀区某合资企业工作，双方签订了期限为 5 年的劳动合同。在该劳动合同中双方约定因个人原因离职或违纪被解除合同时，须赔偿服务期未满的费用和培训培养费用。2012 年 12 月，公司送他去日本培训半年。2013 年 5 月李京因个人原因，主动要求辞职。但当涉及先前合同中所约定的服务期未满赔偿培训费时，他只愿赔偿 5 000 元。在公司未同意的情况下，他不辞而别。于是公司以旷工为由，对他作出违纪解除合同的决定。2013 年 3 月，公司向劳动争议仲裁委员会申请仲裁，要求李京赔偿培训费。

劳动仲裁机构认为：双方事先的劳动合同中的约定有效，李京在服务期内因个人原因离职或违纪被解除合同的，须赔偿相关费用。问题是赔多少。现李京已为企业服务两年多，按约定他只需要赔偿尚未服务的期限，即三年的费用。至于出国培训的费用，如果公司能够出示曾为此支付过现金的证据，那么应该依照合同约定，按照上述分担比例赔偿。

四、劳动合同的续订与终止

（一）劳动合同的续订

劳动合同的续订是指有固定期限的劳动合同到期，双方当事人就劳动合同的有效期限进行商谈，经平等协商一致而续延劳动合同期限的法律行为。劳动合同续订的原则与订立劳动合同的原则相同。提出劳动合同续订要求的一方应在合同到期前 30 日书面通知对方。续订劳动合同不得约定试用期。依据《劳动法》的规定，劳动者在同一用人单位工作满 10 年，双方同意续延劳动合同，劳动者提出订立无固定期限劳动合同的，用人单位应当与之订立无固定期限的劳动合同。

如何用好示范合同文本：

为推行劳动合同制度，各地劳动行政部门一般推荐使用劳动合同的示范文本。因其依法根据当地经济文化发展的一般水平和企业管理的一般状况制定，部分条款可能与企业的实际情况有差距，故用人单位在使用示范文本作为订立劳动合同协商的基础时，必须根据自己的实际情况进行部分修订和补充，使其符合实际情况。

用人单位在修改和补充示范合同文本时应注意以下事项：

1. 法定条款必须完整

劳动合同的法定条款不可或缺，为使劳动合同当事人双方的权利义务清晰界定，并具有操作性，逐款详细规定必使劳动合同过于冗长。在此种情况下，可以将企业依法制定的相关内部管理制度作为劳动合同的附件，通过附件形式使劳动合同的相关内容具体化。

2. 合同内容不得相互矛盾

劳动合同的各项条款，包括专项协议所协商确定的内容不应存在内在矛盾。否则该项条款极有可能成为无效条款而丧失其法律效力。例如，劳动合同的期限为3年，专项协议中的服务期限协议却为5年，即属于合同条款存在内在矛盾。

有固定期限的劳动合同期限届满既未终止又未续订，劳动者与用人单位仍存在劳动关系的，视为续延劳动合同，用人单位应当与劳动者续订劳动合同。当事人就续延劳动合同的期限达不成一致意见的，其期限从签字之日起不得少于1年，或者按原条件履行。（前者的依据是《北京市劳动合同规定》；后者的依据是《最高人民法院关于审理劳动争议案件适用法律的若干问题的解释》）。

陆遥于2011年8月到北京市丰台区某公司入职，双方签订了为期3年的劳动合同并约定试用期为2个月。2013年9月，公司准备提升她为部门负责人，想与她重新签订劳动合同。陆遥发现新劳动合同中，仍然有试用期2个月的条款。懂得一些劳动法的她知道，这次新签订劳动合同属于续签，依据《劳动合同法》续签劳动合同是不需要试用期的。因此她明确提出，公司再要求试用期，属于违法行为。

（二）劳动合同的终止

劳动合同的终止是指劳动合同关系的消灭，即劳动关系双方权利义务的失效。《劳动合同法》第四十四条规定，有下列情形之一的，劳动合同终止：① 劳动合同期满的；② 劳动者开始依法享受基本养老保险待遇的；③ 劳动者死亡，或者被人民法院宣告死亡或者宣告失踪的；④ 用人单位被依法宣告破产的；⑤ 用人单位被吊销营业执照、责令关闭、撤销或者用人单位决定提前解散的；⑥ 法律、行政法规规定的其他情形。

劳动合同依法解除或终止时，用人单位应同时一次付清劳动者工资，依法办理相关保险手续；用人单位依法破产时，应将劳动者工资列入破产清偿顺序，首先支付劳动者工资。

郑丽入职到北京市朝阳区某日本独资公司已快一年了，与她同时进公司的其他员工，在工作上都早已能独当一面了，可她还不能够胜任本职工作。因此她十分着急，经常利用业余时间补习业务，可收效甚微。公司领导认为，她虽然干活儿比较笨，但工作态度还是认真的，于是决定给她一次提高技术水平的机会，让她脱产 3 个月，去参加技术培训。

令人意想不到的是，3 个月的技术培训结束后，回到公司的她仍然不能胜任本职工作。公司没有办法，于是作出 30 日后与她终止劳动合同的决定。

郑丽不服气，她认为公司与自己签订的是 3 年期的劳动合同，怎么能现在就终止呢？可公司答复她尽管公司与他们每人都签订了 3 年的劳动合同，但是这并不意味着不能终止，因为劳动合同中已经约定了一些终止条件，只要这些终止条件出现，劳动合同就可以终止。如在合同中有这样的条款：乙方（指郑丽）若不能胜任本职工作，经培训或调整工作岗位后仍不能胜任时，甲方（指公司）可提前 30 日通知乙方终止劳动合同。这回郑丽没话说了，但她还是提出了应该赔她经济补偿金的要求。但公司却说：终止合同和解除合同是不一样的，按国家规定，解除劳动合同时企业应当支付经济补偿金，而终止劳动合同时企业就可以不给经济补偿金。根据当初的劳动合同约定，应该属于终止合同，所以公司不支付经济补偿金。

郑丽还是不服气，于是到当地劳动仲裁机构提请申诉。劳动仲裁机构认为：《劳动法》第二十三条明确规定：劳动合同期满或者当事人约定的劳动合同终止条件出现，劳动合同即行终止。甚至在原劳动部《关于贯彻执行〈中华人民共和国劳动法〉若干问题的意见》中第三十八条还明确规定：劳动合同期满或当事人约定的劳动合同终止条件出现，劳动合同即行终止，用人单位可以不支付劳动者经济补偿金。

《关于贯彻执行〈中华人民共和国劳动法〉若干问题的意见》：

由原劳动部于1995年8月4日发布，主要内容包括适用范围、劳动合同和集体合同、工资、工作时间和休假、社会保险、劳动争议、法律责任、适用法律，共100条。

五、劳动合同的解除

劳动合同的解除是指劳动合同签订以后，尚未全部履行之前，由于一定事由的出现，提前终止劳动合同的法律行为。

（一）劳动合同的协议解除

依据《劳动合同法》的规定，经当事人协商一致，劳动合同可以解除。双方协议解除劳动合同时，应书面提前通知对方。由用人单位提出解除劳动合同的用人单位应根据劳动者在本单位的工作年限，每满1年发给相当于1个月的工资作为经济补偿金，工作时间6个月以上不满1年的按1年的标准发放。

2013年3月，北京某食品公司在给员工进行一年一次的健康体检时，发现刘莉患有乙肝，由于担心疾病传染，公司立即给她半年假让其回家养病，公司承诺每月基本工资照发。半年后，刘莉来公司上班了，但公司仍担心其疾病会传染，便决定与她解除劳动合同。公司同意按劳动法有关的规定给予她经济补偿金。刘莉同意这样处理并领取了经济补偿金。回到家的刘莉总感到做事鲁莽，两个月后，又找到单位希望退还补偿金，继续回来工作，可单位却以种种理由搪塞拒绝。万般无奈之下，她以公司歧视病愈职工为由请当地劳动仲裁委员会仲裁。

劳动仲裁委员会认为：公司依法给予刘莉假期，应遵照1994年原劳动部颁发的《企业职工患病或非因工负伤医疗期规定》第三条的规定：企业职工因患病或非因工负伤，需要停止工作医疗时，根据本人实际参加工作年限和在本单位工作年限，给予3个月到24个月的医疗期。因此，给予刘莉半年病假是合理的。在刘莉医疗期满后，公司依《劳动合同法》第四十条规定：劳动者患病或者非因工负伤，在规定的医疗期满后不能从事原工作，也不能从事由用人单位另行安排的工作的，用人单位提前三十日以书面形式通知劳动者本人或者额外支付劳动者一个月工资后，可以解除劳动合同。但这里关键在于医疗期满后，刘莉还能否从事原工作或单位另行安排的新工作。当然，这不能仅凭口说，是需经劳动鉴定委员会确认的。既然刘莉本人也同意解除劳动合同，则不存在此争议。问题在于刘莉又反悔了，那么依据《劳动法》第二十四条规定：经劳动合同当事人协商一致，劳动合同可以解除。因劳动合同已经解除，则她的反悔是不受法律保护的。

（二）用人单位单方解除劳动合同

1. 随时提出解除劳动合同、不承担经济补偿的条件

劳动合同终止与劳动合同解除的区别：

虽然两者的结果都是劳动关系的结束，用人单位与劳动者之间的责、权、利也就此消失，但劳动合同终止是劳动关系正常的结束，而劳动合同解除是劳动合同提前的非自然的终止。

（1）劳动者在试用期间被证明不符合录用条件的。此种情况在试用期满后不再适用。

（2）劳动者严重违反劳动纪律或用人单位规章制度的。

（3）劳动者严重失职、营私舞弊，对用人单位利益造成重大损失的。

（4）劳动者被追究刑事责任的。

（5）劳动者同时与其他用人单位建立劳动关系，对完成本单位的工作任务造成严重影响，或者经用人单位提出，拒不改正的。

（6）因《劳动合同法》第二十六条第一款第一项规定的情形致使劳动合同无效的。

前述（2）（3）（4）款规定的条件出现时，用人单位可以以开除、除名等形式解除劳动合同。在解除劳动合同时应注意以下规定：① 劳动者违纪行为到做出处理决定的时间间隔，如超过处理时效，不能以此解除劳动合同；② 以开除形式解除劳动合同的，应征求工会的意见；③ 根据罪由法定的原则，劳动者涉嫌违法犯罪被限制人身自由、且未被法院做出终审判决期间，不能解除劳动

合同；此期间用人单位也无须承担劳动合同规定的义务；④ 劳动者违纪或给用人单位利益造成重大损失的依据可以是法律法规规定的，也可以是用人单位规定且公示的企业内部管理规则等。

2012 年北京某建筑公司的员工钱贵，在工地施工时受到工伤，经医院治疗并做了伤残等级鉴定，为 7 级伤残。出院后，他继续享受病假。随着身体的逐渐康复，他逐渐可以到处走走看看了。这天，他正在小区内散步晒太阳，抬头发现邻居在路边停车后车窗没有关好就走了。于是他走上前好奇地向车内观望，发现高档相机和平板电脑等物品被遗留在车内。他一时利欲熏心，乘四周没人，打开车门窃取了这些物品。万没想到，邻居报警后，通过小区监控录像，警察很快就找到了他。经法院审理，他偷窃的东西价值 3 万元以上，构成刑事案件，被判有期徒刑。单位获悉后，立即与他解除了劳动合同。对此他十分不解，认为自己是工伤，单位是无权解除劳动关系的。后经工会耐心地给他做工作，他才明白其中的道理，并深为自己的偷窃行为所懊悔！

2. 提前 30 天书面形式通知、承担经济补偿责任的条件

（1）劳动者患病或者非因工负伤、医疗期满后，不能从事原工作也不能从事用人单位另行安排的工作的。其中的医疗期是指劳动者患病或非因工负伤停止工作治疗休息不得解除劳动合同的时限。医疗期长度根据劳动者的实际工作年限和在本单位工作年限确定，医疗期应从病休第一天开始，累计计算。病休期间的公休假日和法定节日包括在内。

医疗期的规定：

1. 实际工作年限 10 年以下的，在本单位工作年限 5 年以下的为 3 个月；5 年以上的为 6 个月，累计计算则按照前述期限延长 1 倍。

2. 实际工作年限 10 年以上的，在本单位工作年限 5 年以下的为 6 个月；累计计算则期限延长 1 倍；5—10 年的为 9 个月；10—15 年的为 12 个月；15—20 年的为 18 个月；20 年以上的为 24 个月。在本单位工作年限 5 年以上的，医疗期累计计算则分别延长 6 个月。

此项规定的医疗期与社会保险中工伤保险规定的医疗期不是一个概念。工伤医疗期确定的法律依据、时限长度确定的原则、工伤医疗期的待遇等与前述医疗期不同。

（2）劳动者不能胜任工作，经培训或者调整工作岗位，仍不能胜任工作的。

（3）劳动合同订立时所依据的客观情况发生重大变化，致使原劳动合同无法履行，经当事人协商不能达成一致协议的。

上述条件出现，用人单位解除劳动合同应提前通知并支付经济补偿金，标准为根据劳动者在本单位工作年限，每满 1 年发给 1 个月工资；第一种情形还要视病情和劳动能力状况，发给一定的医疗补助费。劳动者非因工致残和经医生或医疗机构认定患有难以治疗的疾病，医疗期满，应当由劳动鉴定委员会参照工伤与职业病致残程度标准进行劳动能力鉴定。被鉴定为 1～4 级的，应当退出劳动岗位，解除劳动关系，并办理退休、退职手续，享受退休、退职待遇。

2012 年 1 月 4 日张清与北京某商贸公司签订了为期 3 年的劳动合同。合同中约定他每个季度必须完成一定数额的销售任务，个人收入主要从销售额中提成。然而尽管张清努力工作，但半年以来，他的销售业绩却不佳，远没有完成公司的销售任务。于是销售经理提醒他，如果下半年仍完不成任务，他就将面临被解聘的可能。为了保住工作，张清更加努力，但半年下来任务还是差了很多，于是销售经理口头通知他，鉴于他一年来无法完成公司的销售任务，公司认为他不能胜任销售工作，因此决定解除与他的劳动合同。无奈之下，他提出可否补偿他一个月的赔偿金，但销售经理说，之所以解除合同，并不是公司愿意的，完全是因为他自己无法胜任这份销售工作造成的，因此无须赔偿他。

公司工会得知此事，找到人力资源部主管，认为根据《劳动法》第二十六条和二十八条的规定，劳动者不能胜任工作，经过培训或者调整工作岗位，仍不能胜任工作的，用人单位可以解除劳动合同，但应当提前 30 日以书面形式通知劳动者本人。用人单位依法解除劳动合同时，应当给予经济补偿。因此，当初没有在试用期内发现张清不能胜任工作，就应该考虑培训和调岗而不是解聘，此外，即便准备依法解约，也应该提前30日书面正式通知。鉴于目前这种情况，法律规定若要解除劳动合同，则要给予经济补偿。

3. 经济性裁员的条件

（1）依照企业破产法规定进行重整的；

（2）生产经营发生严重困难的；

（3）企业转产、重大技术革新或者经营方式调整，经变更劳动合同后，仍需裁减人员的；

（4）其他因劳动合同订立时所依据的客观经济情况发生重大变化，致使劳动合同无法履行的。

有上述情形之一，需要裁减人员二十人以上或者裁减不足二十人但占企业职工总数百分之十以上的，用人单位提前三十日向工会或者全体职工说明情况，听取工会或者职工的意见后，裁减人员方案经向当地劳动行政部门报告，可以裁减人员。裁减人员时，应当优先留用下列人员：（1）与本单位订立较长期限的固定期限劳动合同的；（2）与本单位订立无固定期限劳动合同的；（3）家庭无其他就业人员，有需要抚养的老人或者未成年人的。用人单位裁减人员后，在六个月内重新招用人员的，应当通知被裁减的人员，并在同等条件下优先招用被裁减的人员。

2011年5月6日王林与北京某商贸公司签订了为期两年的劳动合同。到2012年9月30日，公司以生产经营发生了困难为由，提出与他某解除劳动合同。王林不服，认为错不在自己，故公司应该赔偿自己双倍的赔偿金。但公司认为，解除劳动合同是因为公司经营的客观情况，也不能说是公司的错误。因此，赔偿他是应该的，但不应该双倍。于是双方向当地劳动争议仲裁机构提请仲裁。

劳动仲裁机构认为，既然《劳动合同法》第八十七条规定得清清楚楚，用人单位违反规定解除或者终止劳动合同的，应当依照本法规定的经济补偿标准的两倍向劳动者支付赔偿金。因此，由于公司的原因而非劳动者原因解除劳动合同的就应该适用本条法律。法律之所以这样规定，也是希望用人单位在单方解除劳动合同时采取慎重的态度。

（三）劳动者单方解除劳动合同

1. 随时向用人单位提出解除劳动合同

（1）在试用期内，劳动者可以提出解除劳动合同并且无须说明理由或者承担赔偿责任。

（2）未按照劳动合同约定提供劳动保护或者劳动条件的；

（3）未及时足额支付劳动报酬的；

（4）未依法为劳动者缴纳社会保险费的；

（5）用人单位的规章制度违反法律、法规的规定，损害劳动者权益的；

（6）因《劳动合同法》第二十六条第一款规定的情形致使劳动合同无效的；

（7）法律、行政法规规定劳动者可以解除劳动合同的其他情形。

用人单位以暴力、威胁或者非法限制人身自由等手段强迫劳动者劳动的，或者用人单位违章指挥、强令冒险作业危及劳动者人身安全的，劳动者可以立即解除劳动合同，不需事先告知用人单位。

2. 提前30天通知用人单位解除劳动合同

劳动者以辞职形式解除劳动合同必须提前30天通知。劳动者如果违反劳动合同的约定解除劳动合同，对用人单位造成损失的，应赔偿用人单位的下列损失：

（1）用人单位招收录用所支付的费用；

（2）用人单位支付的培训费用；

（3）对生产经营和工作造成的直接经济损失；

（4）劳动合同约定的其他赔偿费用。

此外，第三方招用未与原用人单位解除劳动合同的劳动者对原用人单位造成损失的，除该劳动者承担直接赔偿责任外，第三方承担连带赔偿责任。

李晓2012年清华大学毕业后应聘到北京某研究机构，签订了为期3年的劳动合同，其中约定试用期3个月。该研究机构为了防止员工离职而造成培养成本损失，在合同中约定了新员工违约的赔偿内容。双方约定若职工提前辞职，每提前1年，需支付违约金1万元；赔付各种教育培训费；赔偿给单位的生产经营造成的经济损失。3个月试用期满后，李晓觉得这家研究机构不是自己理想的工作场所，而想换一家具有更大发展前途的研究机构，于是经过前思后想，还是向单位提出了辞职请求。单位也理解她的辞职原因，但要求她按照合同约定支付3个月，即800元违约金，以及1万元上岗培训费，赔偿给单位带来的经济损失1万元。李晓认为单位的要求不合理，她认为尽管合同上规定了各项违约赔偿，但自己试用期刚结束，不应支付800元赔偿金，而且简单的上岗培训相当于熟悉工作，并没有使自己的业务能力获得实质性的提高，1万元培训费要得过多。自己连正式开展工作都没开始，仅仅是熟悉了工作，怎么能给单位造成损失呢，因此，拒绝赔偿公司的赔偿要求。为此，理智的李晓还专门为此向当地的劳动争议仲裁机构进行了咨询。

劳动仲裁机构认为：如果在试用期内，则她的辞职无须支付任何违约赔偿；若在试用期外，则需要按照合同的约定执行。像她这种刚刚过试用期，也就无从谈起实际工作时间了，即便按合同赔偿违约金，也应该是很少的，而不应按1年以内赔1万来执行。至于培训费和给单位带来的实际损失，口说无凭，需要单位提供确凿的证据。

（四）不得解除劳动合同的条件

（1）从事接触职业病危害作业的劳动者未进行离岗前职业健康检查，或者疑似职业病病人在诊断或者医学观察期间的；

（2）在本单位患职业病或因工负伤并被确认丧失或者部分丧失劳动能力的；

（3）患病或者非因工负伤，在规定的医疗期内的；

（4）女职工在孕期、产期、哺乳期的；

（5）在本单位连续工作满十五年，且距法定退休年龄不足五年的；

（6）法律、行政法规规定的其他情形。

劳动者有上述情形之一的，用人单位不得提前30日以书面形式通知劳动者或者额外支付劳动者一个月工资而解除劳动合同（图3-6）。

图3-6 合同法保护妇女合法权益

一辈子敬业爱厂的王师傅终于退休了，但他老骥伏枥，人老心不老，还愿意将自己的手艺奉献给厂里的年轻人。于是2011年厂里在他退休时，继续与他签订了3年的聘用合同。可到了2013年，因厂里业务转型，减员增效的需要，车间领导找到王师傅提出厂里想与他解除合同的想法。此举令王师傅十分想不通，感到厂里卸磨杀驴。更认为解除合同违反了《劳动合同法》，他愤怒地提出要厂里给予双倍工资的经济补偿金。对老师傅的心情，厂里深表理解，于是请工会主席亲自来做他的思想工作。

工会主席先从解释退休起即意味着劳动关系的自然结束，退休后再签订的聘用合同已经不属于劳动合同了，而是属于劳务合同，虽然两者仅差一个字，但所适用的法律则完全不同。劳动合同适用于《劳动法》和《劳动合同法》，但劳务合同则适用于《民法通则》《经济合同法》等，于是他又将厂里目前遇到的问题、困境和转型的目标详细讲解，希望老师傅在厂里改革发展的关键时期能够理解和支持厂里的决策。王师傅这才明白过来，原来厂里不是卸磨杀驴，反而十分珍惜老师傅的情感，重视老同志的作用，于是高高兴兴地表示，不仅不要赔偿金，今后厂里有事，愿意无偿奉献。

六、经济补偿金核算

依法律规定，有下列情形之一的，用人单位应当向劳动者支付经济补偿：

（1）用人单位存在违法的情形导致劳动者依照《劳动合同法》第三十八条规定解除劳动合同的。

（2）用人单位向劳动者提出解除劳动合同并与劳动者协商一致解除劳动合同的。

（3）用人单位基于劳动者患病或非因工负伤或者不能胜任工作或者发生情势变更提出解除合同的情形（参见《劳动合同法》第四十条）。

（4）用人单位经济性裁员的（参见《劳动合同法》第四十一条第一款）。

（5）除用人单位维持或者提高劳动合同约定条件续订劳动合同，劳动者不同意续订的情形外，固定期限劳动合同期满终止不能续订的（参见《劳动合同法》第四十四条第一款）。

（6）用人单位被依法宣告破产或者被吊销营业执照、责令关闭、撤销或者用人单位决定提前解散导致劳动合同终止的（参见《劳动合同法》第四十四条第四项、第五款规定）。

（7）法律、行政法规规定的其他情形。例如，“以完成一定工作任务为期限的劳动合同因任务完成而终止的”，以及“劳务派遣单位或者被派遣劳动者依法解除、终止劳动合同的”经济补偿等。

至于具体支付经济补偿金的核算标准，按劳动者在本单位工作的年限，以每满一年支付一个月工资的标准向劳动者支付。6个月以上不满一年的，按一年计算；不满六个月的，向劳动者支付半个月工资的经济补偿。

劳动者月工资高于用人单位所在直辖市、设区的市级人民政府公布的本地区上年度职工月平均工资三倍的，向其支付经济补偿的标准按职工月平均工资三倍的数额支付，向其支付经济补偿的年限最高不超过12年。

所称月工资是指劳动者在劳动合同解除或者终止前12个月的平均工资。月工资按照劳动者应得工资计算，包括计时工资或者计件工资以及奖金、津贴和补贴等货币性收入。

劳动者在劳动合同解除或者终止前12个月的平均工资低于当地最低工资标准的，按照当地最低工资标准计算。劳动者工作不满12个月的，按照实际工作的月数计算平均工资。

王超于2010年3月进入北京某信息咨询服务公司担任网络运营主管，劳动合同期限自2012年3月起至2013年2月止。2012年五一节长假上班后，他与同事发生了矛盾冲突，工作也被迫停止。5月25日，公司决定以违反纪律为由辞退他。5月26日，人力资源部主管向他递交了书面辞退通知，通知书上明确要求他当日作好交接工作，次日起不必上班了。考虑到工作交接和他重新找工作需要时间，公司决定工资可支付到6月底。王超在收到通知书后就离开公司未再上班。6月10日，公司给他的工资卡内汇入了5月份工资，7月8日汇入6月份工资，给他的社会保险费缴纳至5月。但公司直至8月15日才到当地职业介绍所办理了退工手续，次日通过电话通知，王超可以到公司领取退工单了。

2012年9月8日，王超申请劳动仲裁，要求与公司恢复劳动合同。公司在答辩时称，2012年5月26日公司已向他送达了书面辞退通知，为什么到如今才申请劳动仲裁，该诉求已超过《劳动法》规定的60天仲裁时效，因此属于无效申诉。而王超认为双方劳动关系终结应以退工单为准，故应从8月16日起算，故今天的仲裁申请没有失效。劳动仲裁机构认为：由于公司没有在书面辞退通知书中明确写明劳动关系终结日期，因此从公司一直到6月底还支付了6月份的工资来看，双方劳动关系应认定为延续到6月底。这样，王超应该在8月底前申请仲裁，因此支持公司的主张。但是，由于公司自身原因导致了晚出据退工单，影响了王超重新找工作、转移社会保险等切身利益受到影响。虽然此事已与终止劳动关系无关，但公司应给予其合理的经济补偿。

"退工单"和"劳动手册"：

1. 退工单

也称"终止或解除劳动合同证明书"，是证明失业身份的重要资料。一般一式四联，第一联由受理退工登记备案手续的职介机构留存；第二联为退档凭证存入劳动者个人档案；第三联交被退工的劳动者本人；第四联由用人单位留存。退工单上记载了辞职的时间，须与缴纳失业保险的时间一致。原劳动部《关于实行劳动合同制度若干问题的通知》规定：在劳动者履行了有关义务终止、解除劳动合同时，用人单位应当出具终止、解除劳动合同证明书，作为该劳动者按规定享受失业保险待遇和失业登记、求职登记的凭证。证明书应写明劳动合同期限、终止或解除的日期、所担任的工作。如果劳动者要求，用人单位可在证明中客观地说明解除劳动合同的原因。

2. 劳动手册

由劳动和社会保障行政部门统一印制，经区、县级劳动局盖印后，通过劳动就业的服务机构发放。用于记录劳动者就业、流动、失业、培训以及领取失业保险金等情况。是失业人员申领失业保险金、求职登记和应聘就职的重要证件。

第四节　集体协商与集体合同

一、什么是集体协商

集体协商又名为"集体谈判"，是指劳动者通过自己的组织或代表与相应的雇主、雇主组织或者其代表为签订集体合同进行商谈的行为。集体协商制度是市场经济环境中劳动力市场主体双方依据国家有关法律规定自主调整劳动关系的一项基本制度，是市场经济国家的通行做法。

我国的集体协商实践可以追溯到计划经济向市场经济转轨初期。如20世纪90年代初，江苏省各级工会就开始普遍推进“双保合同”或“共保合同”。即由企业党组织牵头协调并进行鉴证，企业工会与企业行政进行集体协商，双方就职工保企业生产经营目标的实现和企业保职工利益的落实签订“共保合同”或“双保合同”。到1994年底，江苏全省签订这两类合同的企业数已达1万多家。

1993年，我国颁布《工会法》，规定了工会组织在集体协商方面的权利。1995年，我国颁布实施了《劳动法》，并配套出台了《集体合同规定》，其中第七条明确规定：集体协商是指企业工会或职工代表与相应的企业代表，为签订集体合同进行商谈的行为。

2004年重新修订实施的《集体合同规定》第三条规定：本规定所称集体合同，是指用人单位与本单位职工根据法律、法规、规章的规定，就劳动报酬、工作时间、休息休假、劳动安全卫生、职业培训、保险福利等事项，通过集体协商签订的书面协议；所称专项集体合同，是指用人单位与本单位职工根据法律、法规、规章的规定，就集体协商的某项内容签订的专项书面协议。

第四条规定：用人单位与本单位职工签订集体合同或专项集体合同，以及确定相关事宜，应当采取集体协商的方式。集体协商主要采取协商会议的形式（图3-7）。

集体合同规定：

2004年1月20日由原劳动和社会保障部颁布了新修订的《集体合同规定》，自2004年5月1日起施行。主要内容包括：总则，集体协商的内容、代表、程序，集体合同的订立、变更、解除、终止、审查，集体协商争议的协调处理等，共五十七条。

图 3-7　集体协商

二、集体合同

（一）什么是集体合同

集体合同是集体协商双方代表根据劳动法律法规的规定，就劳动报酬、工作时间、休息休假、劳动安全卫生、保险福利等事项，在平等协商一致的基础上签订的书面协议。根据《劳动法》的规定，集体合同由工会代表员工与企业签订，没有成立工会组织的，由员工代表与企业签订。

集体合同根据协商、签约代表所代表的范围不同，分为基层集体合同、行业集体合同、地区集体合同等。我国集体合同体制以基层集体合同为主导体制，即集体合同由基层工会组织与企业签订，只对签订单位具有法律效力。

（二）正确认识集体合同

集体合同除具有一般协议所具有的主体平等性、意思表示一致性、合法性和法律约束性以外，还具有自身的特点，主要是：

1. 集体合同是规定劳动关系的协议

集体合同反映的是以劳动条件为实质内容的关系，整体性地规定劳动者与企业之间的劳动权利与义务，现实劳动关系的存在是集体合同存在的基础。

2. 工会或劳动者代表员工一方与企业签订

集体合同的当事人一方是企业，另一方当事人不能是劳动者个人或劳动者中的其他团体或组织，而只能是工会组织代表劳动者，没有建立工会组织的，则由劳动者按照一定程序推举的代表为其代表。

3. 集体合同是定期的书面合同，其生效需经特定程序

根据《劳动法》的有关规定，集体合同文本须提交政府劳动行政部门审核，经审核通过的集体合同才具有法律效力。

2014年春，山西吕梁的刘家兴等20人跟随同乡的一名包工头李向来京打工，他们未直接与位于北京市通州区的某建筑公司签订劳动合同，而是由李向一人代签了一份集体合同。工作了三个月后刘家兴发现，工作非常辛苦，而公司所发的工资却远低于包工头李向在代签的合同中所约定的数额。于是出于义愤他将所发现的秘密告诉了工友。大家在与包工头李向交涉未果的情况下，集体向劳动仲裁委员会申诉。

劳动仲裁机构认为：包工头李向不具备代表工人签署集体合同的资格，因此所签署的所谓集体合同属于无效合同。因双方对工资未进行有效的约定，故公司所支付工资的标准应参照当地相同或相近岗位劳动者的劳动报酬平均水平执行。

（三）平等协商与集体合同制度

平等协商是劳动关系双方就企业生产经营与员工利益的事务平等商讨、沟通，以实现双方的相互理解和合作，并在可能条件下达成一定协议的活动。平等协商作为企业员工参与管理的形式与作为订立集体合同程序的集体协商是两种不同的制度。主要区别有以下几方面：

1. 主体不同

平等协商的员工代表经员工选举产生；集体协商的工会代表由工会选派，只有在没有成立工会组织的企业才由员工推举产生。

2. 目的不同

平等协商的目的在于实现双方的沟通，并不以达成一定的协议为目的；而集体协商则在于订立集体合同，规定企业的一般劳动条件。

3. 程序不同

平等协商的程序、时间、形式比较自由，可以议而不决；而集体协商有严格的法律程序。

4. 内容不同

平等协商的内容广泛，可以是企业生产经营的所有事项或当事人愿意协商的事项；而集体协商的内容一般为法律规定的事项。

5. 法律效力不同

平等协商表现为知情、质询与咨询，协商结果由当事人自觉履行；集体协商表现为劳动关系双方对劳动条件的决定或决策过程，达成的集体合同受国家法律保护。

6. 法律依据不同

平等协商属于员工民主管理制度中员工民主参与管理的形式；而集体协商的法律依据是《劳动法》中的集体合同制度。但是，平等协商与集体协商仍有密切的联系，主要表现为平等协商往往成为订立集体合同而进行集体协商的准备阶段。

（四）集体合同的作用

集体合同在维护劳动者利益和协调劳动关系的运行中具有极其重要的作用，主要表现在下述方面：

1. 订立集体合同有利于协调劳动关系

通过集体合同的协商、签订，可以将经营者与劳动者在劳动关系中的不同利益追求以集体合同的形式统一起来，在劳动主体与用工主体之间建立相互依存、相互合作的关系，为建立利益协调型的劳动关系提供法律保障。

2. 加强企业的民主管理

集体合同约定的各项条款是经过民主协商制定的，签订和履行集体合同，体现了劳动者参加民主管理的原则，因此集体合同是企业管理民主化的重要形式。

3. 维护员工合法权益

由工会代表劳动者与企业订立集体合同，可以改善单个劳动者在劳动关系中的地位，有效防止企业侵犯劳动者的合法权益。此外，劳动关系各方面内容都由劳动合同具体规定，必然增加协商、确定劳动合同的成本。集体合同对劳动关系的主要方面和一般条件做出规定后，劳动合同只需就单个劳动者的特殊情况做出约定即可，从而可以提高建立劳动关系的效率。

4. 弥补劳动法律法规的不足

劳动法律规范对劳动关系调整的规定与实际运行的劳动关系总是存在一定的差距，无论劳动立法规定的劳动标准多么具体，它都难以覆盖现实生活中劳动关系的各个方面，集体合同可以具体规范劳动关系，对劳动立法的某些不完备之处起补充作用，并且可以强化劳动法的操作性。同时，劳动立法关于劳动条件标准的规定属于最低标准，对劳动者权益的保障只是法律所要求的最低水平，而这并不是劳动立法所要达到的根本目的。通过集体合同约定，密切结合企业经营的实际状况，从而可以提高劳动者权益的保障水平。

2013 年 3 月 5 日，北京市某公司与工会经协商签订了集体合同，合同规定职工的月工资不低于 1 000 元。2013 年 3 月 8 日，公司将该集体合同文本送当地劳动行政部门审查，但劳动行政部门一直未予答复。2013 年 3 月 19 日，公司又招聘赵强为销售经理，双方签订了为期 2 年的劳动合同，月工资 5 000 元。几个月后，因赵强业绩不佳，公司对他失去信心。2013 年 8 月，公司降低了赵强的工资，只发给他 800 元工资。赵强对此十分不满，经过多次协商未果，2013 年 10 月，他向当地劳动争议仲裁机构申诉，要求按照集体合同条款补发应得工资并解除与公司的劳动合同。

劳动争议仲裁机构认为：根据《劳动合同法》第五十四条规定，集体合同签订后应当报送劳动行政部门；劳动行政部门自收到集体合同文本之日起十五日内未提出异议的，集体合同即行生效，依法订立的集体合同对用人单位和劳动者具有约束力。因此，可以认定为公司与工会签订的集体合同有效，从而支持赵强的要求。

三、集体合同的内容

我国《劳动法》在劳动合同一章对集体合同的内容做了不完全的列举性规定，2004 年重新修订实施的《集体合同规定》，则将集体合同应具备的条款列举规定了 15 项。由于企业的情况包括内部条件、外部环境、企业生产经营运行的状况等管理水平千差万别，我国劳动法对集体合同的内容没有具体要求，劳动行政管理部门也没有推荐集体合同的标准文本。通常情况下，集体合同一般包括以下内容：

（一）劳动条件标准

劳动条件标准包括劳动报酬、工作时间和休息休假、保险福利、劳动安全卫生等项条款。上述条款应当作为劳动合同内容的基础，指导劳动合同的协商与订立，也可以直接作为劳动合同的内容。劳动条件标准条款在集体合同内容的构成中处于核心地位，在集体合同的有效期间具有法律效力。上述标准不得低于法律法规规定的最低标准。

（二）一般性规定

规定集体合同履行的有关规则。包括员工录用规则、劳动合同的变更、续订规则、辞职辞退规则，集体合同的有效期限，集体合同条款的解释、变更、解除和终止等。

（三）过渡性规定

集体合同的监督、检查、争议处理、违约责任等。

（四）其他规定

此项条款通常作为劳动条件标准的补充条款，规定在集体合同的有效期间应当达到的具体目标和实现目标的主要措施。此类规定一般作为签约方的义务而存在，在集体合同的有效期内，随着设定目标的实现而终止。

例如，规定建成某项劳动安全卫生保护工程或设施，建设、改善或完成某些福利设施等。至于集体合同可否规定企业生产经营目标，如成本、盈利、产量等目标，目前在我国集体合同的实践中存在不同意见。一种意见坚持认为在集体合同的内容中，企业生产经营目标应作为组成部分。规定生产经营目标，有利于促进工会和劳动者与企业共保生产经营目标的实现，有利于强化劳动者的责任心，服从管理、遵守劳动纪律，有利于劳动关系当事人协调利益关系，建立利益共同体。另一种意见则持反对态度，理由是：第一，规定生产经营目标，超越了劳动者的义务范围。劳动者的义务是履行劳动合同，遵守劳动纪律，完成岗位职责，提高技能等；工会的义务是教育劳动者忠实履行劳动合同等。生产经营目标虽然与劳动直接相关，但主要取决于生产经营决策、管理指挥、市场条件等因素。生产经营决策及管理权由所有者和经营者行使，利益和风险也由其享有和承担。实现生产经营目标的责任应由所有者和经营者承担，而不应是劳动者和工会的义务，否则与权利义务对等的原则相悖。第二，生产经营目标的实现程度具有不确定性，而集体合同规定的劳动条件标准则是确定的。如生产经营目标作为劳动者和工会的义务存在，生产经营目标未实现或未能完全实现，也就意味着劳动者的利益目标可以不实现或不完全实现，这显然不利于劳动者权益的保障。

四、集体合同的形式与期限

根据《集体合同规定》的规定，集体合同为法定要式合同，应当以书面形式订立，口头形式的集体合同不具有法律效力。

集体合同的形式可以分为主件和附件。主件是综合性集体合同，内容涵盖劳动关系的各个方面。附件是专项集体合同，是就劳动关系某一特定方面的事项签订的专项协议。现阶段，我国法定集体合同的附件主要是工资协议——专门就工资事项签订的集体合同。我国《工资集体协商试行办法》规定，企业依法开展工资集体协商，签订工资协议。已订立集体合同的，工资协议作为集体合同的附件，并与集体合同具有同等效力。

集体合同均为定期集体合同，我国劳动立法规定集体合同的期限为1—3年。企业订立集体合同可以在1—3年中确定适合本企业的集体合同期限。期限过短，不利于劳动关系的稳定，而且加大集体协商的成本；期限过长，不利于适应变化的实际情况，不利于劳动权益的保障。在集体合同的期限内，双方可以根据集体合同的履行情况对集体合同进行修订。

2013年3月1日，北京市昌平区某纺织公司的工会代表全体职工与公司签订了集体合同。合同规定：职工工作时间为每日8小时，每周40小时，周六、周日为公休日。如果在周六、周日安排职工加班，便在加班后的一周内安排补休；在上午和下午连续工作4个小时期间内安排工间操各一次，每次时间为20分钟，此20分钟计入工作时间之内；职工的工资报酬不低于每月3 000元，加班加点的工资及其他实物性福利不包括在内；工资于每月5日前支付；合同的有效期为自2013年3月1日起至2016年3月1日止，双方对于集体合同都要严格遵守，任何一方也不能违反，否则要赔偿对方所造成的损失。

此合同于2013年3月15日被劳动行政部门确认。2013年8月1日，公司从人才市场上招聘了一批女工，去充实新建立的一个纺织分厂。2013年8月3

日公司与这批女工签订了劳动合同。其内容包括：本合同有效期为 1 年，自 2013 年 8 月 5 日至 2014 年 8 月 5 日；工人工作时间为每周 40 小时，每天 8 个小时，上下午各 4 个小时；没有工间休息时间；工作实行每月 3 500 元的工资制度。

双方签字盖章后合同生效。当 2013 年 8 月 1 日所招聘的这批新工人到分厂上班时，发现车间细尘很多，连续工作 4 小时头昏脑涨，于是推选代表向厂里提出休息一会儿，换换空气。得到的答复是上班时间不休息是劳动合同中已经规定了的，集体合同中规定职工报酬是每月 3 000 元，你们的报酬是每月 3 500 元，就是因为取消了 20 分钟的中间休息时间。于是工人们提出希望依照集体合同条款执行的要求，由于协商未果，于是工人们推举出代表向当地劳动争议仲裁机构咨询。

劳动争议仲裁机构认为：这批工人是在集体合同生效后进入公司的，因此公司的集体合同同样适用于她们。至于公司所强调的工会与公司签订集体合同时，还没有设立分厂，因此集体合同只对公司总厂职工有效的说法不成立。只要属于企业的职工，不管其是在集体合同签订时还是签订后进入企业的，均应适用合同的约定。还需要强调的是，由于集体合同对劳动合同的效力体现在劳动条件和劳动报酬等标准不得低于集体合同的规定，但对劳动合同中高于集体合同规定的劳动条件、报酬等标准并不限制。因此，公司与后一批工人所约定的劳动报酬尽管高于集体合同的规定，但仍是有效的。

五、订立集体合同的程序和原则

（一）订立集体合同的程序

1. 集体合同的主体

劳动者一方的签约人，法律赋予基层工会委员会以集体合同签约人的资格，没有建立工会组织的企业，由企业员工民主推荐，并须得到半数员工同意的代表为集体合同签约人。用人单位一方的签约人，法定为用人单位行政机关，即法定代表人。具备法人资格，跨省市的大型企业或集团公司的法定代表人可以委托下一级企业或子公司的负责人签订集体合同。

2. 集体合同的协商

集体合同的协商是签约代表为签订集体合同进行商谈的法律行为。其主要步骤为：

（1）协商准备。双方签约人为集体协商进行各项准备工作，包括确定协商代表，拟订协商方案，预约协商内容、日期、地点。我国法律规定：集体合同协商代表双方人数对等，各方为3~10名，并各确定1名首席代表；企业代表由法定代表人担任或指派；工会首席代表由工会主席担任或书面委托其他工会代表担任。代表一经确认，必须履行义务，因故不能履行职责的，应另行指派或推举；集体协商的地点、时间由双方共同商定；记录员在协商代表之外指派。双方代表组成集体合同草案起草小组，共同拟订集体合同草案。

（2）讨论。工会组织全体员工讨论集体合同草案并进行修订。

（3）审议。经修订的集体合同草案提交员工代表大会或员工会议审议通过。

（4）签字。双方首席代表在经过审议通过的集体合同文本上签字。

3. 政府劳动行政部门审核

由企业一方将签字的集体合同文本一式三份及说明材料，在集体合同签订后的7日内报送县级以上人民政府劳动行政部门审查。说明材料应包括企业的营业执照、工会的社团法人证明材料、双方代表的身份证（均为复印件）、委托授权书、员工代表的劳动合同书、相关审议会议通过的集体合同的决议、集体合同条款的必要说明等。

4. 审核期限和生效

劳动行政部门在收到集体合同后的15日内将审核意见书送达；集体合同的生效日期以《审核意见书》确认的日期为生效日期。如劳动行政部门在收到集体合同的15日内未提出异议的，自第16日起集体合同自行生效。如集体合同经劳动行政部门审核认定存在无效条款或部分无效条款的，签约双方应在15日内对其进行修改，并在15日内重新报送审核。

（二）集体合同的公布

经审核确认生效的集体合同或自行生效的集体合同，签约双方及时以适当的方式向各自代表的成员公布。

上述集体合同订立程序是我国企业订立集体合同的主要模式。但也存在谈判型集体合同订立程序。此种程序与前述程序的区别是：① 谈判型程序不需要成立集体合同草案起草小组，双方代表经过谈判，达成一致意见后形成集体合同草案，非谈判型程序则是先拟订集体合同草案再协商修改；② 谈判型程序在集体合同达成一致后，不需通过员工代表大会或员工大会讨论通过，而是直接由双方代表签字，谈判型则需员工代表大会或员工大会讨论通过。

2013 年 5 月，位于北京市西城区的某服务公司刚刚成立，由于公司员工 200 多名，于是想签订一份集体合同。因尚未来得及组建工会组织，员工们就推选出 5 名代表，考虑到劳动法经验不足，大家又邀请当地商会的李主任作为首席代表组成劳动者代表团。6 月 1 日，公司派出副总经理、人力资源部经理和顾问律师作为企业代表，与 5 位员工代表就工资标准、工资支付办法、工时制度等内容进行协商。双方经过认真的讨论，就协商内容基本达成一致。于是李主任作为职工方的首席代表与副总经理作为企业方的首席代表共同在集体合同草案上签了字。随后，集体合同草案向全体员工做了公布，但令人意想不到的是一些员工对合同协商内容及李主任的代表资格表示不满，甚至发生了争议。

于是大家困惑了，作为首席代表的商会李主任则更加困惑，难道自己辛辛苦苦地帮助工人，还落下埋怨了！带着不解他们请教了当地的劳动仲裁机构。

劳动争议仲裁委员会的专家解释说：根据《集体合同规定》集体协商双方的代表人数应当对等，且每方至少 3 人，各需确定 1 名首席代表。职工一方的协商代表由本单位工会选派，未建立工会的，由本单位职工民主推荐，并经本单位半数以上职工同意。首席代表不得由非本单位人员代理。因此，员工代表 6 人与公司代表 3 人人数就不对等，且商会李主任不属于本单位职工，也不能担任首席代表。此外，集体合同草案或专项集体合同草案在提交职工代表大会或全体职工讨论时，应当有三分之二以上职工出席，且须经半数以上同意方获通过。这些是法定的程序，必须严格遵守集体合同才能生效。

第五节　劳动争议处理

一、为什么会发生劳动争议

（一）什么是劳动争议

劳动争议也称劳动纠纷，是指劳动关系双方当事人之间因劳动权利和劳动义务的认定与实现所发生的纠纷。劳动争议实质上是劳动关系当事人之间利益矛盾、利益冲突的表现。劳动争议与其他社会关系纠纷相比，具有下述特征：

1. 劳动争议当事人是特定的

劳动争议当事人就是劳动关系的当事人，即一方为企业，另一方为劳动者或其团体，并且只有存在劳动关系的企业和劳动者或其团体才有可能成为劳动争议当事人，而其他纠纷的当事人不具有这个特点。

2. 劳动争议的内容是特定的

劳动争议的标的是劳动权利和劳动义务。劳动权利和劳动义务依据劳动法律法规、劳动合同、集体合同等确定。因此，劳动争议在一定意义上说是因实施劳动法而产生的争议，如就业、工资、工时、劳动条件、保险福利、培训、奖惩等各个方面，内容相当广泛。凡是以劳动权利义务之外的权利义务为标的的争议都不属于劳动争议。

3. 劳动争议有特定的表现形式

一般的社会关系纠纷表现为争议主体之间的利益冲突，其影响范围通常局限在争议主体之间，而重大的集体劳动争议、团体劳动争议除可表现为一般劳动关系纠纷的形式，有时还会以消极怠工、罢工、示威、请愿等形式出现，涉及面广，影响范围大，甚至超越事发地区，有的甚至造成国际性影响（图 3-8）。

王辉是北京某公司的销售人员，2012 年他通过朋友认识了本市一家私营企业的刘老板，彼此在生意上谈得很投缘，于是双方商定签订了一份合作生产销售协议书。双方在协议中约定，由企业负责产品开发设计、制造，由王辉负责以该企业的名义予以销售，企业以出厂价卖给王辉，王辉可以在市场上自己定

图 3-8　不容忽视劳动争议

价进行销售，卖价越高，他得到的利益也越多。

王辉销售产品价格与出厂价的差价扣除增值税即是他的收入，多出的金额全部归王辉所有。双方合作销售产品一年多来很愉快，王辉的收益也很好。但是，2014 年 2 月双方在合作过程中发生了矛盾，相互之间产生了不信任，于是到 3 月份企业向王辉发出通知停止向其供货。于是，王辉向劳动仲裁委员会申请劳动仲裁，要求确认与企业具有劳动关系，并且要求企业为其缴纳合作期间的社会保险费等。劳动仲裁委员会经过审理予以受理。

在劳动仲裁委员会审理过程中王辉辩称，自己为企业工作，为企业销售产品，企业每月发给自己工资，双方之间存在劳动关系，企业应该按照国家规定为他缴纳合作期间的社会保险费。所以，要求仲裁委员会确认企业与自己具有劳动关系，并为其缴纳社会保险费。

但企业在答辩时则认为，公司与王辉之间签订的是合作生产销售协议，纯粹是经济合作关系，并不存在劳动合同的关系，他既不受企业领导，也不受企业规章制度的约束，他不需要每天按时来上班，完全自由，再说企业每月也不发其工资，产品定价完全由他自己来定，不受企业的制约，王辉销售产品的价格与出厂价的差价扣除增值税即是他的收入，多卖出的金额全部归他所有。所以双方之间是经济合作关系，不存在劳动关系，企业没有必要为其缴纳社会保险费。

劳动仲裁委员会经过开庭审理后认为，王辉与企业签订的属于经济合作协议。因为王辉既不受企业的领导和管理，也不受企业规章制度的约束；同时，企业每月亦不发其工资，双方当事人之间是经济合作关系，不存在劳动关系。劳动仲裁委员会依法作出裁决，对王辉要求确认与企业具有劳动关系并缴纳社会保险费的仲裁请求不予支持。

（二）劳动争议的种类

按照不同的标准，可将劳动争议做如下分类：

1. 按照劳动争议主体划分

（1）个别争议。员工一方当事人人数为 2 人或以下，有共同争议理由的。

（2）集体争议。员工一方当事人人数为 3 人或以上，有共同争议理由的。

（3）团体争议。工会与用人单位因签订或履行集体合同发生的争议。

2. 按照劳动争议的性质划分

（1）权利争议，又称既定权利争议。劳动关系当事人基于劳动法律、法规的规定，或集体合同、劳动合同约定的权利与义务所发生的争议。在当事人权利义务既定的情况下，只要当事人双方都按照法律或合同的规定或约定行使权利、履行义务，一般不会发生争议。如当事人不按照规定行为，侵犯另一方既定权利，或者当事人对如何行使权利义务理解上存在分歧，争议就会发生。

（2）利益争议。当事人因主张有待确定的权利义务所发生的争议。在劳动关系当事人的权利义务尚未确定的情况下，双方对权利义务有不同的主张，即当事人的利益未来如何分配而发生的争议。显然，只有在存在劳动关系的情况下，才会发生此类争议。它通常表现为签订、变更集体合同所发生的争议。

3. 按照劳动争议的标的划分

（1）劳动合同争议。解除、终止劳动合同发生的争议。因对开除、除名、辞退、辞职等适用条件的不同理解与实施而发生的争议。

（2）关于劳动安全卫生、工作时间、休息休假、保险福利而发生的争议。

（3）关于劳动报酬、培训、奖惩等因适用条件的不同理解与实施而发生的争议等。

2013年4月15日，位于北京市通州区的某外资企业因部分车间需要进行设施大修调试，决定安排相关的50名工人休假。公司同意为每名职工每月发3 000元工资。可是，直到2014年12月底，答应的工资却一直未见发放。于是，50名员工推举了3名代表向企业交涉。企业代表表示既然承诺答应的事情，一定会兑现，不过目前公司遇到一定的困难，因此，暂时拖欠大家的工资，请大家理解和谅解。工人代表表示，本来停工休假期间，工资就已经降低了不少，若再拖欠，怎么度日啊！双方就及时支付工资事宜一时谈不拢，只好不欢而散。于是工人们提请当地劳动仲裁机构进行裁决。

劳动仲裁委员会意识到这是一起明显的集体劳动争议案，立即组织人力物力，快速调查审理，很快就弄清情况，发现问题出现在企业身上。于是深入细致地做企业的工作，陈明利害，使企业认识到一旦进入劳动仲裁程序或法院诉讼，企业肯定败诉。从而终于促成双方的和解，使50名职工的工资及时补发，还补缴了养老、医疗、失业保险等费用。

（三）劳动争议产生的原因

1. 劳动关系的内容是否合法

劳动争议的内容只能以劳动权利义务为标的，权利义务的基础在于劳动法律、集体合同、劳动合同、企业内部劳动管理规则的规定或约定，劳动关系主体的行为是否遵循法律规范和合同规范是劳动争议产生的直接原因。劳动权利义务的内容涉及就业、工资、工时、劳动保护、保险福利、培训、民主管理、奖励惩罚等各个方面，内容十分复杂，任何一种不规范的行为都有可能产生争议。

2012年3月1日，王兴入职北京某集团公司，担任项目策划人员。双方签订了为期两年的劳动合同，试用期3个月。2013年4月3日，王兴提出想自己创业而申请辞职。单位领导表示理解，同意了他的辞职申请，单位与他结算了工资并开出了辞工单。2014年6月，有感于个人创业的艰难，王兴提出仍然想回原单位工作。考虑到他一贯积极向上，努力工作，单位领导就同意他回来工作。于是王兴再次回公司上班。在双方重新签订劳动合同时，王兴发现其工作和工资都没有发生变化，只是该劳动合同还约定有3个月的试用期。为什么已经对我了解了却还要试用？带着不解，他咨询了人力资源部主管。人力资源部领导的答复是，《劳动合同法》虽然规定了同一劳动者与同一用人单位只能约定一次试用期，但它是指在同一次劳动关系中。而这次是因为你已经离职了，与上一次的劳动关系无关了，故可以重新来。尽管听起来似乎有理，但王兴却总觉得哪里不对劲儿。他自言自语说，哪天我要去劳动仲裁机构好好咨询一下！

2. 劳动关系过程中的利益冲突

市场经济物质利益原则的作用，使得劳动关系当事人之间既有共同的利益和合作的基础，又有利益的差别和冲突。劳动争议的实质是劳动关系主体的利益差别而导致的利益冲突。只要是市场经济体制，只要劳动关系当事人有相对独立的物质利益，劳动争议的产生就具有必然性。

2012年3月初李小明应聘到北京某家民营塑料制品公司上班，一年过去了，可公司一直也没提出要与他签订劳动合同。2014年11月，由于公司业务原因，向他提出希望协商解除劳动合同。公司答应签署完解除协议后，补偿他三个月的工资。他认为公司有情有义，办事还算公平，就同意了。离职后，他将自己的近况告诉了朋友们。没想到一位有经验的朋友告诉他，企业没与他签订劳动合同，依照《劳动合同法》是要赔偿他两倍的工资的。李小明找来《劳动合同法》一看，上面第八十二条果然清清楚楚地写着：用人单位自用工之日起超过一个月不满一年未与劳动者订立书面劳动合同的，应当向劳动者每月支付二倍的工资。李小明一气之下立即向原公司索赔。可原公司认为双方的劳动关系已经通过劳动解除协议解除了，双方不再发生任何关系。李小明咽不下这口气，于是便向当地劳动争议仲裁机构提请申诉。他认为：当时在签订劳动解除协议时，自己根本不知道还有未签劳动合同赔双倍工资的说法，而公司是知道的，因此这里存在着公司对自己的欺诈。

劳动争议仲裁委员会认为：尽管公司没有尽到对李小明告知的义务，但这不是必须的义务。如果没有双方签订的劳动解除协议，则该条劳动法永远有效，但既然双方后来签定了劳动解除协议，就可认定是双方的意愿，则应该按照协议执行。

（四）劳动争议处理的原则

劳动争议处理的原则是劳动争议处理机构在处理劳动争议时必须遵循的基本准则，贯穿于劳动争议处理的全过程，即劳动争议的调解程序、仲裁程序都要遵循。但是在不同的劳动争议处理程序中，每道程序都有反映该程序特点的具体原则。具体原则的落实，保障了总体原则在劳动争议处理全过程中的实现。劳动争议处理原则的内容包括下述各项：

1. 着重调解及时处理的原则

劳动争议的调解贯穿于劳动争议处理的各道程序，企业劳动争议处理工作程序的全过程都属于调解，其他处理程序也都必须坚持先行调解，调解不成时才能进行裁决或判决。及时处理强调各道处理程序的时间限制，受理、调解、仲裁、判决、结案都应在法律法规规定的时限内完成，及时保护当事人的合法权益，防止矛盾激化。

2. 在查清事实的基础上依法处理的原则

此项原则就是合法原则，劳动争议处理机构处理劳动争议的所有活动和决定都要以事实为根据，以法律为准绳。

3. 当事人在适用法律上一律平等的原则

此项原则就是公正原则，劳动争议处理机构在处理劳动争议时必须保证争议双方当事人处于平等的法律地位，具有平等的权利义务，不得偏袒任何一方。

张小宁于2012年9月到北京某报社广告部从事制作、核版工作，并签订了2年固定期限劳动合同。2013年4月1日，报社与一家体育用品公司签订了10万元的广告宣传合同，为其在报刊上刊登半版的产品广告。张小宁在校对核版时，发现广告的版面尺寸与客户的要求不符，于是在清样上注明了问题，要求设计人员给予修改。没想到，由于工作环节上的疏漏，直至报刊开始印刷前，她仍然没有发现广告版面的尺寸仍未修改过来。可想而知，广告刊出后，体育用品公司提出抗议，要求报社赔偿，报社不得不退回广告费并赔礼道歉。4月15日，报社经调查，决定以张小宁不能胜任工作为由，与她解除劳动合同，且不支付经济补偿金。张小宁不服，认为自己已经尽到责任，指出了设计人员的工作错误，最终的失误责任应在于设计人员，虽然自己事后没有进一步追问修改的结果，但报社并没有明确的工作评价标准，认定此事就该由自己负责明显不公。因此也不能认定自己就不胜任工作，于是她向劳动争议仲裁委员会提出了仲裁申请。

劳动仲裁委员会认为：张小宁在此次责任事故中，确实指出了广告设计人员的错误，虽然事后未能进行追问，但报社未能提供确凿的张小宁不胜任工作的证据，因此不支持张小宁不胜任工作的理由，解除劳动关系的主张无效。

（五）劳动争议处理的途径

根据2008年5月1日施行的《中华人民共和国劳动争议调解仲裁法》的有关规定，发生劳动争议时，争议双方应协商解决；不愿协商或协商不成或者达成和解协议后不履行的，当事人可以向调解组织申请调解；调解不成或不愿调解或达成调解协议后不履行的，当事人可以申请劳动争议仲裁机构仲裁；当事人一方或双方不服仲裁裁决的，除法律另有规定外，可以向人民法院提起诉讼，由人民法院依法审理并做出最终判决。

《中华人民共和国劳动争议调解仲裁法》：

由全国人民代表大会常务委员会于2007年12月29日通过，自2008年5月1日起施行。主要内容包括：总则、调解、仲裁、一般规定、申请和受理、开庭和裁决，以及附则等内容。共五十四条。

二、企业调解委员会的作用

在企业内部，设立劳动争议调解委员会，通过查明事实、分清责任，说服教育、劝导协商等方法，促使劳动争议当事人在互谅互让的基础上达成调解协议，从而化解争议（图 3-9）。

图 3-9　企业调解委员会

（一）调解的特点

1. 群众性

企业劳动争议调解委员会是企业内依法成立的处理劳动争议的群众性组织，体现在人员组成和工作原则上，调解活动强调群众的直接参与。

2. 自治性

调解是企业内的劳动者对本单位运行的劳动关系进行自我管理、自我调节、自我化解矛盾的有效形式。

3. 非强制性

调解程序完全体现自愿的特点：申请调解自愿，不能强制。调解协议的履行依赖于当事人的自愿及舆论的约束。

调解委员会调解、劳动争议仲裁、人民法院审判的区别：

1. 在劳动争议处理中的地位不同

发生劳动争议，可以申请调解，也可以不经调解而直接向劳动争议仲裁委员会提出仲裁申请或直接向人民法院提起诉讼，但后两者中只能选择其一，不能既申请仲裁又向法院起诉。

2. 主持调解的主体不同

调解委员会由本企业职工代表、工会代表和企业代表组成；仲裁庭由仲裁委员会指派仲裁员、劳动行政部门代表、同级工会代表和用人单位代表组成；人民法院则按《民事诉讼法》，由审判员组成合议庭。

3. 调解的效力不同

达成的调解协议书，不具有强制执行的法律效力，只能依靠双方当事人的自觉履行；由劳动争议仲裁委员会仲裁的调解书或经法院判决的判决书具有法律效力。

（二）调解委员会的构成和职责

1. 调解委员会的组成

职工代表：由职工代表大会或职工大会推举产生；

用人单位代表：由用人单位法定代表人指定；

工会代表：由用人单位工会委员会指定。

调解委员会无论是哪一方代表，都应当由具有一定的劳动法律知识、政策水平和实际工作能力，为人正派、办事公道、联系群众的人员担任。委员人数由职工代表大会提出并要与企业法定代表人协商确定。但用人单位代表的人数不得超过委员总数的三分之一。没有成立工会组织的企业，委员会的设立和组成由员工代表和用人单位代表协商确定。委员会主任由工会代表担任。

2. 调解委员会的职责

（1）按照法律规定的原则和程序处理本单位的劳动争议，回访、检查当事人执行调解协议的落实情况，督促当事人履行调解协议。

（2）开展劳动法律法规、企业内部劳动管理规则的宣传教育工作，预防劳动争议的发生。

（3）建立必要的工作制度，进行调解登记、档案管理和分析统计工作。

（三）调解委员会调解劳动争议的原则

1. 自愿原则

（1）申请调解自愿。只有劳动争议双方当事人都同意调解，调解委员会才能受理，有一方不同意则不得受理。

（2）调解过程自愿。调解人员在调解过程中不能采取任何强制或命令的手段，强迫当事人接受调解意见，而应在通过协商、说服教育，分清是非的基础上达成一致。调解协议的所有内容必须是当事人真实一致的意思表示，不得勉强。

（3）履行协议自愿。调解协议达成后，当事人自愿履行，一方或双方不履行或反悔的，则为调解不成，调解委员会不得强迫当事人履行。

2. 尊重当事人申请仲裁和诉讼权利的原则

企业劳动争议调解委员会对劳动争议的调解并不是劳动争议仲裁或诉讼的必要条件，在调解委员会调解劳动争议的任何阶段，劳动争议双方当事人都有依法提请仲裁的权利。此项原则具体包括以下含义：

（1）劳动争议发生后，解决劳动争议的方式由当事人自由选择调解或仲裁，调解委员会不得阻止；

（2）调解过程中，当事人都可提出申请仲裁的请求，调解委员会不得干涉；

（3）劳动争议经调解委员会调解达成协议，当事人反悔，不愿履行该协议的，仍享有提请仲裁的权利，对此，调解委员会不得阻拦和干预。

（四）调解委员会调解的程序

通过调解形式处理劳动争议应按以下程序进行：

《企业劳动争议协商调解规定》：

人力资源和社会保障部颁布，自 2012 年 1 月 1 日起施行。主要内容包括：总则、协商、调节，共三十七条。

1. 申请和受理

劳动争议发生后，当事人双方都可以自知道或应当知道其权利被侵害之日起 30 日内，以口头或书面的形式向调解委员会提出申请，并填写《劳动争议调解申请书》。调解委员会在征询对方当事人的意见后，进行审查并做出受理或不予受理的决定。

2. 调查和调解

调解委员会主任或调解员主持调解会议，在查明事实、分清是非的基础上，依照法律、法规及依法制定的企业规章制度和劳动合同，公正调解。在调查和调解时应做相应的笔录。

3. 制作调解协议书或调解意见书

调解达成协议，制作调解协议书或调解意见书，写明争议双方当事人的姓名（单位、法定代表人）、职务、争议事项、调解结果及其他应说明的事项，由当事人、调解委员会主任签名或盖章，加盖调解委员会印章。调解委员会对调解不成的，即双方达不成协议、调解期限届满而不能结案的或调解协议送达后当事人反悔的三种情况，则制作调解意见书。调解协议书与调解意见书不同，调解意见书是调解委员会单方的意思表示，仅是一种建议性的文书，对争议双方没有约束力；而调解协议书是劳动争议当事人双方的意思表示，一经当事人签字，就应自觉履行，具有一定的约束力。

调解委员会调解劳动争议的期限为30日，即调解委员会应当自当事人申请调解之日起30日内结束，到期未结束的，视为调解不成。

2014年春节前，北京市大兴区某塑料制品公司员工张小强向领导提出请假回山西老家过年。公司经理担心他节后不回来上班了，就提出预扣他3 000元的工资。他当时就急了，本来就攒不下几个钱，回家过年已经捉襟见肘了，还要扣！他急得要向有关部门投诉。工友们得知，劝他忍了吧，投诉指不定要多久才能有结果，搞僵了，老板再不准假或开除了，多不值得。再说，还不是因为领导重视才不愿意你离开！张小强感到左右为难，恰在这时，厂工会获悉此事，主动帮助他做工作，通过劳动仲裁调解委员协调了双方的意愿。张小强与厂里签订继续回来工作的劳动协议书，厂里也不扣他的工资了，于是问题得到了圆满的解决。

2014年春节刚过完，王晓亮就因为工作失误被公司辞退。他一怒之下，向当地劳动行政部门投诉，要求补发春节期间的加班费。但因为他无法提供春节加班的有效证据，当地劳动争议仲裁委员会无法受理他的申诉，对此他十分不满意，四处张贴不满言词，声称没有公道了。厂工会获悉后，立即找到他，向他言明，此事没有那么复杂，完全可以通过厂劳动争议调解委员会来协商。工会就劳动争议调解委员的组成、作用、工作方式向他进行了详细介绍，使王晓亮的误会全消。他如释重负地说："早知道可以这样解决矛盾，何必那么激烈！"

三、劳动争议仲裁

（一）什么是劳动争议仲裁

劳动争议仲裁是劳动争议仲裁机构根据劳动争议当事人一方或双方的申请，依法就劳动争议的事实和当事人应承担的责任做出判断和裁决的活动（图 3-10）。其特征为：

图 3-10 劳动争议仲裁

1. 仲裁主体具有特定性

劳动争议的主体只能是用人单位与劳动者。其余一切社会角色都不属于劳动争议的范畴。

2. 仲裁对象具有特定性

劳动仲裁的对象只能是劳动条件，诸如工资、工时、生活待遇等，劳动合同的履行情况，如录用与调动、劳动保险、劳动保护、劳动纪律、奖惩等与劳动关系和过程有关的争议。

3. 仲裁施行具有强制性

《劳动争议调解仲裁法》第五十一条规定：当事人对发生法律效力的调解

书、裁决书，应当依照规定的期限履行。一方当事人逾期不履行的，另一方当事人可以依照民事诉讼法的有关规定向人民法院申请执行，受理申请的人民法院应当依法执行。

只要劳动争议当事人一方提出仲裁申请即能引起劳动争议仲裁程序的开始，并且施行仲裁前置、裁审衔接制。

（二）劳动争议仲裁组织机构

劳动争议仲裁委员会是国家授权、依法独立处理劳动争议案件的专门机构，是劳动行政范畴内的一种特殊的执法机构。

劳动争议仲裁委员会由劳动行政部门代表、同级工会代表、用人单位方面的代表构成。

劳动行政主管部门的劳动争议处理机构是劳动争议仲裁委员会的办事机构。

（三）劳动争议仲裁的原则

1. 一次裁决原则

劳动争议仲裁实行一个裁级一次裁决制度。一次裁决即为终局裁决，当事人不服仲裁裁决，只能向法院提起诉讼，不能向上一级仲裁委员会申请复议或要求重新处理。

2. 合议原则

多人集体劳动争议、集体合同争议、具有重大影响争议的应由三名仲裁员组成合议庭仲裁。仲裁庭裁决劳动争议，实行少数服从多数原则，以保证仲裁裁决的公正性。

3. 强制原则

此劳动争议当事人申请仲裁不需要双方当事人达成一致，只要一方当事人申请，仲裁委员会即可受理；仲裁庭对劳动争议调解不成时，可直接行使裁决权，无须当事人同意；对发生法律效力的仲裁裁定，一方当事人不履行，另一方当事人可申请人民法院强制执行。

4. 回避原则

仲裁委员会委员、仲裁人员及其相关工作人员与劳动争议有利害关系、与当事人有亲属关系以及其他关系时，可能影响公正裁决的人员应当回避。

5. 区分举证责任原则

由劳动关系的特点所决定，反映平等主体关系间的争议事项，遵循“谁主张谁举证”的原则；反映隶属关系的争议事项，实行“谁决定谁举证”的原则。

方磊是安徽歙县一名具有祖传手艺的木工，2011 年春他来到北京某民营家具厂打工。当时厂里只口头与他约定月工资和年底奖金，并没有与他签订劳动合同。2012 年，厂里购置了一台高速电锯，也没经过培训，仅凭使用说明书就让工人开始操作。方磊在一次操作机器时不慎被锯掉了左手两根手指。他住院后，厂里曾一次性支付了 3 万元医药费，此后就不再管他了。方磊这双具有祖传手艺的巧手就此残废，以后全家的生活怎么办？于是他向当地劳动争议仲裁委员会请求仲裁。

援助方磊的律师认为，他的案子明显属于工伤，但由于未与家具厂签订劳动合同，需要首先确认劳动关系。仲裁开庭时，厂里辩称与方磊之间是劳务关系，不是劳动关系。幸亏方磊手里还保留有工厂上次给他开的工资结算单。就是这张差点儿让他给扔了的单据，以及医院的住院病历和工友的证明帮了大忙。这些证据可以证明他与家具厂间存在劳动关系。有了这个前提，下面的工伤认定和赔偿标准等一系列问题才能水到渠成地予以解决。

（四）劳动争议仲裁程序

1. 申请和受理

劳动争议发生后，当事人申请仲裁，应依法向仲裁委员会提交仲裁申诉书，经审查符合受理条件的案件，填写《立案审批表》报仲裁委员会负责人审批，审批应在 7 日内做出决定。决定立案的，应在决定立案的 7 日内向申诉人发出书面通知，将申诉副本送达被诉人，并要求在 15 日内提交答辩书和证据。决定不予立案的，应在 7 日内制作不予受理通知书，说明不予立案的理由，送达申诉人。

仲裁申诉书：

申诉书中应当载明员工当事人的姓名、职业、住址和工作单位；用人单位的名称、地址，法定代表人的姓名、职务；仲裁请求及事实和理由；证据，证人甲姓名、住址。

2. 案件仲裁准备

组成仲裁庭或指定仲裁员，审阅案件材料，进行必要的调查取证，庭审前进行调解。

3. 开庭审理和裁决

按照下列步骤进行：送达开庭通知，开庭审理，申诉人和被诉人答辩，当庭再行调解，休庭合议并做出裁决，复庭并宣布仲裁裁决。

4. 仲裁文书的送达

仲裁文书的送达方式有直接送达、留置送达、委托送达、邮寄送达、公告送达。

2012 年 4 月，刘艳婷应聘到北京某化妆品制作公司任营销主管，月工资6 000元，入职后却一直未与公司签订书面的劳动合同。对此她一方面向人力资源部提出签订合同的申请，一方面勤勤恳恳、任劳任怨地努力工作，不久业绩就十分突出。2013 年五一节刚过完，她的主管领导突然向她宣布因公司裁员的需要将她辞退了。没等刘艳婷问明具体原因，主管领导就催促她尽快填写离职单，然后就叫人来与她交接工作，过后就没有人再理她了。这时刘艳婷才发觉自己已经不再是公司的人了，自己真的被无缘无故地开除了。不能就这么完了，她开始向公司追讨解除劳动关系的经济补偿金，但公司没有人来接待她。于是她又向当地的劳动争议仲裁委员会提起申诉。

在仲裁庭上，公司矢口否认曾辞退过她，于是她出示了公司主管领导签字的离职单，而公司认为只有书面的解除劳动关系通知书才能算辞退行为，因此不同意支付经济补偿金，理由是她未办理完离职手续。仲裁庭经认真调查，综合分析了公司主管领导审批的离职单、交接工作的证人等证据，认为尽管公司未向劳动者发放书面解除劳动关系通知书，但可以认定公司辞退劳动者的事实成立。经耐心调解，最终促使双方达成协议。

（五）劳动争议仲裁结果的生效

1. 执行生效

除法律另有规定的外，仲裁裁决为终局裁决，裁决书自作出之日起发生法律效力。因执行国家的劳动标准在工作时间、休息休假、社会保险等方面发生的争议。

追索劳动报酬、工伤医疗费、经济补偿或者赔偿金，不超过当地每月最低工资标准12个月金额的争议。

2. 不服和上诉

劳动者对上述仲裁裁决不服的，可以自收到仲裁裁决书之日起15日内向人民法院提起诉讼。

用人单位有证据证明上述仲裁裁决有下列情形之一的，可以自收到仲裁裁决书之日起30日内向劳动争议仲裁委员会所在地的中级人民法院申请撤销裁决：

（1）适用法律、法规确有错误的；

（2）劳动争议仲裁委员会无管辖权的；

（3）违反法定程序的；

（4）裁决所根据的证据是伪造的；

（5）对方当事人隐瞒了足以影响公正裁决的证据的；

（6）仲裁员在仲裁该案时有索贿受贿、徇私舞弊、枉法裁决行为的。

人民法院经组成合议庭审查核实裁决有前款规定情形之一的，应当裁定撤销。仲裁裁决被人民法院裁定撤销的，当事人可以自收到裁定书之日起15日内就该劳动争议事项向人民法院提起诉讼。

当事人对《劳动争议调解仲裁法》第四十七条规定以外的其他劳动争议案件的仲裁裁决不服的，可以自收到仲裁裁决书之日起15日内向人民法院提起诉讼；期满不起诉的，裁决书发生法律效力。

当事人对发生法律效力的调解书、裁决书，应当依照规定的期限履行。一方当事人逾期不履行的，另一方当事人可以依照民事诉讼法的有关规定向人民法院申请执行。受理申请的人民法院应当依法执行。

无需经劳动仲裁，可直接诉讼的情况：

1. 劳动者以用人单位的工资欠条为证据直接向人民法院起诉，诉讼请求不涉及劳动关系其他争议的，视为拖欠劳动报酬争议，按照普通民事纠纷受理。

2. 劳动者依据《劳动合同法》第八十五条规定，向人民法院提起诉讼，要求用人单位加付赔偿金的。

3. 劳动者以用人单位未为其办理社会保险手续，且社会保险经办机构不能补办导致其无法享受社会保险待遇为由，要求用人单位赔偿损失而发生争议的。

4. 劳动人事争议仲裁委员会逾期未作出受理决定或者仲裁裁决，当事人直接向法院提起诉讼的。

5. 劳动者依据《劳动争议调解仲裁法》第十六条规定申请支付令被法院裁定终结督促程序后，劳动者依据调解协议直接向人民法院提起诉讼的。

6. 因企业自主进行改制引发的争议。

7. 法院受理其他劳动争议案件后，当事人增加诉讼请求的，如该诉讼请求与讼争的劳动争议具有不可分性，应当合并审理，对增加的诉讼请求，属于直接起诉。

3. 仲裁和上诉的时效期

根据《劳动争议调解仲裁法》，劳动争议的申诉时效为一年，即提出仲裁要求的一方应在劳动争议发生之日起一年内向劳动争议仲裁机构提出申请，超过一年，仲裁委员会可以不予受理。

此“一年”的时效，因当事人一方向对方当事人主张权利，或者向有关部门请求权利救济，或者对方当事人同意履行义务而中断。从中断时起，仲裁时效期间重新计算。因不可抗力或者有其他正当理由，当事人不能在“一年”的仲裁时效期间申请仲裁的，仲裁时效中止。从中止时效的原因消除之日起，仲裁时效期间继续计算。劳动关系存续期间因拖欠劳动报酬发生争议的，劳动者申请仲裁不受规定的“一年”仲裁时效期间的限制；但是，劳动关系终止的，应当自劳动关系终止之日起一年内提出。

劳动争议的仲裁时效为 45 日，即仲裁庭裁决劳动争议案件，应当自劳动争议仲裁委员会受理仲裁申请之日起 45 日内结束。案情复杂需要延期的，经劳动争议仲裁委员会主任批准，可以延期并书面通知当事人，但是延长期限不得超过 15 日。逾期未作出仲裁裁决的，当事人可以就该劳动争议事项向人民法院提起诉讼。

仲裁庭裁决劳动争议案件时，其中一部分事实已经清楚，可以就该部分先行裁决。

王爱兵是山东临沂人，2013 年他经职业介绍所介绍到北京某物业管理有限公司做某新建小区的保安。3 月 15 日他持职业介绍所的介绍信到公司面试上岗，双方未签订书面劳动合同。2014 年 10 月 30 日他突然接到公司通知下月不用再来上班了，于是就被莫名其妙地解雇了。为此，他向当地的劳动争议仲裁委员会申请仲裁，要求维持原劳动关系，或支付解除劳动关系的补偿金。

劳动争议仲裁裁决该物业公司为他补办招、退工手续，支付解除劳动关系经济补偿金。物业公司不服，认为双方仅仅是劳务关系而非劳动关系，因此不必支付赔偿工资，于是上诉到当地人民法院。

法院在审理过程中，发现该物业公司为证明与王爱兵不是劳动关系，提供了下列证据：① 该公司与某服务社签订的公益性劳动项目合作协议书；② 某服务社于 2013 年 3 月 14 日出具的证明，证明内容为王爱兵是该服务社派遣至该物业管理有限公司处从事保安工作的，由某服务社负责发放工资、缴纳社会保险费；③ 2013 年 5 月至 10 月某服务社发放给王爱兵工资的签收单，该工资单为打印件，上方注明“某服务社劳务费”；④ 2014 年由某服务社通过银行发放王爱兵工资的部分划款记录。

王爱兵则表示自己对某服务社一点儿都不清楚，自己与该服务社无关，对工资签收单无异议，但当初在签收时并无“某服务社”的名称。法院经审理后认为：根据庭审中调查、质证，王爱兵与某服务社建立劳动关系，并由某服务社等非正规就业组织为他缴纳社会保险费。鉴于他曾在印有“某服务社劳务费”字样的工资单上签领工资，据此可推断他对其与某服务社的劳动关系是明知的，故王爱兵所述其不知晓某服务社、与该社无任何关系的辩称，难以采信。由此可断定该物业公司与王爱兵之间无劳动关系，他要求物业公司恢复劳动关系和支付解除劳动关系经济补偿金的诉求，不予支持。王爱兵不服法院判决，继续上诉至市中级人民法院，中级法院经审理后驳回其上诉，维持原判。

四、劳动争议诉讼

（一）劳动争议案件的诉讼管辖

劳动争议的诉讼解决，是劳动争议解决的最终程序。根据法律规定，劳动争议当事人一方或双方不服仲裁裁决的，除法律另有规定外，可以向人民法院提起诉讼，由人民法院依法审理并做出最终判决。在通常情况下，对劳动争议的仲裁是处理劳动争议的必经程序，同时也是劳动争议诉讼的前置程序，未经仲裁的劳动争议案件，法院一般不予受理。但是，在某些特定情况下，法院也会受理某些没有经过劳动争议仲裁的案件。

劳动争议案件由用人单位所在地或者劳动合同履行地的基层人民法院管辖。劳动合同履行地不明确的，由用人单位所在地的基层人民法院管辖。当事人双方就同一仲裁裁决分别向有管辖权的人民法院起诉的，后受理的人民法院应当将案件移送给先受理的人民法院。

赵芳 2012 年入职北京市西城区某市场咨询公司，工资也一直由该公司发放，但该公司的工商登记地址却在北京市海淀区。2014 年 3 月，公司与她解除了劳动合同，因在经济补偿金上产生争议，她一怒之下将公司告到法院。但当她到西城区人民法院申请立案时，立案人员却告诉她应该到海淀区人民法院立案。等她到海淀区法院申请立案时，又被告知应该回西城区人民法院立案。她困惑了，究竟该由谁来立案呢？带着不解，她走进了律师事务所，打算请专业人士帮她解决难题。

律师分析说：该案既可由西城区法院管辖，也可由海淀区法院管辖，她完全可根据自己的方便和有利于自己的原则进行选择。依据《最高人民法院关于审理劳动争议案件适用法律若干问题的解释》规定：劳动争议案件由用人单位所在地或者劳动合同履行地的基层人民法院管辖。这里的用人单位所在地是指用人单位的实际经营地而非注册地；劳动合同履行地是指劳动者实际工作的地点。根据上述规定，因赵芳所在公司的工商登记所在地在海淀区，而工资关系所在地和劳动合同履行地却在西城区，所以，她可自由选择诉讼法院。

（二）劳动争议案件的诉讼参加人

劳动者和用人单位均不服劳动争议仲裁委员会的同一裁决，向同一人民法院起诉的，人民法院应当并案审理，双方当事人互为原告和被告。在诉讼过程中，一方当事人撤诉的，人民法院应当根据另一方当事人的诉讼请求继续审理。

用人单位与其他单位合并的，合并前发生的劳动争议，由合并后的单位为当事人；用人单位分立为若干单位的，其分立前发生的劳动争议，由分立后的实际用人单位为当事人。用人单位分立为若干单位后，对承受劳动权利义务的单位不明确的，分立后的单位均为当事人。

用人单位招用尚未解除劳动合同的劳动者，原用人单位与劳动者发生的劳动争议，可以列新的用人单位为第三人。原用人单位以新的用人单位侵权为由向人民法院起诉的，可以列劳动者为第三人。原用人单位以新的用人单位和劳动者共同侵权为由向人民法院起诉的，新的用人单位和劳动者列为共同被告。

劳动者在用人单位与其他平等主体之间的承包经营期间，与发包方和承包方双方或者一方发生劳动争议，依法向人民法院起诉的，应当将承包方和发包方作为当事人。

劳动者与起有字号的个体工商户产生的劳动争议诉讼，人民法院应当以营业执照上登记的字号为当事人，但应同时注明该字号业主的自然情况。

劳动者因履行劳动力派遣合同产生劳动争议而起诉的，以派遣单位为被告；争议内容涉及接受单位的，以派遣单位和接受单位为共同被告。

劳动者与未办理营业执照、营业执照被吊销或者营业期限届满仍继续经营的用人单位发生争议的，应当将用人单位或者其出资人列为当事人。

未办理营业执照、营业执照被吊销或者营业期限届满仍继续经营的用人单位，以挂靠等方式借用他人营业执照经营的，应当将用人单位和营业执照出借方列为当事人。

当事人不服劳动争议仲裁委员会作出的仲裁裁决，依法向人民法院提起诉讼，人民法院审查认为仲裁裁决遗漏了必须共同参加仲裁的当事人的，应当依法追加遗漏的当事人为诉讼当事人。被追加的当事人应当承担责任的，人民法院应当一并处理。

张庆于2008年8月5日入职北京市朝阳区某小区担任保安，入职时他与仁和劳动服务公司签定了为期两年的劳动合同，合同自2008年8月1日起至2010年8月1日止。合同到期后，就一直未再续签。两年来，他每月工资3 000元，都是由管理小区的民安物业公司代发的。实际上仁和劳动服务公司与民安物业公司早在2005年就签定了劳务派遣协议，张庆就是服务公司派到物业公司工作的。派遣员工劳动合同生效日期为2005年1月1日，并有张庆的签字，该合同上清楚地写明派遣张庆到民安物业公司工作。

2012年春节过后，张庆自家中回来上班，却被告知不用来上班了。于是3月1日，张庆向北京市朝阳区劳动争议仲裁委员会申诉，要求仁和劳动服务公司支付双倍工资的赔偿金以及节假日加班费。2012年3月15日，北京市朝阳区劳动争议仲裁委员会作出裁决：以非劳动关系为由驳回张庆的仲裁请求。张庆不服，提起诉讼。

北京市朝阳区人民法院经审理认为，根据最高人民法院《关于审理劳动争议案件适用法律若干问题的解释（三）》第六条规定：人民法院审查认为仲裁裁决遗漏了必须共同参加仲裁的当事人的，应当依法追加遗漏的人为诉讼当事人。因此，民安物业公司作为劳务派遣关系中的用工单位，应依法追加其为被告参加诉讼。由此对张庆经仁和劳动服务公司派遣至民安物业公司工作，由民安物业公司代发工资的主张予以调查。对仲裁结果，法院认为张庆要求仁和劳动服务公司支付双倍工资赔偿金及节假日加班费的主张，有来源于他在实际用人单位民安物业公司中的实际工作状态，由于张庆对在民安物业公司的工作状况举证不足，故法院对其主张不予支持，驳回其诉讼请求。

宣判后，张庆不服一审判决，提起上诉。北京市第二中级人民法院经审理认为，张庆与仁和劳动服务公司签定了生效日期为两年的派遣员工劳动合同，张庆虽主张该劳动合同中的派遣用工单位民安物业公司为挂名，但实际上民安物业公司就是劳务派遣公司的用工单位。张庆对自己的主张理应提供相关证据，现因证据不足，驳回上诉，维持原判。

（三）劳动争议案件的审判程序

法院在受理劳动争议案件之后，依照《民事诉讼法》规定的诉讼程序实行两审终审制。由于劳动争议案件的审判程序并无特例故此处不再赘述，详情请参见第六篇程序法制。

第四篇 权利法治

公民的权利是现代国家的核心价值，而法治是公民权利的基本保障。建设社会主义法治国家，全面建设法治社会，最核心的就是保障公民的基本权利。而公民的基本权利可分为物权、债权和人身权利。因此，宣传、唤起、培养公民的维权意识和法治意识，是发展社会主义民主政治与建设社会主义法治国家的重要途径。

法治应该包含两重意义：已成立的法律获得普遍的服从，而大家所服从的法律又应该本身是制定得良好的法律。”

——亚里士多德

第一节 物权与法

物权法是调整财产关系的基本法，是民商法的重要组成部分。它通过确定财产的归属和利用，来鼓励公民创造财富。对于繁荣国家、富裕人民具有十分重要的作用。

一、物权的认识与物权的意识

（一）什么是物权

1. 物权法中的“物”与“物权”

日常生活中，你是不是有时会遇到这样的尴尬，逢人便问“这个东西是谁的?”，否则你真不敢轻易处理眼前的无主物，尽管它十分妨碍你。那么，恭喜你，这说明你具有强烈的物权意识（图 4-1）。生活中我们也常发现，有时要想确定一个有争议的物品究竟归属谁还真不是件容易的事情。然而在法律上，对“物”的限定更加严密。

图 4-1　侵占他人物品违法

物权法上的“物”主要指具有一定经济价值的有体财产，即具有一定物理形态的财产，包括固体、液体、气体等不同形态，如土地、房屋、汽车、手机等。同时，有两种特殊的财产也属于物的范畴：一是一些没有物理形态的无体财产，如光、电、网络虚拟财产等，可以成为交易对象的；二是某些法律规定的权利，如支票、债券、存款单上的权利等，能够成为质押对象的。

可见，法律上“物”的概念可谓滴水不漏！那么，什么是法律意义上的物权呢？物权法中的物权是指权利主体在法律规定的范围内，直接支配其物并享受其利益，同时排除他人干涉的民事权利。

比如，职工从单位领取了 5 000 元工资，他对这笔钱享有物权，既可以用这笔钱去吃饭、购物、旅行，也可以把这笔钱投资、捐赠。总之，他可以在法律允许的范围内对这笔钱进行直接支配。

我国《物权法》第二条第三款对物权的定义是：本法所称物权，是指权利人依法对特定的物享有直接支配和排他的权利。

2. 如何正确认识物权

要想从物权法的角度正确认识，准确把握物权的内涵，还需要准确把握好物权的几个法律特征：

（1）物权的主体具有绝对性

物权的权利主体是特定的权利人，而其义务主体则是权利人以外的一切非特定人。物权可以对抗权利人以外的一切非特定的人，这句话的意思是说，物权是一种人对物的直接支配、管辖的排他性权利。物权的权利主体总是特定的，物权人以外的其他人的义务就是不要侵害权利人的权利。物权的这种绝对权也称对世权，即义务人为不特定的任何人的权利。

喜欢运动的王辉一次在上班途中偶然发现小区中有人在自家侧墙上安了个篮球筐。于是，下班后他匆匆忙忙回家换上衣服，带着篮球，兴冲冲地前来投篮。可还没玩儿一会儿，就有人来拦阻他，说这个篮筐是自己安的。王辉十分不情愿，争辩说："是你安的不错，可你又没玩儿，我在这儿玩儿又不影响你，凭什么不让玩儿？"可对方说："就是不让，怎么着吧！"王辉只好气冲冲地说："不玩儿就不玩儿！"

（2）物权的客体具有特定性

物权以物为其客体，而且物权的客体必须具有确定性，须为现存、独立和特定之物。物权是权利人对特定物所享有的权利。这句话的意思是物权的物必须有实际的使用价值，而且必须是有物理形态的，如固态、液态或气态等，或相当于有确定形态的效果，如网络虚拟财产、支票、债券、存款单等。没有物理实体的东西，虽然也具有使用价值，如信用、商业秘密、设计方案等，因为不具确定性，因此也不是物权的客体。

刘小明聪明能干，喜欢思考，做起工作来，特别有创意。一次，在与几个要好的同事一起吃饭时，他将自己最近思考的一个绝妙的策划思路与大家分享。大家一致认为这是个很有创意的绝妙设计。两天后，领导在全体例会上表扬了这个创意，但误认为无意间透露给他的小赵是创意人。刘小明十分郁闷，这明明是我的东西，小赵为什么不澄清？像创意、设计、思想这类无形的东西，具有价值，但难以一目了然地看出归属，通常不作为物权。因为它们有其特殊的属性，而是另归一类，即知识产权。

（3）物权的内容以支配权为核心

物权是法律赋予人对物的直接支配之权利。物权人完全可以根据权利人自己的意思而自由享受物上之利益，物权的享有和实现不需要借助他人的意思或行为。物权以支配权为核心，是物权区别于其他财产权的最基本特征。

张同刚刚买了一套商品房，在办理交款、过户等手续的过程中，他常常要向代表开发商的小区物业去借房间的钥匙，以便带负责装修工程的设计师来丈量房屋。对此，他感到非常麻烦。后来，终于一切手续都办好了。开发商将房屋的钥匙移交给他，他终于感到自由了。自己的房子，想进想出，谁也管不了。就是物业要进入也得征求他的同意。

（4）物权具有排他性

首先，物权是支配权，故在同一个物上不能同时存在两个以上内容不相容的物权。其次，物权能够排除他人的侵害、妨碍以及干涉。在物权关系中，一个人享有物权，其他任何人都是这个权利的义务主体，对该物权都负有不可侵犯的义务。侵害物权的任何行为，都在物权的排除之列。

刘小红对老师在课堂上讲的“物权具有排他性”不服，质疑老师：夫妻共有一套房产就不具有排他性。老师解释：这恰恰是说明物权具有排他性。首先该房产属于该夫妻支配，与其他任何人无关。其次，夫妻各占一半，互不侵犯，各自享有排他性。

老师又举了一个极端的例子：有人举报邻居在家里播放国家禁播的录像，于是派出所民警前来调查。民警们从未关严的窗户里的确看到该夫妻在看禁播录像，于是敲开门强行进入房间。在责令其交出录像遭到拒绝后，民警强行从播放机里取出光盘并将电视机、播放机带走。

老师问大家，警察有权这样做吗？回答是一致的：警察没有权利直接拿走电视机和播放机。老师反问到，这不就是物权的排他性吗？

（二）物权的效力

日常生活中，我们很想知道，物权对我们究竟具有什么影响，能起到什么作用，这在物权法中称作“物权的效力”。物权的效力是指物权基于其对物的支配权和排他性而产生的特殊法律效力。

1. 物权的排他性效力

物权的排他效力是指同一物上不得成立两个所有权或成立两个在内容上相互矛盾的物权，即一物不容二主。排他效力主要表现为：

（1）同一标的物上，已有所有权存在的，不能另有其他所有权成立。

（2）同一标的物上，已有以占有为内容的用益物权存在的，不得另有同样性质的用益物权成立。

当然物权的排他效力并不否认在同一物之上并存数个内容并不矛盾的物权，

如所有权可以与其他任何一种他物权在同一物上并存；所有权人也可以在一物之上设定数个担保物权。

王祈旺在北京丰台区开了一家餐馆，一直以来生意都不错。不成想一次工伤事故，致使两名服务员身受重伤。为治疗和赔付两人，致使餐馆出现流动资金紧张，于是老王不得不向某银行借款。双方签订了抵押借款合同，约定借款金额 20 万元，借期 2 年，以餐馆的全部设备为抵押物，银行具有优先获赔权。一段时间后，餐馆再次出现资金紧张，于是老王又向朋友筹借 10 万元，双方也采取抵押借款方式，仍约定以餐馆全部设备为抵押。然而，诸事不顺，还款期将至时，朋友首先催款。老王的确是无力还款，于是将餐馆设备折价变现，先偿还了朋友的 10 万元。这时，银行的还款期也到了，因老王未能按时还款，被银行告上法庭。

法庭调查首先关注于老王是否设立了相互冲突、矛盾的重复抵押。法庭确认了老王与银行和与朋友签订的抵押条款都是双方当事人当时的真实意思表示，故认定有效。法庭再认定抵押权的优先顺序时，发现根据两个协议，应该由银行优先行使抵押权，判定老王承担法律后果。

2. 物权的优先效力

物权的优先效力，是指权利效力的强弱，即同一标的物上有数个利益相互矛盾、相互冲突的权利并存时，具有较强效力的权利排斥或先于具有较弱效力的权利的实现。法律赋予物权以优先效力，有利于维护既存的财产占有关系，以充分发挥物质财富的效用。物权的优先效力主要表现在以下两个方面：

第一，物权优先于债权的效力。在同一标的物上物权与债权并存时，物权的效力有优先于债权，其主要情形有：

（1）物已为债权的标的，如就该物再成立物权时，则物权有优先的效力。如一物数卖，甲与乙约定将某动产出卖给乙，乙则取得了请求甲交付该动产的债权，其后甲又将该动产出卖给丙，并已交付于丙。丙虽为后买受人，但丙已取得了这一动产的所有权，他优先于乙的债权，因而乙只能要求甲承担债务不履行的责任。

（2）当担保物权与债权并存时，担保物权具有优先于债权的效力。如在债权人依破产程序或强制执行程序行使其债权时，债务人财产上成立的留置权、抵押权具有优先的效力。

第二，物权相互间的优先效力。根据物权的排他性原理，一物之上不得设立两个或两个以上的所有权，但在某些情况下，当事人可以在同一物上设立性质并不矛盾的物权。在多个物权并存的情况下，先设定物权优先于后设定的物权。这种优先效力又可分为以下两种形态：

（1）优先享受其权利。如在同一不动产上设定抵押权后，再设定抵押权的，优先效力以抵押权登记的先后确定，登记在先的抵押权优先受清偿。

（2）先成立的物权优先于后成立的物权。后成立的物权若对先成立的物权有影响，后物权将在先物权实现时被排斥或消灭。

也就是说，当一物被赋予多种用途时，一旦发生冲突，则按上述规则行使优先控制权。

某企业想从东升乡的土地上修建一条自己方便职工进出的简易路，双方签订了土地使用协议，约定企业投资修路，对路具有使用、管理、维护权。路修通一年后，某旅游度假公司又找到东升乡希望合作开发垂钓园，其中一个要求就是希望能借用某企业修建的简易路。于是东升乡找到企业协调，确定在不影响企业使用道路的前提下，东升乡可以使用该路。此后，东升乡又陆续与一些合作方签订了土地开发协议，均按此方法，规定了各自对土地使用的优先权。

3. 物权的追及效力

指物权的标的物不管辗转流通到何人手中，所有人都可以依法向物的占有人索取，请求返还原物（图 4-2）。物权的追及效力不以所有权为限，他物权亦有追及效力。当然物权的追及效力并不是绝对的，自从法律上确立善意取得制度后，物权的追及权就受到善意取得适用的限制。

图 4-2　物权的追及效力

通俗讲就是当属于你的东西被非法转移后，无论辗转倒手多少次，最终你都可直接向最终持有者索要。当然，如果转移期间，遇到不知情者采用合法方式获得，则其获得方式受到法律保护。

如甲的汽车被乙盗走，低价卖给知情者丙，丙再低价卖给知情者丁，则甲可直接向丁索要汽车。再如，甲将房屋先抵押给乙后，又卖给了丙，即便丙已经过户，成为该房产的主人，但乙仍有权请求法院拍卖丙的该房产实现抵押权。

老赵有一架尼康专业级照相机，被小钱旅游时借走。不幸的是它被小钱给遗忘在出租车里了。出租车司机拣到该相机后，就把它卖给了一位喜爱摄影的朋友老孙。没想到老孙恰好也是老赵常参加的摄影爱好者俱乐部的成员。一次在俱乐部组织的外出采风时，老赵意外地发现老孙手里使用的相机正是小钱丢失的那部自己的相机，于是当即向老孙索要。老孙并不否认老赵所说的事实，但要求老赵赔偿他购买相机的损失。两人谈不拢，于是对簿公堂。

法庭认为，鉴于老赵出示了能够证明该相机归自己所有的发票、保修单等有效证据，则可以行使对该相机的追及权。但考虑到当初老孙并不知道该相机为非法所得，而是合法购买了此相机，属于善意取得。因此，应追加出租车司机为被告，责令其退还从老孙处获得的非法所得。

4. 物上请求权效力

物权的权利人在其权利的实现上遇有某种妨害时，有权对于造成妨害其权利的人请求除去妨害，称为物上请求权，也称物权请求权。法律为保障物权人对物所享有的充分的支配权，赋予物权人以请求他人返还原物、排除妨害、恢复原状的权利。物权人在其标的物受到损害时，有请求侵害人赔偿损失的权利，这是一种债权请求权。物上请求权的目的在于恢复权利人对物的支配权，而损害赔偿方法的目的在于使权利人所受的损失得到及时补偿，两种方法都可以用来保护物权，但相对于损害赔偿的方法而言，物上请求权的方法更有利于保护物权人的利益（图 4-3）。

老王最近心情很郁闷，原因是楼上的邻居开始装修。似乎邻居想装修得豪华些，这些天白天黑夜地大兴土木。昨天晚上，可能是楼上厨房或厕所的防水层没搞好，老王家两个卧室的天花板都严重渗水，墙体污迹斑驳，惨不忍睹。

图 4-3　物上请求效力

老王当即就找来物业工作人员一起去评理。楼上房主态度到挺好，一直赔礼道歉。可是第二天上午，施工照样进行，而且渗漏依旧。老王气急了，一纸诉状告到法院，要求楼上无条件恢复他的两个卧室。法院基于物上请求权优先原则，为双方耐心调解，最终两家达成协议：楼上停止对老王家的危害并补偿老王所受的经济损失。

"风可进，雨可进，国王不可进"

——英国首相威廉·皮特

在19世纪，弗里德里希（1797—1888年）担任德国皇帝时期，曾在距离柏林不远的波茨坦修建了一座行宫，而行宫的视线却被紧挨着宫殿的一座磨坊挡住了。弗里德里希派人前去与磨坊的主人协商，希望能够买下这座磨坊。不料这个磨坊主脑子一根筋，他认为这座磨坊是从祖上传下来的，不能败在他手里，坚决不卖。久经协商不成，皇帝派人把磨坊拆除了。

而磨坊主一气之下将皇帝诉至法院，最后法院判决德皇败诉，要求皇帝必须“恢复原状”，并赔偿由于拆毁磨坊造成的损失。德皇事后只好原地复建磨坊。这处磨坊至今仍存，成为了波茨坦一大景观，德国人认为这是法治对权力的一个胜利标志，也是德国司法独立的象征，其代表了一个民族对法律的信念，像纪念碑一样屹立在德国的土地上。

（三）物权的类型

按照不同的标准，对物权可以进行以下分类：

1. 自物权与他物权

根据物权的权利主体是否是财产的所有人，可以把物权分为自物权与他物权。自物权是指权利人依法对自己所有的物享有的占有、使用、收益、处分的权利，因此又称完全物权。所有权是唯一的自物权种类，因此自物权就是所有权。他物权是指非所有人根据法律或合同的规定对他人财产享有的物权，也称限制物权。所有权以外的其他物权就是他物权。

2. 动产物权与不动产物权

根据物权标的是动产还是不动产所作的分类。以动产作标的的物权是动产物权，如动产所有权、留置权、动产质权等。标的是不动产的为不动产物权，如不动产所有权、地上权、地役权等。

3. 用益物权与担保物权

根据设立的目的不同，他物权还可进一步分为用益物权与担保物权。用益物权是以物的使用、收益为目的而设立的物权。如我国民法通则规定的全民所有制企业经营权、国有建设用地使用权、采矿权、农村集体土地及其他生产资料的承包经营权等。担保物权是以保证债务的履行、债权的实现为目的而设立的物权。如抵押权、质权、留置权等都是担保物权。

4. 主物权与从物权

根据物权是否从属于其他物权而存在所作的分类。主物权是指本身能单独存在，不需要从属于其他权利的物权，如所有权、使用权等。从物权是指从属于其他权利，并为所从属的权利服务的物权，如抵押权、留置权等。

（四）物权的变动

1. 物权变动的概念及原因

物权的变动是物权关系的发生、变更与消灭的总称。物权变动的原因主要有物权法律行为或物权行为以外的法律事实，如生产、天然孳息、拾得遗失物等出现，或因某些公法行为，如法院强制执行、征收、没收等出现。

（1）物权的发生

物权的发生是指某一主体取得对某物的物权，又称为物权的取得。物权的取得可分为原始取得与继受取得两种。原始取得是指不是基于他人的权利而是基于法律规定直接取得物权，如因生产而取得一物的所有权。继受取得是指基于他人的权利而取得的物权，如因买卖而取得一物的所有权。

（2）物权的变更

广义的物权变更包括物权的主体、客体和内容的变更。狭义的物权变更仅指物权的客体与内容的变更。物权法上的物权变更，一般是指狭义上的物权变更。物权的客体变更是指物权的标的物量上的增减；物权内容的变更为质的变更，是指物权权利内容的扩张或缩减、期限的延长或缩短。

（3）物权的消灭

物权的消灭是指物权与特定主体相分离，又分为绝对消灭与相对消灭。物权的绝对消灭是指不仅原权利人的物权消灭，并且其他人也不能取得该物权。物权的相对消灭是指物权虽与原权利主体分离，但又与新的主体结合。

2. 物权变动的原则

物权变动的原则主要有两个：物权的公示原则和公信原则。

（1）物权的公示原则

指物权的设立或者变动必须依据法律规定公之于世。我国《物权法》规定：不动产物权的设立、变更、转让和消灭，应当依照法律规定登记。动产物权的设立和转让，应当依照法律规定交付。也就是说，只要将不动产进行登记，就完成法律义务，至于他人是否去查问，与物权人无关；对于动产，只要当事人完成交付行为，其他人是否了解，并不影响动产物物权的变动效力。

为什么要建立物权公示制度：

因为物权的绝对性和排他性，使得物权人可以追及标的物而对抗任何人。这对保护财产关系的静态安全无疑十分重要，但影响了财产关系的动态安全，造成交易上的不便。为了求得物权人与善意第三人某种利益上的平衡，兼顾静和动的财产安全，物权公示制度应运而生。

（2）物权的公信原则

指物权一旦进行登记或公示后，就受到法律的保护，即使登记或公示有误，也暂时对其结果信任，直到持有信服的证据而获得重新登记或公示，其结果才能被推翻。

法律之所以要求物权的变动以登记或公示方式公之于众，是基于对交易的鼓励。当事人如果信任登记或公示结果，就可以进行买卖或赠与。即使物权的真实情况不是这样，也不会影响物权变动的法律效力。当然，在进行物权交易时，交易人不必对物权登记或公示的真实性进行调查，但当发现遇到虚假登记或公示时，法律一定会保护交易人的合法利益（图 4-4）。

图 4-4　物权的公信原则

二、物权保护的法律规定

物权的法律保护，包括私法上的保护和公法上的保护。即国家运用各种法定方法保护物权人对财产进行管领和支配的各种权利。保护物权是宪法、刑法、行政法、民法在内的我国各个法律部门的共同任务。其中民法对物权的保护是最直接的。

（一）公法对物权的保护

公法对物权的保护方式，首先是宪法上的所有权保障制度。我国《宪法》规定：社会主义的公共财产神圣不可侵犯。国家保护社会主义的公共财产。禁止任何组织或者个人用任何手段侵占或者破坏国家的和集体的财产。公民的合法的私有财产不受侵犯。国家依照法律规定保护公民的私有财产权和继承权。国家为了公共利益的需要，可以依照法律规定对公民的私有财产实行征收或者征用并给予补偿。

公法对物权的保护，还包括刑法保护和行政法保护。刑法保护是通过刑事诉讼程序，用刑事制裁的方法，惩罚犯罪，保护财产，威慑和教育他人不要侵害所有权及其他物权，从而保护所有权及其他物权。《刑法》第五章中所规定的14种侵犯财产类的犯罪，第六章中妨害社会管理秩序罪中规定了非法占用农用地罪、非法采矿罪等罪名，都是对公共物权和私有物权的保护。

行政法的保护是通过行政诉讼程序，用行政措施的方法，同侵害所有权及其他物权的不法行为作斗争，从而保护所有权及其他物权的。

公法与私法：

公法是指用以调整公权力的法律体系，如宪法、行政法、诉讼法等。狭义的公法仅指调整公权力内部或之间关系的法律。广义的公法还包括调节涉及公权力与私权利之间关系的法律。大陆法系认为，公法调整国家或公共利益，其主体是国家。公法以保护国家公共利益为目的，因此公法侧重强迫与服从。

私法是相对于公法而言的，侧重调整私权力的法律体系，如民法、商法等。相对于公法，私法侧重调整私人利益，侧重调整横向的平等关系，强调保护、平等、自由。

此外，还有一些法律，如环境保护法、金融法、消费者权益保护法、反不正当竞争法等，它们既不属于公法也不属于私法，因此大陆法系将其称为“社会法”。

（二）私法对物权的保护

私法对物权的保护，主要通过《民法通则》和《物权法》来实现。

物权法：

《中华人民共和国物权法》2007年3月16日通过，10月1日起施行。主要内容包括：总则，基本原则，物权的设立、变更、转让和消灭，物权的保护，国家所有权和集体所有权、私人所有权，相邻关系，用益物权，地役权，担保物权，占有，以及附则等内容，共计二百四十七条。

我国《物权法》自2002年起，经过14年酝酿，8次审议，经万余件民意调查，终于问世。

《物权法》对物权的保护方式主要有：

1. 请求确认物权

指当物权归属不明或是否存在争议时，人民法院根据争议双方的请求，在查清事实后依法裁决财产归属的一种保护的方法。它是保护物权的一种独立方法，也是适用其他保护方法的前提（图4-5）。

图4-5　请求确认物权

王超因急需现金，于2012年1月10日将自己的北京现代小客车以8万元的价格转让给李力。在李力付清8万元后，王超将车、行驶证等一并交付。李力于是将车开回家。两天后，李力发现停在楼下的车没了，在询问王超是否开回后，李力提出准备报警。王超说自己没动车，但自己的朋友张伟也有此车的钥匙，会不会张伟有事儿把车开走了？他提供了张伟的电话，于是李力致电张伟询问车的事情。张伟表示车是自己开走的，但开回的是属于自己的车。原来，此车当初是王超和张伟合伙购买的，只不过用王超的姓名登记罢了。王超曾答应将一半卖车款给张伟，但一直未兑现。故张伟一怒之下就将车开走了。由于双方谈不拢，李力一纸诉状将张伟告到法院。

法院鉴于李力购车手续齐全，而张伟手中也有票据能够证明对该车拥有物权，决定追加王超为被告。法院首先确认李力对此车拥有合法物权。再确认张伟对王超拥有债权。经法院调解，三方达成一致意见，王超立即将一半卖车款付给张伟。法院批评教育二人，无论自己的诉求多么合理，也要通过合法途径取得，而不该采取违法的做法。

2. 请求返还原物

指财产所有权人在非法占有人拒不返还财产时，请求人民法院责令非法占有人返还财产的一种物权保护方法（图 4-6）。

图 4-6　请求返还原物

老王在北京延庆县城有两间住房，考虑到老伴去世早，自己年事已高，两个儿子都成家立业，房子也紧张，于是就立下字据，将两间房子分别赠予了两个儿子。老王自己则轮流在两个儿子家生活。由于小儿子在北京城里工作，大儿子女也大了，房子有些紧张，于是小儿子就将自己的房子无偿借给了大儿子，即自己的哥哥。当然，照顾爸爸的责任哥哥尽的义务多些。五年后，老父亲因病去世，弟弟因城里工作不顺利，想回延庆发展，于是向哥哥讨要住房。但此时，哥哥不愿意还了。理由是当初都是自己照顾爸爸，自己房子不够住也是现实，而弟弟在城里还有住房，故完全有条件通过在延庆买房或租房来解决问题。故哥哥认为弟弟对此事应该实事求是，而不该拘泥于当初的分家。万般无奈下，弟弟将哥哥告上法院。

法院认为，基于当年的分家字据，确认弟弟拥有该房屋的物权，支持弟弟返还原住房的请求。至于哥哥提出的照顾父亲的补偿问题，若法庭调解无效，可另行诉讼。

3. 请求排除妨碍、消除危险

当他人的行为非法妨碍物权人行使物权时，物权人可以请求妨碍人排除妨碍，也可请求法院责令妨碍人排除妨碍。消除危险是指由于他人的非法行为足以使财产有遭受毁损灭失的危险时，物权人有权请求人民法院责令消除这种危险，以免造成实际的财产损失。由于请求排除妨碍、消除危险的事实依据是他人行为构成了对物权人行使物权的妨碍，因此这种请求权不仅直接占有物的所有人可以提出，直接占有物的用益物权人也可提出（图 4-7）。

图 4-7　请求消除危险

2014 年 3 月 15 日，位于北京市海淀区某居民小区的两户老邻居对簿公堂。起因是老王住一楼并有一个属于自己的小后院，老刘住其楼上。多年来，两家人一直客客气气，楼上动静大些、偶尔掉下衣物等，都相互宽容、帮助。由于老王将父母从乡下接来养老，故房间显得有些紧张，于是他就将小后院改建成可以居住的封闭房间。这样一来对楼上的老刘就造成了两个影响。一是老王盖小房的原料多为木结构，容易发生火灾。二来，他人通过攀爬，可以轻易从窗户进入二楼的刘家。老王提出为老刘加防盗网、自己在小屋顶加铁丝网等方案，老刘都不同意，商议不成，只得对簿公堂。

法院首先确定老王有无在自己的后院改建小房的权力。众所周知搭建建筑物需要事先获得城市建设规划局的审批，否则就属于违章建筑。由于老王无法出示审批手续，首先可断定该小屋属于非法建筑。既然非法建筑给邻居带来了影响，则理应拆除，以排除给邻居带来的妨碍，消除潜在的危险。

4. 请求恢复原状

恢复原状是指所有人在财产受到非法损坏或改变原状时，请求人民法院责令侵害人予以修复。

老王退休后与老伴一直住在北京市通州区临街的一套一楼的两居室。2013 年老伴去世后，考虑到自己年事已高，好静，而临街却吵闹，就决定搬到城里与女儿女婿过上一段时间。老王于是将房屋出租给了一对来自重庆的年轻夫妻。小两口很会来事儿，对老王尊敬而热情。经过考察，老王放心地与他们签订了 5 年的租房协议，将钥匙留给他们，放心地进城了。一年来，小两口经常给老王来电话问候，房租也月月准时汇到银行账户，老王对他们十分放心。春节后，老王心血来潮，突然想看望看望他俩，于是兴冲冲回来了。可一到家，傻眼了！只见小两口将卧室临街的墙体打掉，改成门脸房，开起烟酒油盐店了。看样子生意还不错，夫妻俩经营得还挺成功。于是老王不高兴了，埋怨没有事先通知。夫妻俩一个劲地道歉，说“不是怕您老人家不高兴吗！”“那，这是我的房子，我有知情权啊！”“是您的房子不假，但不是已经租给我们了吗，我们当然有权处置了！”“可我当时是让你们居住的，要是知道你们开店，我当时就不租给你们了！”“我们知道开店毁房子，我们加房租可以吗？”“不可以，要么居住，要么退租，还要给我恢复原样！”“那可不行，合同没有到期，哪能说退租就退租！再说，我们好不容易专门修的门脸房，拆毁恢复，那要多少钱啊！”

由于双方谈不拢，最后对簿公堂。

法庭认为，法院首先需要确定夫妻俩有无权力改建老王的房产。鉴于租房合同上清楚写明出租房屋用于居住，那么，两夫妻改建它用就是违约侵权。故法庭判决他们立即将房屋恢复原状。

5. 请求赔偿损失

赔偿损失只有在恢复原状和返还原物均不能实现时，才能适用。

王志刚于2012年3月1日因感到自己的宝马小客车有轻微的异响，于是送到4S店进行检修。4S店因为活太忙，就将车留下准备仔细检修。当晚，一年轻修理工出于好奇，想试试驾驶传说中的名车的感觉，于是偷偷将车开上路。由于心慌紧张，将车开进路边侧沟，导致右前角严重损坏。经与王先生交涉，4S店答应免费负责全部维修。但王先生认为，自己的原厂车经损坏后维修，有些性能是难以恢复到原车水平的，因此，4S店应该补偿其车辆质量下降的损失10万元。4S店认为，既然承诺彻底维修，就不应该再予以补偿。双方难以达成共识，于是对簿公堂。

法庭认为，既然王先生认为原厂车经损坏维修，有些性能是难以恢复到原车水平，就负有举证义务。建议等4S店修完车后，王先生自己到第三方检测。两周后，王先生持第三方检测报告来到法庭，与原厂车各项性能相比，可预见的性能和外观差异的确存在。按当地社会平均维修水平，若修好这些地方，大约需要5万元。经法院调解，4S店愿意放弃继续修理而赔偿王先生5万元车辆损失费，以及误工费、交通费等3 000元，双方达成和解。

上述保护方法中，前四种是物权保护方法，第五种是债权保护方法。各保护方法既可单独使用，也可同时使用，但物权保护方法优先于债权保护方法。

物权保护的主要法律及相关司法解释：

除《物权法》和《民法通则》外，常用物权保护的司法解释有《最高院关于审理物业服务纠纷案件具体应用法律若干问题的解释》和《最高院关于审理建筑物区分所有权纠纷案件具体应用法律若干问题的解释》等。

三、常见物权纠纷的处置

依照最高人民法院2011年2月18日关于修改《民事案件案由规定》的决定，有关物权纠纷被分成如下类别：不动产登记纠纷、物权保护纠纷、所有权纠纷、用益物权纠纷、担保物权纠纷、占有保护纠纷。

（一）不动产登记纠纷

不动产登记纠纷包括：异议登记不当损害赔偿纠纷及虚假登记损害赔偿纠纷。处置此类纠纷，主要依据是《民法通则》第一百零六条、《物权法》第十九、二十、二十一条以及《房屋登记办法》。

2010年，老王新购回迁房，本想在房产登记时直接过户给儿子，却发现儿子儿媳正在闹离婚，于是干脆直接登记在3岁的小孙子名下。2013年，老王远在外地的妹妹一家出了车祸，急需大笔救命钱，老王就想用房产抵押贷款救急，但却因房产证上写的是孙子的名字遇到了麻烦。银行拒绝接受未成年人的房产为抵押品。情急之下，老王将银行告上法院。

法院认为，根据《民法通则》，监护人应当履行监护职责，保护被监护人的人身、财产及其他合法权益，除为被监护人的利益外，不得处理被监护人的财产。老王因为将房产登记为孙子的名字，从而丧失了随意处分自己房产的权利。

（二）物权保护纠纷

物权保护纠纷包括：物权确认纠纷、返还原物纠纷、排除妨害纠纷、消除危险纠纷、恢复原状纠纷、财产损害赔偿纠纷，以及修理、重作、更换纠纷。处置此类纠纷的主要依据有《民法通则》第一百三十四条、《物权法》第三十三至三十七条等。

2013年3月4日，刘峰从北京精益手机汇购买了一部价格为5500元的三星牌手机。2013年11月2日，因该手机照相功能故障，到精益手机汇返修，因已过保修期，支付维修费600元。手机修理后，经刘峰亲自取回。11月8日，刘峰再次携手机来精益手机汇，声称手机没修好。手机汇当场检测后发现机身背后维修标签消失，手机主机序列号与原序列号不符，当即拒绝免费维修，并询问刘峰是否自行维修过。刘峰承认上次取回手机后，发现问题仍然存在，于是曾在附近小维修点检测过。因只是检测并未维修，而且检测过程自己一直在场，可以证明责任不在该维修点，而是手机汇上次根本没修好。手机汇认为鉴于手机上的维修标签消失，故不再负免费维修责任，如果仍然想修，则必修重新付费。刘峰认为手机汇欺诈，故将其告上法院。

法院认为，刘峰在未通知原维修人的情况下，擅自找他人维修该手机，从而造成了对维修责任的难以确认。所提出的精益手机汇有免费维修责任和手机维修点没有损坏手机的主张，因证据不足，不予支持。因刘峰自身原因，手机汇的保修责任自行消失。

（三）所有权纠纷

所有权纠纷包括：侵犯集体经济组织成员权益纠纷、建筑物区分所有权纠纷、业主撤销权纠纷、遗失物返还纠纷、漂流物及埋藏物和隐藏物的返还纠纷、相邻关系纠纷、共有纠纷等。处置此类纠纷的主要依据有《民法通则》第七十一条、七十四条，以及《物权法》第四章关于所有权的一般规定（第三十九条至四十四条）、第五章关于国家所有权和集体所有权、私人所有权的规定（第四十五条至六十九条）、第六章关于业主的建筑物区分所有权的规定（第七十条至八十三条）、第七章关于相邻关系的规定（第八十四条至九十二条）、第八章关于共有的规定（第九十三条至一百零五条）、第九章所有权取得的特别规定（第一百零六条至一百一十六条）。

2014 年 11 月 23 日晚，在北京市丰台区某小区居住的王小堂驾车回到小区地下车库自己购买的车位前，却发现车位被他人的车占用。愤怒的他当即将车停在通道堵住该车。第二天上午，他发现自己的车被人强行拖开并造成损坏，而强占他车位的小客车却不知去向。愤怒的他将小区物业告上法庭，要求物业赔偿修车费、误工费，返还未能停车的车位费。

法庭认为，这实际是一起车位纠纷。虽然给王小堂造成主要损失的是非法占用他人车位的车主，但小区物业也负有管理不到位的责任。在未能找到真正责任人之前，应由小区物业先行赔付王小堂的损失，物业再设法向肇事车主追讨赔偿损失。

（四）用益物权纠纷

用益物权纠纷包括：海域使用权纠纷、探矿权纠纷、采矿权纠纷、取水权纠纷、养殖权纠纷、捕捞权纠纷、土地承包经营权纠纷、建设用地使用权纠纷、宅基地使用权纠纷、地役权纠纷。处置此类纠纷的法律依据，主要包括《物权法》第十章关于用益物权的一般规定（第一百一十七条至一百二十三条）、第十一章关于土地承包经营权的规定（第一百二十四条至一百三十四条）、第十二章关于建设用地使用权的规定（第一百三十五条至一百五十一条）、第十三章关于宅基地使用权的规定（第一百五十二条至一百五十五条）、第十四章关于地役权的规定（第一百五十六条至一百六十九条）等。此外，《农村土地承包法》《城市房地产管理法》《海域使用管理法》《矿产资源法》《渔业法》《水法》等特别法的规定也适用于处理相关纠纷。

地役权：

指土地所有人或土地使用人为了提高土地的使用价值而合法获得的对土地的使用权。地役权属于用益物权的一种。我国《物权法》中第一次明确规定了地役权制度。

地役权通常涉及分属于两个所有权人或使用权人的两块不同的土地。其中一块土地向另一块土地提供服务。需要役使他人土地的地块称为需役地，而供他人役使的地块则称为供役地；需役地所有权人或使用权人拥有地役权，称地役权人，供役地所有权人或使用权人负有供役的义务，称为地役人。

地役权纠纷属于不动产纠纷，由土地所在地法院专属管辖。

2010年初，家住北京延庆县的刘喜旺将自己承包的10亩旱地转包给同村的李家兴，自己准备进城打工。双方签订转包协议30年，言明土地由李家兴耕种，刘喜旺不得中途退包。2013年，在城里打拼艰难的刘喜旺，打算回家乡发展，于是回到村里。他发现李家兴已经将他的10亩耕地改为鱼塘，经营起养鱼、垂钓休闲兼农家乐了。刘喜旺于是觉得可以据此收回土地经营权了故以李家兴擅自改变承包土地用途为由要求终止转包协议，起诉至法院，要求收回土地经营权。

法庭经过调查，认为虽然李家兴所承包的刘喜旺的土地非基本农田，且改挖鱼塘也获得了乡政府的批准，但没有经过原土地承包人刘喜旺的认可，违反了《土地承包法》。因此，法庭支持刘喜旺的请求，经调解，原土地转包协议改签成联合经营，从而达成新的协议。

（五）担保物权纠纷

担保物权纠纷包括：抵押权纠纷、质权纠纷、留置权纠纷等。有关此类纠纷处置的法律依据，主要有《物权法》第十五章关于担保物权的一般规定（第一百七十条至一百七十八条）、第十六章关于抵押权的规定（第一百七十九条至二百零七条）、第十七章关于质权的规定（第二百零八条至二百二十九条）、第十八章关于留置权的规定（第二百三十条至二百四十条）以及《担保法》的相关规定，当《物权法》与《担保法》规定不一致的，适用《物权法》。此外，《合同法》第二百八十六条规定的建设工程承包人对建筑物的优先受偿权、《海商法》第二十一条规定的船舶优先权、《民用航空法》第十八条规定的民用航空器优先权等特别规定也是相关纠纷的处理依据。

抵押权、质权、留置权的区别：

抵押权是指债权人对债务人或者第三人提供的、作为债务履行担保的财产，在债务人不履行债务时，就其卖得价款优先受偿的权利。

质权是指债权人在债务人不履行债务时，将债务人或者第三人移转给债权人占有的，作为债权担保的财产，折价或者以拍卖、变卖的所得优先受偿的权利。

留置权指债权人合法占有属于债务人的财产，在与该财产有牵连关系的债权未受清偿前，债权人可对该财产予以扣留；超过法定期限后债务人仍不履行债务的，债权人以留置财产折价受偿，或者以其拍卖、变卖的价款受偿的权利。

三者虽然都具有物权担保的特点，但主体和方式仍有差别：

抵押权不转移抵押物的占有，而质权要转移抵押物的占有。抵押权与质权的实现必须将抵押物或质物拍卖用所得价金来抵偿，而留置权可以将留置物直接用于抵偿。

王辉与赵阳是北京市朝阳区某广告公司里的同事，因年龄相仿，进公司前后脚，又志趣相投，遂成为好朋友。2010 年，因赵阳结婚急需用钱。王辉就将自己的积蓄 6 万元无偿借给了赵阳。三年来，赵阳或通过替王辉支付房租、餐费、交纳保险费以及还现金等方式，陆续归还了一半的欠款。2013 年 5 月，王辉因打算明年结婚，也急需现金，于是催促赵阳还款。为了提高赵阳的还款效率，两人约定，在全部还清欠款之前，赵阳的购买价格约 8 万的捷达汽车的钥匙由王辉管理。若一年后仍未能还清全部欠款，则汽车归王辉所有。为此，双方还签订了字据。谁知 2014 年 6 月，赵阳还有 1.5 万元没有还上，王辉于是要求赵阳将汽车过户或变卖还账。赵阳恳求继续延期还账而不移交汽车，于是王辉将其告上法庭。

法庭经过调查，认为这是一起典型的抵押合同，但部分有效。理由是到目前为止，赵阳仅欠王辉 1.5 万元欠款，却要用目前价值约 4 万元的汽车冲抵，属于无效约定。经法院调解，赵阳表示自己愿意通过抵押汽车的方式，从某典当行借款立即还清王辉的债务。

（六）占有保护纠纷

占有保护纠纷包括：占有物返还纠纷、占有排除妨害纠纷、占有消除危险纠纷、占有物损害赔偿纠纷。此类纠纷的处置依据是《民法通则》第十八条、二十一条的规定、《物权法》第十九章第二百四十一至二百四十五条关于占有的规定等。

赵中华和赵建国是北京市密云县某乡村民。他们既是好邻居又是远房亲戚，两家一直相处不错。2012 年底，因急于用钱，赵建国就将自己的捷达轿车低价卖给了赵中华。两人钱车两清，立即办理好过户手续。此后，赵建国遇到用车，也常向赵中华借。2013 年，恰好赶上赵建国家里有事儿，需要经常用车，于是向赵中华借完车后就一直使用，没有归还。赵中华催过几次，赵建国都予以敷衍，并没打算真还车。他心说，车本来就是我的，因急用钱，低价让给你，我用用还不行么。赵中华在万般无奈下，只得将赵建国告上法庭。

法庭调查发现，该汽车的物权清楚，赵建国无权强行占有，故判令立即将该车交还原车主赵中华。

四、物权法实际问题讨论

甲公司与乙公司在北京市昌平区合建了一栋10层的写字楼，双方签订了如下协议："该写字楼属于甲、乙双方共同所有，但以甲的名义办理登记。第1~5层由甲使用，第6~10层由乙使用。任何一方不得将该楼抵押，否则该楼全部权益即转归另一方所有。"

该楼前面有一学校丁，为提升写字楼价值，甲、乙公司与丁学校达成如下协议：丁在10年内不得在学校内兴建10层以上的建筑，甲、乙公司一次性支付100万元人民币作为补偿。协议签订后，双方到登记部门办理了产权登记手续（以甲公司的名义）。后甲、乙公司分别将该写字楼租给5家公司作为办公场所，并签订了5年的合同。两年后，甲公司因资金困难，向丙银行贷款3 000万元，甲丙双方签订了抵押合同，约定以该写字楼作为抵押物，甲丙到登记机关办理了相关的抵押登记手续。随后不久甲公司又与何某签订房屋买卖合同，将该房屋卖给何某（何某不知道甲、乙公司之间的约定），办理了相关的过户手续，何某领取了该房的产权证。何某准备将此楼房作为开办宾馆之用，要求5家公司一个月之内搬离。乙公司得知该情况后，将甲公司诉至法院。不久，甲到期无力偿还银行借款本息，丙要求对该写字楼行使抵押权，但遭到何某的拒绝。而此时，丁学校招生规模持续扩大，为改善教学条件，丁学校拟在校内建造一座15层的高楼。

（一）需要讨论的问题

1. 丙对该写字楼是否享有抵押权？为什么？

2. 乙是否已经取得该楼的所有权？为什么？

3. 甲公司转让该写字楼的行为是否有效？为什么？

4. 假如甲公司与何某的买卖合同是合法有效的，何某能否取得该楼的所有权？为什么？

5. 何某能否有权解除租赁合同？为什么？

6. 何某是否有权禁止丁在校内建造一座15层的高楼？为什么？

（二）供参考的讨论思路

1. 丙对该写字楼享有抵押权，该楼虽属于甲乙共有，但是是以甲的名义办理登记的，丙银行因信赖其为甲公司所有而与甲公司签订抵押合同，办理抵押登记后，丙即取得该楼的抵押权。

2. 乙并未取得该楼的所有权，甲乙之间的协议属于其内部协议，不具有对抗善意第三人的效力，乙不能因双方内部协议而取得该楼的所有权，但可请求甲赔偿其损失。

3. 甲公司转让该写字楼的行为须经丙银行同意或何某代为清偿贷款后才有效。《物权法》第一百九十一条第二款规定：抵押期间，抵押人未经抵押权人同意，不得转让抵押财产，但受让人代为清偿债务消灭抵押权的除外。

第二节 债权与法

日常生活中，我们对债务并不陌生。谁没有借给过别人东西，谁又没有向他人借过东西呢？然而，法律上的债的概念要广义得多，它包括了权利和义务。

一、债权的性质与债的类型

法律上，债是指按照合同的约定或者依照法律的规定，在当事人之间产生的特定的权利和义务关系。享有权利的人是债权人，负有义务的人是债务人。债权是指特定民事主体之间以请求一定的财产上的行为为内容的权利（图 4-8）。

图 4-8 树立债权意识

刘强和杨荷是北京市朝阳区某公司职员，两人 2007 年相识，2010 年结婚。2012 年家里购置了汽车，夫妻俩一起上下班，美满得令人羡慕。2013 年 7 月 5 日晚，刘强外出与朋友聚会，喝了不少白酒，瞒着朋友们偷偷醉驾回家在路上将正常骑自行车的下班工人王平撞死。警察判定刘强醉驾，负全责，法院判处他有期徒刑一年，死者家属也起诉刘强，法院判决刘强向死者家属赔偿经济损失80万元。在刘强服刑期间，死者家属也曾找到杨荷，要她还债。杨荷不同意替刘强还债，认为这是刘强自己的债务，非夫妻共同债务，与她本人无关。于是死者家属将杨荷告上法院。

法院认为，刘强外出聚会非法醉驾，致人丧命，属于个人行为，与夫妻共同的家庭生活无关。因此，交通事故赔偿属于他个人债务，杨荷不必承担。法官解释说，假如刘强没有酒驾，而是接送杨荷上下班，即为夫妻共同的利益而发生交通事故，则杨荷就需要共同承担家庭债务了。

（一）债权的性质

1. 债权是一种财产权

债权的内容具有财产性，都可以通过金钱予以评价，最终都能够换算成一定数量的货币。例如，侵害了物权所应承担的损害赔偿责任就是债权，侵害了人格权的损害赔偿责任也表现为债权，都具有财产性。

财产权：

是指以财产利益为内容，直接体现财产利益的民事权利。财产权是可以以金钱计算价值的，一般具有可让予性，受到侵害时需以财产方式予以救济。财产权既包括物权、债权、继承权，也包括知识产权中的财产权利。

要想理解债权是一种财产权的确有些困难，因为根据上述债权的定义，债权的本质是一种义务，如“道歉”可以是一种债权，但你很难承认它属于财产。因此，要想理解债权的财产性属性，首先要正确理解法律上的财产权指的是什么。法律上的财产权是指与人身权相对应的概念。正是这种规定，使法律上的财产权的边界有些模糊。我们很难正面界定哪些属于财产权，哪些不属于。我们只能大体上依照与生活利益相关的都应属于财产权来理解，但这也不是绝对的。但我们可以从精神损害能用财产补偿来反证债权是具有财产属性的。

2. 债权在性质上是请求权

债权的实现依赖于权利人的请求。例如买方要求卖方交付买卖标的物的权利，这句话的意思是债权一定是要求特定的人做什么或不做什么的一种权利。

换句话说要求所有人必须做什么或不做什么的权利则不属于债权。你很难说，不经允许不许进入我家或不经允许不许擅自使用我的东西是一种债务。所以，凡是债权都是有“主”的。

3. 债权是相对权

债的特点之一是主体的特定性，债权债务仅存在于特定人之间。因而债权人只能向特定的债务人主张权利，即请求特定债务人为给付。对于债务人以外的第三人，因其与债权人间并不存在债权债务，债权人不能向其主张权利。

4. 债权具有平等性

此与物权的优先性相对照。数个债权人对于同一债务人先后发生数个债权时，各个债权具有同等的效力。

5. 债权具有相容性

此与物权的排他性相对照。在同一标的物之上，允许存在内容相同的数个债权，此数个债权之间能够互容而非相互排斥。

王大为是一名生意人，2011 年他趁生意顺利之机向银行贷款 20 万元购买了一套商品房。2012 年由于进货需要，资金紧张的他又向朋友张兵借了 20 万元。2014 年他公司经营不善，除了一套自己的住房外，仅剩价值 10 万元的货物，而无力偿还已经到期的两项债务了。银行和张兵都想优先获得赔付，分别向法院起诉，要求他偿还债务。

法庭经过调查，认为债权具有相容性和平等性，因此银行和张兵具有同等的债权效力。鉴于王大为除了维持基本生活的住房外，仅有 10 万元财产可以还债，故判决银行与张兵各得 5 万元货物。

（二）债的类型

1. 法定之债和意定之债

这是根据债的发生原因不同而划分的类型，其中：

法定之债是依据法律规定而直接发生的债。例如，侵权之债。

意定之债是指依据当事人的意思而发生的债。例如，合同之债。

通俗理解就是法定之债是强迫的，即不管你是否愿意，出现了这个行为，就会具有这个债务。比如欺诈他人、损害别人物品、侵占他人权利等，这些行为一旦发生，就立即具有赔偿他人的责任。而意定之债是双方自愿的自由协定，如合同、协议等。

2. 特定物之债和种类物之债

这是根据债的标的物属性的不同而划分的类型，其中：

（1）特定之债是指以特定物为标的的债。例如，债务人负担交付某台特定的电脑，或者某画家画的某幅画。

（2）种类之债是给付以其种类中的一定数量的债。例如，债务人负担交付某种品牌、规格的手机若干台，或者某种产地、质量的大米若干斤等债务，即为种类之债。

如果特定物之债的标的物一旦损毁就无法实现债务偿还，那只能负违约责任了。而种类物之债则无此限制，只要保质保量偿还标的物就行。

3. 单一之债和多数人之债

这是根据债的主体人数是单一还是多数的不同而划分的类型，其中：

单一之债是指债的双方主体都仅为一人的债。

多数人之债是指债的双方主体均为二人以上或其中一方主体为二人以上的债。

单一之债当事人之间的权利、义务比较简单明了，而多数人之债当事人之间的关系比较复杂。法律关于债的规定多以单一之债为模型，因此对于多数人之债必须进行特别的规定。

比较复杂的多数人之债是多人作为债权人与多人作为债务人所签的合同，假如其中遇到债权人或债务人死亡，其继承人又参与进来，则构成更加复杂的多数人之债。

4. 按份之债和连带之债

这是依据多数人债中，多数人之间是否有连带关系而划分的类型，其中：

（1）按份之债。它是指债的一方主体为多数人，各自按照一定的份额享有权利或承担义务的债。按份债权的各个债权人只能就自己享有的份额请求债务人履行和接受履行，无权请求和接受债务人的全部给付。按份债务的各债务人只对自己分担的债务份额负清偿责任，债权人无权请求各债务人清偿全部债务。

按份之债的多位债权人或债务人之间一定是基于同一法律行为而发生的债权或债务，否则虽然能分担债务但不存在按份分担问题。当然，如果发生债的移转，新的债权人或债务人之间，若符合条件也会发生按份之债；债可被分为数份还不损价值也是一个必要条件；无论是债权人还是债务人，每人所占的份额都能够被划分得十分清楚，否则只能共同承担而无法按份分担。最常见的按份之债是因合作投资而产生的债权或债务。

（2）连带之债。它是指债的主体一方为多数人，多数人一方当事人之间有连带关系的债。债权人一方为多数人且有连带关系的，为连带债权；债务人一方为多数人且有连带关系的，为连带债务。

王充是北京某大学在校生，暑假到某快餐店勤工俭学。在外出送外卖时，因驾驶电动车的车速太快，将路边正常行走的65岁的钱凤鸣撞倒，诊断为骨折后住院治疗。王充的家长赔付钱奶奶全部医疗费、护理费、营养费等费用。待钱奶奶出院后，王充的家长找快餐店交涉，要求快餐店支付赔偿钱奶奶的费用。快餐店认为此事该由王充本人负责，与快餐店无关。于是，王充的父母一纸诉状将快餐店告上法庭。

法庭经过调查认为，王充虽然满18岁，但尚未具有独立生活来源，在无力赔付交通事故责任情况下，其父母自愿代其承担，属于债务转移。根据《最高人民法院关于审理人身损害赔偿案件适用法律若干问题的解释》雇员在从事雇佣活动中致人损害的，雇主应当承担赔偿责任；雇员因故意或者重大过失致人损害的，应当与雇主承担连带赔偿责任；雇主承担连带赔偿责任的，可以向雇员追偿。根据《民法通则》债权人或者债务人一方人数为二人以上的，依照法律的规定或者当事人的约定，享有连带权利的每个债权人，都有权要求债务人履行义务；负有连带义务的每个债务人，都负有清偿全部债务的义务，履行了义务的人，有权要求其他负有连带义务的人偿付他应当承担的份额。本案中快餐店因在经营工作中发生交通事故，理应承担赔付责任。在向王充追偿赔付时，因其让非正式员工未经培训而从事具有一定风险的工作，也具有一定连带责任，故需要共同偿还连带之债。

二、债权保护的法律规定

如前所述，债权为债权人享有的请求债务人为特定行为的权利。债权具有三项权能：一是给付请求权，即在债的关系成立后，债权人有请求债务人实行给付的权利。二是给付受领权，即债务人依约定或法律的规定履行债务时，债权人有权予以接受，并保持所得利益。三是保护请求权，即当债务人不履行债务时，债权人可依此权能请求司法保护。债权的这三项权能从债权实现的角度而言，给付请求权具有形式上的意义，给付受领权具有最终的实质性意义，而债权的保护请求权则是债权人借助于国家强制力实现债权的法律途径和方式。

为了保护债权人的利益，法律规定了一系列的制度以保证债的履行。

（一）债的履行原则

债权为请求权，债权人权利的实现要通过债务人履行债务的“协助”行为。债务人必须按照法律的规定或者合同的约定全面履行债务，使债权人的利益得到满足。履行是债的最主要的效力。债的履行应遵循两个原则，即全面履行原则和诚实信用原则。

1. 全面履行原则

债可以分为法定之债和意定之债。法定之债的当事人应当按照法律的规定，全面履行自己的义务；意定之债的当事人应当依照合同约定的标的及其数量、质量，由适当的主体在适当的期限、地点，以适当的方式，全面、正确地履行自己的义务。我国《民法通则》第八十四条第二款明确规定：债权人有权要求债务人按照合同的约定或者依照法律的规定履行义务。

2004 年 1 月 3 日，北京市四海信息工程培训中心与永红技术职业学校签订计算机培训合同。双方约定① 培训中心提供计算机，职业学校提供教师和场所，共同承担培训任务。前 5 年计算机归培训中心所有，从第 6 年起计算机归职业学校所有。② 学校收取学生的上机费用。前 5 年培训中心得 70%，职业学校得 30%；此后每年按 3∶7 分成。③ 若一方违约应赔偿对方全部损失。合同签订后，培训中心于 4 月购买 100 台电脑安装在学校计算机教室。2004 年底，学校在当地物价部门办理下收费许可证，于次年 2 月春季开学后收取 2 000 名学生每学期 100 元上机费，并按合同约定每学期按时支付给培训中心应得份额。2007 年年底北京市教委发通知治理基础教育乱收费，合同无法再继续履行。培训中心以职业学校单方中止合同，导致其巨大投资无法收回为由诉至法院，要求职业学校履行合同。

法庭经过调查认为，在北京市教委发出治理基础教育乱收费通知之前，本合同是有效合同，应该全面履行。但在通知发出后，该项收费属于非法，因此合同也自然属于无效合同，应该被终止。本着债的全面履行原则和诚实信用原则，双方不能机械地履行合同，而是应公平合理地达成合同的真实意图。因此，双方应共同承担100台计算机的投资成本及已经带来的培训收益。经法庭调解，双方达成新的和解协议；学校接收该100台计算机，采取逐年还贷的方式补偿培训中心。

2. 诚实信用原则

诚实信用原则，因其在债法中的重要地位，被学者推崇为指导债的履行的“帝王规则”。债的履行应当遵循诚实信用原则。行为人应当诚实守信，不能损害他人的利益而追求自己的利益。诚实信用作为债权法中的强行性规范，当事人不得以约定排除其适用。因债务履行而在当事人之间发生争议时，法院得直接援用诚实信用原则进行处理。

2013年3月15日，北京市某区人民法院受理一起债务纠纷。生意人刘春因急于用钱，于2011年将自己价值500万元的住房抵押给朋友孙犁借款100万元，借条上写明，到2013年3月1日不还款，就将该住房按100万元卖给孙犁。到还款期，刘春真的还不上孙犁的钱，又不愿将住房让给孙犁，于是孙犁一纸诉状告上法庭，要求兑现借约。

法院立案后，经过合议庭认真研究，认为应该依据债务履行的诚实信用原则来判案。于是法官给双方做思想工作，使双方认识到，法律为实现公正，会依据诚实信用原则来判案，希望他们双方能自行达成和解。最终，通过刘春设法还钱并给予合理的补偿的方式让双方达成和解协议。

（二）债的履行内容

1. 给付义务

债务人对债的履行主要通过给付来完成。法律上给付的概念要比我们日常生活中的交付、给予的概念要宽泛得多。它除了包括最直接的给予物品外，还包括支付金钱、移转权利、提供劳务、提交成果、不作为等满足债权人要求的行为。正是由于给付行为的复杂性，给付义务可被分为主给付义务和从给付义务、原给付义务和次给付义务等。

主给付义务指债权所固有的、必备的基本义务；从给付义务指虽不具有独立性，但对主给付具有补助功能的义务。例如，你把自己的汽车赔付给人家，你给出汽车是完成主给付义务，你还给出了发票、说明书、保修单、行驶证等就是从给付义务。

原给付义务指合同中所规定的债权给付义务；次给付义务指当发生客观原因而无法实现原给付义务时，作为补偿而给付的变通的义务等。例如，本来合同规定抵押物是一只祖传手镯，但被不小心摔碎了，则只好以赔钱来抵偿。

2. 附随义务

债务人要想履行债的全部有时仅靠给付还不成，还要包括更多的服务，如提醒、说明、保密等。这些尽管不是合同要求的，但这些义务无疑对债权人来说是有益的。法律上管这些不属于给付的债的履行行为称作附随义务。

由此可见，附随义务首先是法律没有明文规定，当事人也没有明确约定，但为维护对方当事人的利益，依社会的一般交易观念，当事人应当负担的义务。附随义务的存在基础是债的诚实信用原则。

常见附随义务包括：

1. 注意义务：债务人应尽善良管理人之责或者如同处理自己的事务那样履行债务。

2. 告知义务：债务人对于有关债权人利益的重大事项负有告知的义务，包括使用方法上的告知（如出卖人交付机器时，应告知对方机器的装配、使用方法及维修方法等）、业务上的告知（如乘务员应告知车船的到停时间）、忠实告知义务（如受雇人应告知雇佣人有关劳务的有关情况）以及瑕疵告知义务等。

3. 照顾义务：包括对债权人的照顾和对物的照顾义务。对债权人的照顾义务，如债务人在对自己没有不利的情况下应选择最方便债权人受领的方式履行债务；对标的物的照顾义务，如出卖易碎物品时，应妥为包装等。

4. 说明义务：例如土地使用权转让方应向受让方说明政府对该土地使用用途的最新规定等。

5. 保密义务：例如不得向他人泄露雇主的商业秘密等。

6. 不作为的义务：例如饭馆的出让人不在附近开设同样的营业场所与受让人竞争等。

由上述可知，债务的核心为主给付义务，从给付义务的功能在于最大限度地满足债权人的利益，而附随义务是在债的履行过程中产生的事先不确定的义务。主给付义务和从给付义务都可单独诉请履行，而附随义务则不可单独诉请履行。

3. 前契约义务和后契约义务

前契约义务，是指当事人在订立合同进行接触的过程中产生的说明、告知、注意、保密等义务。前契约义务产生的基础是民法理论上的诚实信用原则。我国《合同法》第四十三条规定的“当事人在订立合同过程中知悉的商业秘密，无论合同是否成立，不得泄露或者不正当地使用。泄露或者不正当地使用该商业秘密给对方造成损失的，应当承担损害赔偿责任”，就是前契约义务的表现。

后契约义务是指当事人为了维护给付效果或是为了协助相对人终了善后事务所负的作为或不作为的义务。如受雇人在与雇佣人解除合同后，仍然负有保守雇佣人的商业秘密的义务。

2012 年 3 月，北京市延庆县某乡想建一个榨油坊，于是张榜招标。刘敬山因有祖传榨油手艺，兴冲冲前来竞标。双方一拍即合，经过磋商，达成以下共识：刘敬山承包榨油坊，每年上交 1 万元，乡里提供场地和设备。合同期 10 年，若违约赔偿对方 1 万元。因乡长外出无法取出乡里公章，双方约定于 4 月 10 日签订正式合同。此后，乡里依约安装了榨油机，但当找到供电所商量供电一事时，供电所因变压器容量已经达到极限，无法为榨油坊供电。乡里遂将榨油坊建设事宜搁置不理，也未通知刘敬山。同时，刘敬山在忙着添加辅助设备、找帮手、寻货源、搭建市场。至 4 月 10 日，刘敬山找到乡里签约，乡里表示因供电事宜无法解决，榨油坊不建了。刘敬山则因已向榨油坊投资而埋怨乡里，乡里则觉得自己投入更多，受的委屈更大，主张谁也不赔谁。但刘敬山认为乡里考虑不周，不该招标，故该赔偿他损失。双方谈不拢，于是对簿公堂。

法庭经调查取证认为乡里应承担缔约过失责任，判决其赔偿刘敬山的投入损失。

依据《合同法》，当事人在订立合同过程中，有一方违反了以诚实信用原则为基础的前契约义务，即在合同成立前的缔约过程中，当事人依据诚实信用原则而应负的通知、协力、保护及保密等义务，并且该违反前契约义务的行为造成了对方的损失，应承担损害赔偿责任。作为缔约过失责任构成要件的损害是指缔约相对人因相信合同有效成立而遭受到的损害，包括为订立合同而支出的必要费用，也包括因此而失去的商机。

（三）债的保全

1. 债的保全

它是法律为防止因债务人财产的不当减少致使债权人的债权实现受到危害，而设置的保全债务人的责任财产的法律制度。

2015 年 3 月 1 日早 7 点，刘惠娟在北京市西城区平安大街某路口过马路时，被右转的小客车撞伤。经抢送医院诊断，为盆骨粉碎性骨折。为获得宝贵的医疗保障，刘女士的丈夫及时向法院申请，对肇事车辆进行了财产保全。不久，保险公司的赔偿逐笔到位，肇事司机王某也及时支付了医疗费用，于是刘女士解除了对肇事车辆的财产保全。

债的关系成立后，债权人权利的实现主要是从债务人的财产中获得满足，即使不以财产交付为标的的债，也需要以债务人的财产作为债务履行的最后保证。根据债的效力，债务人的所有财产在债的关系成立后就成为履行债务的一般担保，即责任财产，当债务人不履行债务时，此责任财产将成为强制执行的标的。

当然，依照我国《民事诉讼法》的规定，强制执行时，应为被执行人及其所扶养的家属保留生活必需品及生活必需费用，这也应意味着除维持债务人及其所抚养的家属的生活必需品外，债务人的一切财产均包括在责任财产之内。债的保全制度包括债权人代位权和债权人撤销权两个方面的具体制度。

王志刚与刘向明是北京市朝阳区某技术咨询公司的同事。他俩不仅在同一公司上班，还一同租房成为室友。由于王志刚家里生活困难，几年来，陆续向刘向明借了不少钱，累计下来快到 10 万元了。2014 年 4 月 20 日，刘向明说，这些年自己借给王志刚很多钱，如今自己快要结婚了，急需现金，欠自己的钱是否可以归还了。王志刚表示，尽管自己很想还钱，但 10 万元巨款自己是无论如何无力偿还的。因此，无论刘向明怎么催账，王志刚就是死猪不怕开水烫，总说除了工资无力偿还。于是，刘向明万般无奈，将王志刚告上法院。

法院鉴于证据确凿，判刘向明胜诉，王志刚还钱。但王志刚仍没有开始还钱。于是刘向明持法院判决书申请对王志刚财产保全。法院在核实无误后，对王志刚的工资进行了债务保全，除每月给王志刚留有生活费用外，责令银行强行扣除剩余工资，赔付刘向明。

2. 债权人代位权

债权人代位权着眼于债务人的消极行为，当债务人有权利而不积极行使，以致影响债权人的权利实现时，法律允许债权人代债务人之位，以自己的名义向第三人请求履行债务。《合同法》第七十三条明确规定："因债务人怠于行使其到期债权，对债权人造成损害的，债权人可以向人民法院请求以自己的名义代位行使债务人的债权，但该债权专属于债务人自身的除外。代位权的行使范围以债权人的债权为限。债权人行使代位权的必要费用，由债务人负担。"

如何实施债的保全：

我国《民法通则》中没有规定债权保全制度，最高人民法院《关于贯彻执行〈中华人民共和国民法通则〉若干问题的意见》（试行）以及最高人民法院《关于适用〈中华人民共和国民事诉讼法〉若干问题的意见》中规定了类似债权人代位权和撤销权的内容。我国《合同法》中第七十三至七十五条对合同之债中债权人代位权和撤销权作了规定。债权保全制度、债的担保制度以及债法上的民事责任制度从不同的角度，共同维护着债权人的利益。

2012 年王强因爱人住院向朋友张伟借了 5 万元救急，但两年过去了却一直没提还钱的事儿。张伟因即将结婚，向他讨债，他尴尬地说，看我这个样子，哪有能力还钱啊！张伟也知道他的情况，也不忍再逼他，但一次吃饭时曾听他说赵威前年买车曾向他借过钱，于是就问他，赵威的车钱还他没有。王强说，要了几次了，5 万元借款一直不还，总强调困难，自己又忙着医院里的妻子，也顾不上催账。于是张伟说，这不行，你把借条给我，我去向他要账，可话说回来了，要来的钱，我可结婚用了。王强说，本来就是打水漂的钱了，当然归你，我就没指望还能要回来。于是张伟将赵威告上法院，请求 5 万元借款的代位权。

法院经过调查，确认张伟提供的证据确凿，考虑到王强由于客观原因疏于追债，于是认定张伟对赵威的代位追债有效，责令赵威将欠王强的5万元直接交给张伟。

三角债：

指多家企业之间该付而未付，造成债务拖欠而形成的连锁的债务关系。例如甲欠乙的债，乙又欠丙的债，丙又欠甲的债等等。“三角债”严重打乱了社会正常经济秩序，严重的可造成企业破产。因此，有效运用债的代位权，不失为解决三角债的一种好办法。

3. 债权人撤销权

债权人撤销权着眼于债务人的积极行为，是指债权人对于债务人所为的有害于债权的行为，可以请求法院予以撤销的权利。当债务人与第三人实施的法律行为使其责任财产不当减少，害及债权人债权的实现时，债权人可以请求人民法院撤销债务人与第三人的法律行为，从而恢复债务人的责任财产，保障债权人的债权实现。

如何行使撤销权：

我国合同法中对合同之债中债权人撤销权作了规定。《合同法》第七十四、七十五条规定：因债务人放弃到期债权或者无偿转让财产，对债权人造成损害的，债权人可以请求人民法院撤销债务人的行为。债务人以明显不合理的低价转让财产，对债权人造成损害的，并且受让人知道该情形的，债权人也可以请求人民法院撤销债务人的行为。撤销权的行使以债权人的债权为限。债权人行使撤销权的必要费用，由债务人负担。

撤销权自债权人知道或者应当知道撤销事由之日起一年内行使。自债务人的行为发生之日起五年内没有行使撤销权的，该撤销权消灭。

2014年3月2日，家住北京市丰台区的青年夫妇张明和王娟到法院起诉离婚。经法院调解，两人愿意达成调解协议，法院就孩子抚养、财产分割等问题进行澄清，其中对登记在张明名下的一套住房也进行了分割，婚姻关系予以解除。没想到调解书生效后，张明的父亲认为离婚调解书中所涉及的住房实际所有人是自己，并非属于他俩的夫妻共同财产，要求法院撤销原调解，重新审理。

法院认为张明的父亲所申请的撤销权合法，同意重审。经法庭调查，该套住房的确是张明的父亲从自己单位手里购买的住房，且自己曾居住多年。只是在张明结婚时，将住房过户给张明。因没有办理正式的赠予手续，属于事实赠予。因此，当张明夫妻决定离婚后，张明之父则表示不愿赠予该房。因此，法院认为他有权撤销该赠予，这也符合他本人的真实意愿。然而，考虑到毕竟有事实赠予在先这个因素，考虑到公平原则，法庭建议张明父子应该给予王娟一定的经济补偿。张明父子接受法院建议，于是三人重新达成调解协议。

（四）债的担保

1. 债的担保

债的担保，是指对于已经成立的债权债务关系所提供的确保债权实现的保障。债的担保是一种不必通过强制执行即可使债权人利益得到满足的法律制度。常见担保形式有定金、保证、抵押、质押、留置、银行保函等。

若说如今什么事儿最难，借钱最难。这不，老王就遇到非借钱不可的事儿了。本来，妻子刚动完手术，而且十分成功。无论用药，还是护理、营养，老王没心疼钱，人平安最重要。刚又接到儿子的大学录取通知书，按理该兴高采烈才是，但老王开始愁钱的事儿了。急需现金啊！问了几个朋友，都说没有余钱。正犯愁时，邻居老赵来聊天获悉此事儿，说："别犯傻了，家里有没有金银首饰等值钱的东西，把它们押出去。无论是朋友还是典当行，应该能借到现金。再没有，把住房押给银行，也能借出钱来啊！"老王恍然大悟，现代社会要按通行规则办事儿。

2. 定金

所谓定金，是指合同当事人为了确保合同的履行，依据法律规定或者当事人双方的约定，由当事人一方在合同订立时或者订立后履行前，按照合同标的额的一定比例（不超过20%），预先给付对方当事人的金钱或其替代物。它是作为债权担保的一定数额的货币，目的在于促使债务人履行债务，保障债权人的债权得以实现（图4-9）。

图 4-9　正确认识定金

如何付定金：

《合同法》第一百一十五条规定：“当事人可以依照《中华人民共和国担保法》约定一方向对方给付定金作为债权的担保。债务人履行债务后，定金应当抵作价款或者收回。给付定金的一方不履行约定的债务的，无权要求返还定金；收受定金的一方不履行约定的债务的，应当双倍返还定金”。《担保法》第九十一条规定：“定金的数额由当事人约定，但不得超过主合同标的额的百分之二十”。

实际操作当中，请注意以下两种区别：

第一，定金与预付款的区别。定金是一种担保方式，主要用来惩罚违约行为，预付款从一开始起就属货款的一部分，属于买方对卖方的资金融通，当然这二者可以因约定而相互转化。同样，定金在合同中不能写成“订金”。

第二，定金与违约金的区别。违约金属于损害赔偿性质，其数额认定完全依赖于受损害当事人的损失情况，当事人可以在合同中约定数额也可以约定其计算方法。设定的违约金过分高于或低于违反合同所造成损失的，当事人可以请求仲裁机构或者法院适当增减。而定金是一种债权担保，其数额一旦约定，非经双方协商一致不得改变。

3. 保证

保证，是第三人与债权人约定，当债务人不履行债务时，由第三人按照约定履行债务或者承担担保责任的行为。此处的第三人即为保证人。《担保法》对于保证人有特别的要求，即“具有代为清偿债务能力的法人、其他组织或者公民，可以作为保证人”，下列组织不得作为保证人：① 国家机关不得为保证人，但经国务院批准为使用外国政府或者国际经济组织贷款进行转贷的除外；② 学校、幼儿园、医院等以公益为目的的事业单位、社会团体不得为保证人；③ 企业法人的分支机构、职能部门不得为保证人，但企业法人的分支机构有法人书面授权的，可以在授权范围内提供保证。

王超不幸出了车祸，伤残严重，落下终身残疾。由于急需现金救命，于是找朋友们借钱。朋友们说，不是不借给你，只是考虑到你的处境，恐怕一辈子也还不上我们的钱了。干脆我们捐赠你一些钱，你还是自己去想办法吧！王超对朋友们的心情可以理解，但远水解不了近渴，十分无奈。这时，朋友中的赵强对大家说，“这样吧！大家别有顾虑，我承诺，如果届时王超还不上钱，由我来负责。我与大家立字据！”

4. 抵押

抵押是指买方或第三方提供一定数量的财产作为付款的担保。当债务人不履行债务时，债权人有权依法以该财产折价或者以拍卖、变卖该财产的价款优先受偿。我国物权法对于抵押已有较为全面的规定。

甲向银行借 100 万元用于进货，将自己的住房抵押给银行。他所需要承担的风险是，一旦到期无法归还银行的贷款，银行就可以将他抵押的房子拍卖来偿还贷款。

5. 质押

质押是指买方或第三方将其财产移交给债权人，从而使后者享有债权优先受偿的权利。当债务人不履行债务时，债权人有权依法拍卖或变卖该财产而优先受到清偿。质押可分为动产质押和权利质押。我国物权法对于质押已有较为全面的规定。

甲向朋友乙借 10 万元现金急用，于是将妻子的金银首饰押给了乙。声明一旦到期不归还现金，乙可以将金银首饰变卖以其金额偿还借款。

6. 留置

留置是指债权人按照法律规定或者合同约定，对占有的债务人财产进行留置直到债务人所欠的债务全部还清时再返还债务人。在债务人超过一定的期限仍不清偿债务时，债权人可以将留置财产折价或者变卖所留置的财物，从价款中优先受偿。我国物权法对于留置有较为细致的规定。

甲将自己的笔记本电脑送维修店维修，那天恰好路过维修店，见电脑已经修好，就提出可否先将电脑取回，因临时出来没带够维修费，下次路过时再将余款补齐。但维修店因为有严格的规章制度，不允许这样做，于是电脑只能暂时留在店里，等甲送来维修费后，才能取走。

7. 银行保函

指银行应客户（委托人）的要求或应其他人（指示方）的指示开立的保证文件，就委托人关于某一基础合同的债务或责任向第三方当事人（债权人或受益人）作出保证，如委托人未能履行合同规定的义务则由银行向第三方当事人作出赔偿。

某企业想将一部分加工任务通过招标包发出去，于是发出招标通知。由于怕有的企业一旦中标后又反悔而不签订合同，于是要求在投交标书时一起提交银行保函。

银行保函的种类：

分独立性担保和从属性担保。独立性担保人的偿付责任独立于申请人在交易合同项下的义务，只要担保文件规定的偿付条件已经具备，担保人便应偿付受益人的索偿。从属性担保人跟随申请人合同义务的解除也免除对受益人的偿付责任。

三、常见债权纠纷的处置

常见债权纠纷有如下类别：合同纠纷、无因管理纠纷、不当得利纠纷。此外，因为侵权责任而发生的纠纷也较常见。

（一）合同纠纷

合同纠纷是指因为合同的订立和履行而引起的纠纷。合同的内容无穷无尽，合同纠纷的纠纷自然也无法穷尽，但仍有规律可循。合同纠纷的处置依据主要是《民法通则》与《合同法》。

合同纠纷的主要类型：

包括缔约过失责任纠纷、确认合同效力纠纷、债权人代位权纠纷、债权人撤销权纠纷、债权转让合同纠纷、债务转移合同纠纷、债权债务概括转移合同纠纷、悬赏广告纠纷、买卖合同纠纷（分期付款买卖、凭样品买卖、试用买卖、互易、国际货物买卖、网络购物、电视购物）、招标投标买卖合同纠纷、拍卖合同纠纷、建设用地使用权合同纠纷、临时用地合同纠纷、探矿权转让合同纠纷、采矿权转让合同纠纷、房地产开发经营合同纠纷、房屋买卖合同纠纷（商品房预约合同纠纷、商品房预售合同纠纷、商品房销售合同纠纷）、房屋拆迁安置补偿合同纠纷、供用电合同纠纷、供用水合同纠纷，等等。

（二）无因管理纠纷

无因管理是指没有法定的或约定的义务，为避免他人的利益受损失，自愿进行管理或服务的行为。在这一关系中，进行管理的一方叫管理人，另一方在法律上叫“本人”，双方之间所产生的权利义务关系，就是无因管理之债。根据《民法通则》第九十三条规定，管理人“有权要求受益人（本人）偿付由此而支付的必要费用”。因为无因管理不是侵犯他人权利的违法行为，而是应予鼓励的助人为乐的行为（图 4-10）。

图 4-10　无因管理

无因管理的构成有以下几个条件：① 须有管理他人事务的行为。为他人管理事务是构成无因管理的前提条件，并且是既未受到他人委托又无法律上的规定而自愿为他人管理事务或财物的积极行为，如为他人饲养走失的家畜；② 须有为他人管理事务的意思。管理人自愿为他人管理事务是无因管理的必要条件。如发洪水时，把别人的家畜赶回自家饲养，并积极去寻找失主；③ 管理人须有如同管理自己财物、事务同样尽心的态度来管理他人的财物、事务。寻找到原主时，原主应如数偿还管理人支出的所有合理费用。

无因管理是一种值得提倡的行为，但是无因管理人如果之后思想起了变化，企图据为己有而不积极寻找本人，也不及时归还财物，甚至当得知原主后仍不主动返还或隐瞒管理物及孳息物，就使无因管理行为的性质转化为不当得利，原主有追索的权利。无因管理所产生的纠纷是民事纠纷，可通过调解进行解决，调解不成可通过仲裁、诉讼途径解决纠纷。

（三）不当得利纠纷

不当得利是指没有法律或合同上的根据得到利益，而使他人受到损害的事实。因为得利者得到的利益并非正当取得的，所以称不当得利。《民法通则》第九十二条规定："没有合法根据，取得不当利益，造成他人损失的，应当将取得的不当利益返还受损失的人。"

以上规定表明，不当得利者（获得利益的一方）有义务将得到的利益返还给利益受到损害的人，利益受到损害的人有权请求不当得利者返还所得利益。不当得利者与利益受损害者之间的这种债的法律关系，就称为不当得利之债。

现实生活中，不当得利者所得到的利益往往不是因其违法行为所产生，往往是由于受损害的人的过失行为而发生，如银行柜台业务员多付货币给取款人。但在有些情况下也可能因第三人的错误所造成，如送货人让运输公司送货到甲单位，运输公司却误送到乙单位。因不当得利引发的纠纷一般属于民事纠纷，可以通过调解进行解决，调解不成可通过仲裁、诉讼途径解决纠纷（图 4-11）。

图 4-11　不当得利

（四）侵权纠纷

侵权行为是指不法地侵害他人的合法权益应负民事责任的行为。在民事活动中民事主体的合法权益受法律的保护，任何人都负有不侵害他人合法权益的义务。行为人不法侵害他人的财产权利或人身权利的，应依法承担民事责任。受侵害的当事人一方有权请求侵害人赔偿损失，侵害人则负有赔偿损失的义务。因此，因侵权行为的实施在受害人与侵害人间形成债权债务关系，侵权行为也是债的发生原因。

有关侵权行为的法律：

《民法通则》对过错责任和无过错责任的归责原则、责任方式、典型的侵权类型作出规定，奠定了我国侵权责任法律制度的基础。在我国，规范侵权责任的法律主要由两个部分组成：

第一个部分是《民法通则》和《侵权责任法》。除《民法通则》的相关规定外，《侵权责任法》是规范侵权责任的最为重要的法律，从基本法的角度对侵权责任作出规定。侵权责任法的规定有三类：一是普遍适用的共同规则。二是典型的侵权种类的基本规则。三是其他单行法不可能涉及的一些特殊规则。

第二个部分是规范侵权责任的其他相关法律。我国目前已有40多部单行法对相关侵权问题作出规定。主要是：① 侵害物权责任。物权法、农村土地承包法作了规定；② 侵害知识产权责任。商标法、专利法、著作权法作了规定；③ 侵害婚姻自主权和继承权等责任。婚姻法、继承法作了规定；④ 商事侵权责任。公司法、海商法、票据法、保险法、证券法、信托法作了规定；⑤ 交通事故责任。道路交通安全法、铁路法、民用航空法作了规定；⑥ 产品责任。产品质量法、药品管理法、消费者权益保护法作了规定；⑦ 环境污染责任。环境保护法、水污染防治法、大气污染防治法、固体废物污染环境防治法作了规定；⑧生产事故责任。安全生产法、建筑法、电力法、煤炭法作了规定；⑨食品安全和传染病传播责任。食品安全法、传染病防治法、献血法作了规定；⑩其他侵权责任。人民防空法、公路法等法律作了规定。

侵权行为之债不是侵权行为人所愿意发生的法律后果，法律确认侵权行为之债的目的在于通过债的手段使侵权行为人承担其不法行为所造成的不利后果，给受害人以救济，从而保护民事主体的合法民事权益。我国《民法通则》中未将侵权行为规定于债权中，而是在民事责任一章中规定了侵权的民事责任。而侵权行为人正是通过侵权行为之债来承担其侵权的民事责任的，所以，《民法通则》在民事责任中规定侵权行为，并不是否认侵权行为也为债的发生原因。

四、债权实际问题讨论

2014 年 7 月 21 日 8 时 4 分，被告谢晋金驾驶中型货车超速行驶，遇相对方向由被告简国兴驾驶的中型客车行驶时未靠右侧行驶，致两车于路右偏左发生碰剐，造成两车受损，乘客即原告邱雪美受伤住院治疗。该事故经公安部门责任认定：被告谢晋金、简国兴分别应负本次事故的主、次要责任，乘客即原告邱雪美免负本次事故的责任。另查明，被告谢晋金受雇于被告庄文成，被告简国兴受雇于被告肖清焕。原告邱雪美要求四被告连带赔偿医药费、护理费、误工补贴、伙食补助费、交通费、营养费共计 15 万元。

本案在审理过程中经法院主持调解，双方当事人自愿达成协议：① 原告邱雪美同意被告谢晋金、庄文成于 2006 年 4 月 8 日前赔偿医药费、护理费、误工补贴等 7 万元；② 原告邱雪美同意被告简国兴、肖清焕于 2014 年 2 月 8 日前赔偿医药费、护理费、误工补贴、伙食补助费、交通费等 3 万元；③ 被告谢晋金、庄文成与被告简国兴、肖清焕互负连带赔偿责；④ 原告放弃其余诉讼请求。法院对上述协议进行审查，认为不违反法律规定，给予确认。

本案案情并不复杂，却涉及旅客运输合同、雇佣、无共同故意的侵权等诸多的法律关系。要正确处理本案，就要准确理解与把握原告基于旅客运输合同违约之诉与侵权之诉的选择、两个雇主与其雇员对外的连带责任、无意思联络的共同侵权人承担连带赔偿责任、连带责任人内部份额与外部责任的关系等法律知识，但首先要了解本案原告的诉讼请求是何种之诉。

本案是以旅客运输合同为基础法律关系，产生的一般侵权责任与违约责任两种民事责任的竞合。所谓旅客运输合同，是指承运人与旅客签订的，承运人将旅客及其行李包裹按约定的时间运送到目的地，旅客支付票款的协议。依我国《合同法》第二百九十三条规定，身为乘客向承运人购买车票，并当即乘坐承运人的客车，自此旅客运输合同成立并生效。承运人的主要义务是将旅客按车票约定的时间、路程、方式将旅客安全地运达约定的目的地，即应保证旅客在旅行途中的人身安全。根据《合同法》第三百零二条规定，可知承运人对旅客的伤亡承担责任是无过错责任原则的，如果承运人无法举证证明伤亡是由于旅客自身健康或故意、重大过失造成的，承运人应当为运输过程中旅客的伤亡承担损害赔偿责任。本案中，原告邱雪美是乘客，被告肖清焕是承运人，被告简国兴是肖清焕雇请的司机，是执行职务行为而已，故原告邱雪美与被告肖清焕之间构成旅客运输合同关系。但承运人雇请的司机被告简国兴在运输过程中由于未注意来车，与相对方向的被告谢晋金驾驶的车避车不当，致乘客受伤。承运人已违反旅客运输合同约定的应安全送达这一义务，已构成违约，乘客可以依法提起违约责任之诉，追诉承运人的违约责任。

基于直接违反了合同法规定的违约原因，也违反了侵权行为法的规定，侵害了他人的法定民事权益，构成了侵权行为，也应承担侵权责任。由于同一行为，产生了既违反合同法的有关规定，符合了违约责任的构成要件，又违反了侵权行为法的有关规定，符合侵权责任的构成要件，产生了违约的民事责任与侵权民事责任的竞合。依《合同法》第一百二十二条规定，受损害方可依《合同法》请求违法行为人承担违约责任，也可依其他法律的规定请求违法行人承担侵权责任，受害人可自由地选择。本案中，由于被告简国兴避车不当，致乘客邱雪美受伤害，既构成违约，又违反了侵权法规定，构成侵权，受害人即乘客邱雪美可选择违约之诉也可选择侵权之诉，来维护其自身的合法权益。从本案来看，乘客邱雪美选择了侵权之诉。为此承担本事故主要责任的共同侵权方即被告庄文成及其雇员谢晋金也应参加到本诉讼中来，共同连带赔偿乘客的损失。

陆某承包鱼塘进行养殖，但近来发现塘内饲养的鱼、虾大量死亡，经查原来是某公司将污水排放到自己的鱼塘，致使鱼塘的水体污染。陆某于是将某公司告上法庭，要求其赔偿因此造成的经济损失。但某公司辩称流入鱼塘的污水并不是自己一家排放，另外还有其他生活污水，而自己排放的污水是沿着污水沟排放的，当日流入是因为有大雨所致，是不可抗力，原告陆某也负有责任。究竟陆某的损失该由谁负责任呢？

《侵权责任法》规定的环境污染责任是适用无过错责任原则的特殊侵权责任。根据《侵权责任法》第六十六条规定：因污染环境发生纠纷，污染者应当就法律规定的不承担责任或者减轻责任的情形及其行为与损害之间不存在因果关系承担举证责任。也就是说，在环境污染纠纷中，实行举证责任倒置。案中，被告某公司提出流入原告鱼塘的污水并不是被告一家，另外还有生活污水，否认被告鱼塘内鱼、虾的死亡系其排放污水造成，这些都应由被告举证证明。但被告某公司并没有证据证明其排污行为与原告鱼塘内鱼、虾死亡不存在因果关系。

因此，原告鱼塘内鱼、虾死亡的损害后果应认定系被告某公司排污行为造成，被告某公司应当承担赔偿责任。

某日，陈某经过一幢七层高的住宅楼，突然被不知从哪一层楼扔出的酒瓶击中头部造成头部流血受伤。但陈某始终不知道具体是哪一住户扔出的酒瓶砸伤了自己，于是将整幢楼的住户都告上法庭，要求6家住户（除一楼以外）共同赔偿自己由此支付的医疗费等。陈某有依据吗？

陈某的诉讼请求是有法律依据的。根据《侵权责任法》第八十七条规定："从建筑物中抛掷物品或者从建筑物上坠落的物品造成他人损害，难以确定具体侵权人的，除能够证明自己不是侵权人的外，由可能加害的建筑物使用人给予补偿。"抛掷物、坠落物损害责任是基于公平考虑，而不是基于过错责任原则确定，适用的是补偿责任。这样的案例采用举证责任倒置。无法确定具体加害人的，由被侵权人证明自己是被建筑物上的抛掷物、坠落物伤害的，由建筑物使用人证明自己不是加害人。建筑物使用人不能证明自己不是加害人的，要对被侵权人受到的损害进行补偿。如果有证据能够确定具体的加害人，则其他可能加害的建筑物使用人无需再举证证明自己不是加害人。

各个可能加害的建筑物使用人之间不承担连带责任，而是按份分别对被侵权人进行补偿。被侵权人不能要求某一个或一部分可能加害的建筑物使用人补偿其全部的损害，可能加害的建筑物使用人按照自己应承担的份额对被侵权人进行补偿后，也不能向其他可能加害的建筑物使用人追偿。但是，建筑使用人支付补偿款后，如果发现了真正加害人的，可以向真正的加害人进行追偿。《侵权责任法》的上述规定，其目的是为了更好地预防损害，防止人们高空抛物。

第三节 人身权与法

一、人身权的性质与类型

（一）人身权性质

人身权，是人格权和身份权的合称，是指民事主体依法享有的，与其自身不可分离亦不可转让的没有直接财产内容的法定民事权利（图 4-12）。人身权是我们从事民事法律行为，设定、取得、变更或者放弃其他民事权利的基础，特别是取得财产权的基础。例如，自然人家庭成员之间的身份权是取得继承权的前提；法人没有名称权，其经营活动就难以正常、有序地展开。

图 4-12　人身权不容侵犯

（二）人身权类型

按照人身权的客体是人格利益还是身份关系，可以把人身权分为人格权和身份权，这是人身权最基本也是最具意义的分类。

1. 人格权

所谓人格权，是人固有为维护自身独立人格所必备的，以人格利益为客体的权利。人格独立是人区别于普通动物而成为“人”的根本标志，人格权是自然人人格独立的重要保障。如果自然人不享有人格权，将不时地遭受人身攻击、恐吓与威胁，生命恐无安全之时，生活恐无安宁之日。非自然人的法人、个体工商户等也莫不如此，无人格权之保障，就无独立自主经营可言。生命权、健康权、姓名权（名称权）、名誉权、隐私权、肖像权即属于人格权的范畴。

2. 身份权

所谓身份权，是指人以特定身份为客体而享有的维护一定社会关系的权利。确切地说，身份权一词只是借用了权利的用语，实为权利义务的集合体。因为人基于特定的身份既享有一定的权利，同时也承担一定的义务。以配偶权为例，夫妻之间享有同居、要求对方忠贞的权利，同时承担同居、自己忠贞的义务。身份权包括亲权、亲属权、配偶权。

二、人身权保护的法律规定

（一）人格权保护的法律规定

1. 生命权、健康权

生命权是指以自然人的生命安全利益为内容的权利。健康权是指公民以其机体生理机能正常运作和功能完善发挥，维护人体生命活动的利益为内容的人格权，包括健康维护权和劳动能力以及心理健康。例如，餐馆给顾客食用不卫生的食品，导致顾客患病；通过某种行为使得受害人处于恐惧、惊吓等不健康状态等都是对人健康权的侵害。《民法通则》第九十八条规定：公民享有生命健康权（图4-13）。

图4-13　珍惜生命权

2. 姓名权、名称权

姓名权是公民决定、使用和依照规定改变自己姓名的权利。姓名是用以确定和代表某人并与其他公民相区别的文字符号和标记。《民法通则》第九十九条第一款规定：“公民享有姓名权，有权决定、使用和依照规定改变自己的姓名，禁止他人干涉、盗用、假冒。”名称权是指法人或者组织依照法定的程序所取得并使用其名称的权利。《民法通则》第九十九条第二款规定：法人、个体工商户、个人合伙享有名称权。企业法人、个体工商户、个人合伙有权使用、依法转让自己的名称。

3. 肖像权

肖像权是公民对在自己的肖像上所体现的利益为内容的具体人格权，包含了肖像所体现的精神利益和物质利益为内容的民事权利。《民法通则》第一百条规定：“公民享有肖像权，未经本人同意，不得以营利为目的使用公民的肖像。”所谓“以营利为目的”，是指使用他人的肖像来达到自己一定的经济目的。如未经本人同意，将其照片陈列在照相馆的橱窗内，或用来作广告、商标等等。《最高人民法院关于贯彻执行中华人民共和国民法通则》若干问题的意见（试行）》第一百三十九条规定：以营利为目的，未经公民同意利用其肖像做广告、商标、装饰橱窗等，应当认定为侵犯公民肖像权的行为（图4-14）。

图4-14 尊重肖像权

4. 名誉权

名誉权是指社会上人们对于公民或法人的品德、才干、声望、信誉等各方面的综合评价。《民法通则》第一百零一条规定：“公民、法人享有名誉权，公民的人格尊严受法律保护，禁止用侮辱、诽谤等方式损害公民、法人的名誉。”以书面、口头等形式宣扬他人隐私，或者捏造事实公然丑化他人人格，以及用侮辱、诽谤等方式损害他人名誉造成一定影响的，应当认定为侵害公民名誉权的行为。

5. 荣誉权

荣誉权是指公民、法人所享有的，因自己的突出贡献或特殊劳动成果而获得的光荣称号或其他荣誉的权利。《民法通则》第一百零二条规定：公民、法人享有荣誉权，禁止非法剥夺公民、法人的荣誉称号。

侵害公民的姓名权、肖像权、名誉权，荣誉权的，根据《民法通则》第一百二十条的规定，必须承担停止侵害，恢复名誉，消除影响，赔礼道歉，赔偿损失的民事责任。如果侵犯公民的名誉权情节严重，构成犯罪的，按刑法有关侮辱罪、诽谤罪、诬陷罪的规定处罚。

6. 婚姻自主权

指婚姻当事人享有自主决定自己婚姻的权利。婚姻当事人基于法律规定和本人意志，自主决定自己的婚姻问题，不受他人的非法干涉。《民法通则》第一百零三条规定："公民享有婚姻自主权，禁止买卖、包办婚姻和其他干涉婚姻自由的行为。"

7. 隐私权

是指自然人享有的私人生活安宁与私人生活信息依法受到保护，不受他人侵扰、知悉、使用、披露和公开的权利。《民法通则》第五条规定："公民、法人的合法的民事权益受法律保护，任何组织和个人不得侵犯。"《侵权责任法》第二条规定："侵害民事权益，应当依照本法承担侵权责任。本法所称民事权益，包括生命权、健康权、姓名权、名誉权、荣誉权、肖像权、隐私权、婚姻自主权、监护权、所有权、用益物权、担保物权、著作权、专利权、商标专用权、发现权、股权、继承权等人身、财产权益"。

8. 人身自由权

人身自由权是指自然人在法律规定的范围内，按照自己的意志和利益进行行动和思维，不受约束、控制或妨碍的权利。《宪法》第三十七条规定：中华人民共和国公民的人身自由不受侵犯。任何公民，非经人民检察院批准或者决定或者人民法院决定，并由公安机关执行，不受逮捕。禁止非法拘禁和以其他方法非法剥夺或者限制公民的人身自由，禁止非法搜查公民的身体。《消费者权益保护法》第二十五条规定："经营者不得对消费者进行侮辱、诽谤，不得搜查消费者的身体及其携带的物品，不得侵犯消费者的人身自由。该法第四十三条规定："经营者违反本法第二十五条规定，侵害消费者的人格尊严或者侵犯消费者人身自由的，应当停止侵害、恢复名誉、消除影响、赔礼道歉，并赔偿损失"。

（二）身份权保护的法律规定

1. 亲权

亲权，是指父母对其未成年子女所行使的权利，该权利的基础在于父母与未成年子女这一特定的身份关系。其主要内容包括：对未成年子女进行管教、保护的权利；作为未成年子女的法定代理人，代理未成年子女为民事法律行为；管理未成年子女的财产等。亲权的权利主体为父母双方，且由父母双方共同行使。父母双方不能行使亲权时，则由监护人行使监护权。对此，《民法通则》《未成年人保护法》《婚姻法》均有详细规定。例如，关于离婚后子女的抚育、探望等《婚姻法》第三十六、三十八条就进行了规定。

2. 亲属权

亲属权，是指因血缘、收养等关系产生的特定身份而享有的民事权利。

具体可划分为：① 父母与成年子女之间的权利，如父母享有请求成年子女赡养的权利；② 祖父母、外祖父母与孙子女、外孙子女之间的权利，如父母已经死亡的未成年的孙子女、外孙子女享有请求有负担能力的祖父母、外祖父母抚养的权利；③ 兄弟姐妹之间的权利，如父母无力抚养的未成年弟妹享有请求有负担能力的兄姐抚养的权利。《婚姻法》第二十一、二十八、二十九条有相关规定。

3. 配偶权

配偶权，是指在合法有效的婚姻关系存续期间，夫妻双方基于夫妻身份所互享的民事权利。其内容主要包括：同居权，即夫妻双方享有请求对方与自己同居的权利，负有与对方同居的义务；忠诚权，即夫妻双方互享请求对方保持对自己忠诚的权利，恪守忠贞；协助权，即夫妻双方互享请求对方在生活中给予自己帮助、照顾和配合的权利，负有帮助、照顾和配合对方的义务。《婚姻法》第三、四、二十条有相关规定。

三、常见人身权纠纷的处置

人身权为支配权，常因他人的行为受到损害而发生纠纷。因人身权有人格权和身份权的区别，常见的人身权纠纷相应地被区分为侵害人格权纠纷和侵害身份权纠纷。人身权纠纷或因侵权行为而发生，或因合同而发生，故前述债权纠纷的各种处置方法，均适用于对人身权纠纷的处理。以下就处置人格权纠纷的两个问题作些说明。

（一）人身权纠纷处置的诉讼管辖

因人格权纠纷提起的诉讼，多为侵权之诉，根据《民事诉讼法》第二十九条的原则规定，由侵权行为地或者被告住所地人民法院管辖。该条规定的“侵权行为地”，包括侵权行为实施地、侵权结果发生地。《民事诉讼法》第三十条还规定，因铁路、公路、水上和航空事故请求损害赔偿提起的诉讼，由事故发生地或者车辆、船舶最先到达地、航空器最先降落地或者被告住所地人民法院管辖。根据最高人民法院《关于适用〈中华人民共和国民事诉讼法〉若干问题的意见》有关规定，因产品质量不合格造成他人财产、人身损害提起的诉讼，产品制造地、产品销售地、侵权行为地和被告住所地的人民法院都有管辖权。

因身份权纠纷提起的诉讼，根据《民事诉讼法》第二十一条的规定，对公民提起的民事诉讼，由被告住所地人民法院管辖；被告住所地与经常居住地不一致的，由经常居住地人民法院管辖。对法人或者其他组织提起的民事诉讼，由被告住所地人民法院管辖。对不在中华人民共和国领域内居住的人提起的有关身份关系的诉讼以及对下落不明或者宣告失踪的人提起的有关身份关系的诉讼，根据《民事诉讼法》第二十二条的规定，由原告住所地人民法院管辖；原告住所地与经常居住地不一致的，由原告经常居住地人民法院管辖。

（二）人身权纠纷处置的法律适用

目前，处理人身权纠纷的法律依据，主要是《民法通则》《婚姻法》《未成年人保护法》《侵权责任法》和《道路交通安全法》等法律的相关规定。再者，《民用航空法》第一百五十七条、《消费者权益保护法》第二十五条和第四十三条以及《医疗事故处理条例》等，也构成处理人身权纠纷的依据之一部分。特别要说明的是，最高人民法院《关于审理人身损害赔偿案件适用法律若干问题的解释》、最高人民法院《关于审理触电人身损害赔偿案件若干问题的解释》、最高人民法院《关于确定民事侵权精神损害赔偿责任若干问题的解释》、最高人民法院《关于审理名誉权案件若干问题的解释》、最高人民法院《关于贯彻执行〈中华人民共和国民法通则〉若干问题的意见（试行）》第一百三十九条、一百四十条、一百四十一条、一百五十条、一百五十一条的相关规定，以及最高人民法院《关于确定民事侵权精神损害赔偿责任若干问题的解释》等相关规定，是我国司法实务处理人格权纠纷的重要依据。

四、人身权实际问题讨论

2008 年 10 月 18 日凌晨 1 时许，著名导演谢晋因心源性猝死，逝世于酒店客房内。2008 年 10 月 19 日至同年 12 月，宋祖德向其开设的新浪网博客、搜狐网博客、腾讯网博客上分别上传了《千万别学谢晋这样死!》《谢晋和刘××在海外有个重度脑瘫的私生子谢××!》等多篇文章。2008 年 10 月 28 日至 2009 年 5 月 5 日，刘信达向其开设的搜狐网博客、网易网博客分别上传了《刘信达愿出庭作证谢晋嫖妓死，不良网站何故暗箱操作撤博文?》《刘信达：美×确是李××女儿，照片确是我所拍》《宋祖德十五大预言件件应验!》《宋祖德的 22 大精准预言!》等文章，称谢晋事件是其亲眼目睹、其亲自到海外见到了“谢晋的私生子”等内容。

2008 年 10 月至 11 月间，齐鲁电视台、《新京报》等五家媒体的记者纷纷通过电话采访了宋祖德。宋祖德称前述文章其有确凿证据，齐鲁电视台及各报社纷纷予以了报道。成都商报社记者在追问宋祖德得知消息来源于刘信达后，还通过电话采访了刘信达。刘信达对记者称系自己告诉了宋祖德，并作出了同其博客文章内容一致的描述。徐大雯以宋祖德、刘信达侵害谢晋名誉为由起诉，请求停止侵害、撤销博客文章、在相关媒体上公开赔礼道歉并赔偿经济损失 10 万元和精神损害抚慰金 40 万元。

上海市静安区人民法院一审认为，博客注册使用人对博客文章的真实性负有法律责任，有避免使他人遭受不法侵害的义务。宋祖德、刘信达各自上传诽谤文章在先，且宋祖德称消息来源于刘信达的“亲耳所闻、亲眼所见”，而刘信达则通过向博客上传文章和向求证媒体叙述的方式，公然宣称其亲耳听见了事件过程并告诉了宋祖德。两人不仅各自实施了侵权行为，而且对于侵犯谢晋的名誉有意思联络，构成共同侵权。诽谤文章在谢晋逝世的次日即公开发表，在此后报刊等媒体的求证过程中继续诋毁谢晋名誉，主观过错十分明显。宋祖德、刘信达利用互联网公开发表不实言论，使谢晋的名誉在更大范围内遭到不法侵害，两被告的主观过错十分严重，侵权手段十分恶劣，使谢晋遗孀徐大雯身心遭受重大打击。综上，判决宋祖德、刘信达承担停止侵害、在多家平面和网络媒体报醒目位置刊登向徐大雯公开赔礼道歉的声明，消除影响；并赔偿徐大雯经济损失89951.62元、精神损害抚慰金20万元。宋祖德、刘信达不服上诉，上海市第二中级人民法院维持原判，驳回上诉。

时任最高人民法院民一庭副庭长姚辉介绍说，本案是一起利用博客侵害他人名誉权的案件。正如法院判决所言，在公开博客这样的自媒体中表达，与通过广播、电视、报刊等方式表达一样，都应当遵守国家的法律法规，不得侵犯他人的合法权益。博客开设者应当对博客内容承担法律责任。本案两被告利用互联网和其他媒体侵犯谢晋的名誉权，法院根据其行为的主观过错、侵权手段的恶劣程度、侵权结果等因素，判处较高数额的精神损害抚慰金，体现了《侵权责任法》的理念和精神。

第四节 知识产权与法

一、什么是知识产权

知识产权是指人们就某些智力活动成果所享有的权利。根据莱昂内尔·宾利（lionel Bently）和布莱德·谢尔曼（Brad Sherman）所著的《知识产权法》所述，以及国际条约和世界上大部分国家的法律，知识产权可以分为著作权和工业产权两种类型。

著作权：主要指文学、艺术、科学作品的创作者就其作品所享有的权利，以及作品的表演者、录音摄像制作者和广播者就其表演和音像制品的传播所享有的权利。
工业产权：指著作权以外的知识产权，主要包括商标权、专利权和各类制止不正当竞争行为的权利，保护对象涉及商号、地理标志、商业秘密、技术发明、工业外观设计、植物新品种、集成电路布图设计等。

（一）知识产权的概念

“知识产权”（Intellectual property）概念首先在18世纪的德国出现。对于中国而言，它是一个纯粹的“外来语”，中国大陆译为“知识产权”，我国香港地区译为“智力产权”，台湾地区译为“智慧财产权”。它们虽然在语言表达上有所差别，其实质却为同一。如果严格从语言翻译的角度来说，应当为“智力财产权”，其含义即由人的智力创造活动而产生的财产权，汉语“知识”二字显然没有“智力创造”的含义。但是，自20世纪70年代末80年代初以来，“知识产权”已经成为公众所普遍接受的概念，表达着“Intellectual property”所特有的含义。

（二）知识产权的范围

知识产权领域最重要的两个国际公约《世界知识产权组织成立公约》（World Intellectual Property Organization，WIPO）和《与贸易有关的知识产权协议》（Agreement on Trade-Related Aspects of Intellectual Property Rights，TRIPS）对知识产权的范围均有明确界定。

《世界知识产权组织成立公约》第2条第8款规定，知识产权应包括下列权利：

1. 与文学、艺术及科学作品有关的权利。
2. 与表演艺术家的表演活动、与录音摄像制品及广播有关的权利。
3. 与人类创造性活动的一切领域内的发明有关的权利。
4. 与科学发现有关的权利。
5. 与工业品外观设计有关的权利。
6. 与商品商标、服务商标、商号及其他商业标记有关的权利。
7. 与防止不正当竞争有关的权利。
8. 一切其他来自工业、科学及文学艺术领域的智力创作活动所产生的权利。

《与贸易有关的知识产权协议》第一部分第一条规定，该协议所包含的知识产权的范围，包括：① 版权与邻接权；② 商标权；③ 地理标志权；④ 工业品外观设计权；⑤ 专利权；⑥ 集成电路布图设计（拓扑权）权；⑦ 未披露过的信息专有权。

（三）知识产权保护的特点

与保护有形财产的法律规则不同，知识产权保护具有其鲜明的特征。

1. 无形性

知识产权是一种无形财产权利，不同于人们对房屋、汽车等有形财产所享有的权利。知识产权所保护的智力活动成果，通常是无形的，表现为某些信息。这些信息，除了商业秘密外，其余基本处于公开状态，社会公众通常可以在公开领域比较容易获得相关信息，并加以利用。因此，知识产权人对智力活动成果的占有，是一种法律规定上的占有，而不是一种实际占有。与有形财产相比，知识产权侵权不但更容易发生，而且侵权更加隐蔽。为了更好地保护知识产权，法律必须明确规定特定智力活动成果获得知识产权保护的具体条件、权利范围、行使规则以及法律责任。从这一意义上说，知识产权是一种法定的权利。

知识产权的许可与转让的标的，不是有关的智力活动成果，而是对相关智力活动成果进行利用的权利。因为知识产权所保护的智力活动成果，社会公众即使没有受让权利或获得许可，也可以从公开渠道获得，不需要通过许可获得。但是对这些信息进行利用的权利，只有经过许可和受让才能获得。

体现知识产权无形特点的经典法条：

美国《版权法》第 202 条规定：对版权的拥有，不同于对体现了作品的任何有形物的拥有。

我国《著作权法》（2010 年）第 18 条规定：美术品原件所有权的转移，不视为作品著作权的转移，但美术作品原件的展览权由原件所有人享有。

2. 专有性

知识产权专有性的基本含义是，非经知识产权人许可或者法律特别规定，他人不得实施受知识产权保护与控制的行为。知识产权专有性的含义，与有体物所有权的含义不同。所有权人对其所有之物享有占有、使用、收益和处分的权利，而知识产权人对其知识产权，主要是从反不正当竞争的角度，享有排除他人未经许可进行实施的权利。知识产权的专有性，将受保护的智力活动成果与处在公有领域的智力活动成果予以区分。

知识产权专有性的特定表现：

1. 两项相同发明同时申请专利，只能获得一项专利权。

2. 两个相同的商标向商标局申请注册，只能其中一个获得注册。

3. 两个作者互不知情，各自创作相同作品，分别享有独立著作权。

4. 法律允许两个以上的人就相同的技术信息和营业信息享有各自的权利。

3. 地域性

知识产权的地域性，是指知识产权是依据一定国家或者地区的法律而产生的权利，依据该国或该地区的法律受到保护，一旦超出在各个国家或地区的范围，相关的权利即不再有效，不能受到这个国家或地区的法律保护。国际上出现的很多知识产权纠纷都是由于这一原因引起的。用例子来简单地说，在中国申请的专利仅在中国有效，如果在日本没有申请专利保护，那么这项技术发明或产品发明在日本将处于公有领域。在日本的任何人都可以在日本进行自由使用，无需支付许可费。

4. 期限性

期限性是指知识产权保护都有一定的期限，一旦超过保护期，相关知识产权就进入公有领域，社会公众可以免费利用相关智力活动成果。

知识产权期限性的具体表现：

1. 著作权中的经济权利保护期限通常是作者有生之年加50年，精神权利中的署名权、修改权和保护作品完整权则没有时间限制，发表权的保护期为作者有生之年加50年。

2. 发明专利的保护期限是自申请之日起算20年，实用新型和工业外观设计专利权的保护期限是自申请之日起算10年。

3. 商标注册的有效期限是10年，自商标核准之日起算，期限届满可以续展，每次续展的有效期限是10年，续展次数不限。

4. 植物新品种保护的期限是自授权之日起算的，藤本、林木等植物的保护期限是20年，其他植物为15年。

5. 集成电路布图设计权的保护期是10年。

6. 商业秘密：保密期间。

5. 权利客体的可复制性

可复制性不是指知识产权的特征，而是知识产权所保护的权利客体的特征。由于知识产权的客体是无形的智力活动成果，通常表现为某种无形的信息。所有获得和了解完整智力活动成果信息的人，都可以加以利用。知识产权客体这一特征，使得知识产权人难以对其权利实现完全控制。与有形财产权相比，知识产权的侵权行为更容易发生，而且具有很大的隐蔽性，难以为权利人及时发现。在很多情况下，不但权利人和社会公众很难发现知识产权侵权行为，而且侵权人自己也有可能不知道自己的行为是否构成侵权，甚至有些侵权行为只有经过法院裁判后才能确定。因此，知识产权不但容易被侵权，而且发现侵权较为困难。

知识产权客体具有可复制性，还会带来知识产权保护中的另一个问题。即对于知识产权人来说，即使发现侵权行为，但对确定侵权损害大小的证据收集也是非常困难的。根据现行法律的相关规定，通常按照权利人因被侵权所受到的实际损失确定，实际损失难以确定的，可以按照侵权人因侵权所获得的利益确定；权利人的损失或者侵权人获得的利益难以确定的，参照该商标许可使用费的倍数合理确定。在著作权法、专利法和商标法中，还专门规定了法定赔偿额，甚至还对恶意侵犯知识产权，情节严重的，规定惩罚性赔偿的标准。之所以要对知识产权侵权赔偿规定如此复杂和详细的损害赔偿标准，就是考虑到知识产权保护的这种特殊性。

（四）知识产权国际条约

知识产权制度是西方文化的产物，对中国来说是一个舶来品。我国的知识产权制度正是在不断借鉴和吸收大量的国外先进立法和国际条约的基础上发展起来的。知识产权具有鲜明的地域性，根据一个国家或地区的法律所获得的知识产权，仅在该国有效。但实践中，对于受知识产权保护的智力活动的利用行为，通常是跨越国界的。如何实现知识产权的国际保护，如何协调各个国家的知识产权保护标准，成为知识产权领域面临的重大问题。一大批知识产权国际条约应运而生。这些知识产权国际条约，既有双边条约，也有地区性多边条约，还有全球性的多边条约。目前对我国的知识产权制度建设和实践产生重大的影响的，主要是全球性的多边知识产权条约（表 4-1）。

表 4-1 重要的全球性多边知识产权国际条约

管理组织	缔结时间	条约名称	中国加入情况
巴黎联盟	1883 年	保护工业产权巴黎公约	1985 年 3 月
伯尔尼联盟	1886 年	保护文学艺术作品伯尔尼公约	1992 年 10 月
世界知识产权组织 联合国劳工组织 教科文组织	1961 年	保护表演者、录音制作者与广播组织公约，简称罗马公约	至今未加入，但通过 TRIPS 协议，执行了罗马公约的许多基本制度和原则
世界知识产权组织	1967 年	建立世界知识产权组织公约	1980 年 6 月
	1996 年	版权条约	2007 年 3 月
	1996 年	表演与录音制品条约	2007 年 3 月
	2012 年	视听表演北京条约	2012 年 6 月 26 日
世界贸易组织	1995 年	与贸易有关知识产权协议	2001 年 12 月

二、著作权

著作权是指文学、艺术和科学作品的创作者对其所创作的作品享有的权利，简而言之，即作者对其作品所享有的权利。这里的“作品”是指具有独创性的各种形式的智力创作成果，包括电影、戏剧、小说、绘画、舞蹈、杂技等。这里的“权利”既包括作者对作品的精神权利，也包括作者对作品的经济权利。

著作权通常有广义和狭义之分。狭义的著作权，仅指作者就其创作的作品所享有的权利。广义的著作权，还包括邻接权，即作品表演者、录音制品制作者和广播组织在传播作品过程中，就其创造性的劳动成果所享有的权利，主要包括表演者权、录音制品制作者权和广播组织权。

著作权的产生与发展，与科学技术的发展，尤其是印刷术的发展与进步，具有非常密切的关系。著作权保护制度是作品复制技术发展的产物，只有大规模复制成为可能的情况下，著作权保护才成为必要。随着科学技术的发展，受著作权保护的作品类型不断增加，除了最早纳入著作权保护的文字作品外，地图和图形作品、摄影作品、电影作品、建筑作品、计算机软件等逐步成为著作权保护的客体；同时，著作权内容也不断丰富，除了复制权外，表演权、展览权以及信息网络传播权逐渐成为新的著作权内容；此外随着广播技术、录音技术和卫星传播技术的发展，表演者权、录音制品制作者权和广播组织权逐步产生，并成为著作权法体系的重要内容。

我国的著作权制度起源于1910年清政府颁布的《大清著作权律》，这是中国历史上第一部著作权法。尽管该法没有实施，但对中华民国北京政府和南京政府的著作权法产生重大影响，在该法的基础上分别于1915年和1928年颁布《著作权法》。1928年的《著作权法》后在台湾地区继续实施。新中国现行的著作权法于1979年开始起草，1990年颁布实施，后经2001年和2010年两次修订，自2011年7月开始进行第三次修订活动。与前两次著作权法修订的最大不同，是第三次著作权法修订是为了顺应国内著作权保护实践的需要，主动进行的修法活动。

（一）著作权客体

著作权是创作作品的自然人就其作品所享有的权利。著作权保护的一个基本原则是只保护对思想观念的表达，不保护思想观念本身。概念、术语、原则、客观事实、创意以及发现等均属于思想观念的范畴，不受著作权法的保护。著作权法所保护的“表达”，主要是指关于上述各种思想观念的各种形式或方式的表达或者表述，包括文字的、音符的、数字的、线条的、色彩的、造型的以及形体的表达或传达。这种表达或传达所形成的就是作品。

什么是“著作权只保护对思想观念的表达，不保护思想观念本身”呢？以女子十二乐坊”设计案为例进行说明。某甲设计了一套有关乐队成员选择、包装、宣传和推广的方案，但需要寻求投资才能进行实施，于是找某乙进行合作投资。乙看到相关的方案后，未经甲同意，根据方案自行组建一支乐队，成功进行了市场推广和宣传。后甲起诉乙侵犯其著作权。该案中，甲的诉讼请求无法得到支持，原因在于，尽管乙的确采用了甲的设计方案，但其利用的只是方案中的思想，没有利用方案的表达。

1. 思想观念与表达的区分

思想观念与表达的区分是著作权保护实践中的一个重要问题。实践中，表达与思想观念实际上是一个相对的概念，如当对某一主题的表达非常有限以致只有主题时，或者当表述表达与思想观念基本属于同一的情况时，这样的表达实际上就构成了思想观念，无法获得版权保护。

在一则关于楼盘名称的纠纷中，原告为上海一家文化发展有限公司，被告为上海一家房地产开发公司，双方约定如原告的销售方案被采纳，被告即可以推荐其销售该公司开发的楼盘，原告在销售方案中将楼盘取名为“金领之都”，但被告决定自己销售，而且采用了原告提出的“金领之都”作为楼盘名称。原告认为其对“金领之都”享有著作权，故起诉请求判令被告停止使用该楼盘名称，以及承担其他民事责任。

本案的关键问题是“金领之都”的楼盘名称能否受到著作权保护？一般来说，楼盘名称通常无法构成作品。作品是作者思想观念的具体表达，一般要具有一定容量，没有一定文字容量的表达就无法构成作品。而楼盘名称通常短小简明，概括反映想要表达的主题，无法达到作品表达所要求的文字容量，不能受著作权法保护。

此外，司法实践中总结的“对技术表达的版权保护不能延及对技术的垄断”规则，实际上也同样体现了版权不保护思想观念的基本理念。通常来说，电器操作方法的说明书详细地记载了操作电器的步骤和注意事项等技术信息，符合原创性的，可以构成作品，获得著作权保护。如果有人抄袭了该说明书的内容，构成对该说明书作者的著作权侵权，但如果有人根据在说明书所描述的步骤研制出新的电器，则说明书的作者无法要求其承担著作权侵权责任。因为，该说明书所传递的电器操作方案是该说明书所隐含的思想观念，著作权法仅能为说明书的表达提供著作权保护。在郑维江状告吴冠中剽窃“独创模式文字画”案中，农民画家郑维江独创了一种新的绘画模式，即借用丰富的汉字形象进行绘画创作，据称曾将创作的书画寄给著名画家吴冠中，请求指导（图 4-15）。后来吴冠中也创作了系列文字画（图 4-16），郑维江发现后认为剽窃了他的作品，提起诉讼。该案的核心问题是“独创模式文字画”是属于表达还是思想观念？所谓的“独创模式文字画”是指用文字形象勾勒书画的一种创作思想，属于思想观念的范畴，不属于著作权法所保护的表达。因此，本案中，即使吴冠中的确借鉴了郑维江的书画创作思想，也没有构成著作权侵权。

图 4-15　郑维江的文字画

图 4-16　吴冠中的文字画

2. 作品

著作权的客体是作品。什么是作品？作品是具有独创性的各种形式的智力创作成果。按照通常的理解，著作权法所保护的作品至少符合以下三个要件：① 是人类的智力活动成果；② 具有能为外界感知的外在表达；③ 具有独创性。可以根据上述三个条件判断下列是否构成版权法意义上的作品？

（1）长江三峡上的神女峰。

（2）某教授在上课前准备的“腹稿”。

（3）某同学在美术课上画的很夸张的美女图。

（4）具有高智商的宠物狗画的画，在网上拍卖价值 3 000 美金。

（5）牛顿的万有引力定律。

（6）某公司发明的某种记账方法。

（1）与（4）不属于人的智力活动成果；（2）不具有能为外界感知的外在表达；（5）和（6）是一种思想观念，不是一种表达；只有（3）符合上述三个要件，是著作权意义上的作品。

根据现行《著作权法》规定，主要有九类作品，包括文字作品，口述作品，音乐、戏剧、曲艺、舞蹈、杂技艺术作品，美术、建筑作品，摄影作品，电影作品和以类似摄制电影的方法创作的作品，工程设计图、产品设计图、地图、示意图等图形作品和模型作品，计算机软件以及法律、行政法规规定的其他作品。除上述作品外，著作权法还提到了一些特殊的作品类型，如汇编作品、演绎作品、民间文学艺术作品等。在理解这些种类作品的实际含义时，必须要把握从著作权法的角度理解各类作品。如以戏剧为例，对于文艺界人士来说，戏剧是指以舞台的演出而存在的综合艺术，即“一整台戏”，但《著作权法》上指的戏剧作品是由对话、旁白、音乐、配词等构成的剧本，而不是指表演本身。又如，《著作权法》上的杂技艺术作品，是指杂技、魔术、马戏等通过形体动作和技巧表现的作品，必须具有独创性的艺术活动才获得著作权保护，杂技艺术中经常见到的蹬技、手技、顶技、踩技、口技、车技、武术、爬杆、走索等属于技术的部分，不能获得著作权保护。

3. 不受著作权保护的作品

世界各国著作权法在规定受保护作品的同时，还规定了一些不受法律保护的作品。我国现行《著作权法》规定了以下三种不受著作权保护的作品：① 立法行政司法性质的文件；② 时事新闻；③ 历法、通用数表、通用表格、公式。2010 年以前的《著作权法》还提出“依法禁止出版传播的作品”也不受著作权保护。但该条规定由于与《伯尔尼公约》所规定的著作权自作品创作完成之日起自动产生的精神相违背，因此，在 2010 年修改《著作权法》时，将“依法禁止出版传播的作品”，从不受著作权法保护的作品类别中删除，同时增加“国家对作品的出版、传播依法进行监督”的规定，以解决对内容反动、淫秽和违反社会公德作品的管理问题。

（二）著作权内容

根据著作权法的规定，自创作完成之日起，作品自动获得著作权保护。也就是说，获得著作权保护与是否进行作品登记，是否发表没有关系，仅与作品是否创作完成有关系。著作权由精神权利和经济权利两部分构成，著作权法除了规定各类具体权利外，还规定了保护期限以及对各类权利的限制。

1. 作者精神权利

根据《著作权法》相关规定，作者的精神权利保护发表权、署名权、保护作品完整权和修改权。发表权是指作者“决定作品是否公之于众”的权利，包括决定作品是否发表、何时发表以及以何种形式发表。著作权法上的“发表”含义广泛，包括出版（复制）、表演、展览、放映、广播等方式。在理解发表权时，要注意以下几点：① 发表权是一次性权利，只能由作者行使。比如，“友人书信”是否发表以及如何发表，必须由书信的作者来决定，书信原件的所有人没有权利决定；② 作者在第一次行使经济权利，通常可以推定作者行使了发表权；③ 发表权的行使受到其他民事权利的制约。例如，对于某些“人体艺术照片”，虽然这些照片的摄影者拥有著作权，但是没有权利独自决定发表，必须要征得拍摄对象的同意才行。

署名权是指作者有权在自己创作的作品上署名，还有权防止他人在自己创作的作品上署名。署名权是作者精神权利的核心，宣告了作者与作品的关系。作者署名，可以署真实名字，也可以是笔名或者假名。如我们所熟悉的金庸，其真实的名字是查良镛。署名权的保护期限不受限制，只要作品存在，就要保护作者的署名权。在实践中，对于电影作品、实用艺术品、建筑作品以及计算机软件作品，还涉及善意署名或适当署名的问题。书画贸易中，还存在一个与署名有关系的“冒名”问题，即把自己的作品当做他人的作品发表。如在1995年“吴冠中诉朵云轩”案中，被告上海朵云轩拍卖有限公司和香港永成拍卖有限公司联合拍卖了一幅署名为著名画家吴冠中的《毛泽东》（《炮打司令部》），画左下角为画家名款“吴冠中画于工艺美院 一九六六年”。但实际该绘画是假冒著名画家吴冠中的名字发表的。在该案中，假冒署名的问题，实际上侵害的不是吴冠中老先生的署名权，因为署名权必须基于作品产生，而是侵害了吴冠中的姓名权。我国的著作权法直接将“制作、出售假冒他人署名的作品”规定为著作权侵权行为。把自己的作品冒充他人作品进行发表，实际上是一种作品的反向假冒。同时基于吴老先生在书画界的名声，理论上也可以将“吴冠中”

看成是一种商业标识，假冒署名就可以理解为假冒，受到商标法或反不正当竞争法的规制。

保护作品完整权，是指作者有权禁止他人进行有损于作者声誉的歪曲、篡改和割裂其作品，并且此种歪曲、篡改和割裂会有损于作者的声誉。在实践中，出版社大量未经允许删改作品，或者将宗教性的音乐用于商业广告，在某种程度上都是对作品完整性的破坏。但有些作品需要进行大量的善意修改，比如电影作品，为了电影最后的艺术效果，导演和制片通常要进行大幅度的修改，因此《著作权法实施条例》规定，作者许可将其作品摄制成电影或者以类似电影的方法创作作品的，视为同意对其作品进行必要的改动，但是这种改动不得歪曲纂改原作品。在《上海人在东京》案中，作家樊祥达创作小说《上海人在东京》，上海电视台与之签订合同，有偿获得电视剧的改编权和摄制权。小说的主题是一个东京客、一页悲惨史、一掬心酸泣和一本血泪作，电视剧的主题是一群海外游子、一个曲折故事、一段缠绵恋情和一页拼搏历史。电视剧竭力美化日本人，丑化中国人，将剧中女主人“白洁”改写为一个通过贞操换取“保人”的低贱女人，与原著有很大出入。如果上述描述属实，则电视台的改编行为已经超出合理改编的范围，在一定程度上损害了原著的完整性。

修改权是指作者修改或者授权他人修改作品的权利。有广义与狭义之分。狭义的修改权，可以从两方面来理解，即作者有权修改或授权他人修改，同时禁止他人歪曲、篡改、割裂作品。广义修改权，实际上等于“收回作品权”，即对已经复制发行的作品，对已经在市场上流通的作品，进行修改的权利。我国规定的修改权，还有其特殊的含义，是指作品再次复制发行之前，作者有权进行修改。明确规定作者的修改权，主要考虑到在作者与作品利用者的关系中，专门保障作者的权利，其权利的范围相当于“半个回收作品权”。

根据《著作权法》的规定，作者精神权利的保护期限是分两种情况考虑的，其中作者发表权的保护期限为作者有生之年加 50 年，署名权、修改权和保护作品完整权没有保护时间的限制。

2. 作者经济权利

作者的经济权利，一些学者又将其称为著作财产权，是指作者或其他著作权人所享有的利用作品并获得经济利益的权利。一般来说，著作权中的经济权利主要包括以下十二项权利。

（1）复制权：即以印刷、复印、拓印、录音、录像、翻录、翻拍等方式将作品制作一份或者多份的权利；

（2）发行权：即以出售或者赠与方式向公众提供作品的原件或者复制件的权利；

（3）出租权：即有偿许可他人临时使用电影作品和以类似摄制电影的方法创作的作品、计算机软件的权利，计算机软件不是出租的主要标的的除外；

（4）展览权：即公开陈列美术作品、摄影作品的原件或者复制件的权利；

（5）表演权：即公开表演作品，以及用各种手段公开播送作品的表演的权利；

（6）放映权：即通过放映机、幻灯机等技术设备公开再现美术、摄影、电影和以类似摄制电影的方法创作的作品等的权利；

（7）广播权：即以无线方式公开广播或者传播作品，以有线传播或者转播的方式向公众传播广播的作品，以及通过扩音器或者其他传送符号、声音、图像的类似工具向公众传播广播的作品的权利；

（8）信息网络传播权：即以有线或者无线方式向公众提供作品，使公众可以在其个人选定的时间和地点获得作品的权利；

（9）摄制权：即以摄制电影或者以类似摄制电影的方法将作品固定在载体上的权利；

（10）改编权：即改变作品，创作出具有独创性的新作品的权利；

（11）翻译权：即将作品从一种语言文字转换成另一种语言文字的权利；

（12）汇编权：即将作品或者作品的片段通过选择或者编排，汇集成新作品的权利；

以及（13）其他应当由著作权人享有的其他权利。

上述最后一项属于兜底条款，为将来增加新的著作权内容提供法律依据。上述这 12）项著作权内容，可以大致分为三类权利，即复制权、传播权和演绎权。具体划分可参见表 4-2。

表 4-2 复制权、传播权和演绎权的划分

权利类型	著作权内容
复制权	复制权、发行权、出租权
传播权	展览权、表演权、放映权、广播权和信息网络传播权
演绎权	改编权、摄制权、翻译权、汇编权

根据《著作权法》第二十一条规定，公民的作品，其发表权和各项财产权的保护期为作者终生及其死亡后 50 年，截止于作者死亡后第 50 年的 12 月 31 日；如果是合作作品，截止于最后死亡的作者死亡后第 50 年的 12 月 31 日。法人或者其他组织的作品、著作权（署名权除外）由法人或者其他组织享有的职务作品，其发表权和各项经济权利的保护期为 50 年，截止于作品首次发表后第 50 年的 12 月 31 日，但作品自创作完成后 50 年内未发表的，本法不再保护。电影作品和以类似摄制电影的方法创作的作品、摄影作品，其发表权和各项经济权利的保护期为 50 年，截止于作品首次发表后第 50 年的 12 月 31 日，但作品自创作完成后 50 年内未发表的，本法不再保护。可以将著作权保护期限内容总结如表 4-3。

表 4-3 著作权的保护期限

	权利或作品类型	保护期限
精神权利	署名权、修改权、保护作品完整权	期限不受限制
	发表权	作者有生之年加 50 年
经济权利	自然人作品	作者有生之年加 50 年
	法人作品	50 年
	电影作品	50 年
	摄影作品	作者有生之年加 50 年
	作者身份不明的作品	50 年
计算方法	无论具体日期发表，均截至第 50 年的 12 月 31 日	

3. 著作权的合理使用与法定许可

著作权法在规定各项权利的同时，也会规定一系列的权利限制和例外，以平衡作品的创作者与社会公众之间的利益。著作权的合理使用与法定许可是两项主要的著作权限制制度。

著作权的合理使用是指他人根据法律有关规定使用享有著作权的作品，不

必征得许可，不需要支付报酬，但应尊重作者精神权利。

《伯尔尼公约》规定，著作权的合理使用，应当符合三个法定要件，即有关的使用应就具体情况而言，没有影响著作权人对作品的正常使用，也没有不合理地损害著作权人合法利益。这就是著作权合理使用的“三步检验法”。

我国的著作权合理使用分别由《著作权法》和《著作权法实施条例》两则结合进行规定。

我国《著作权法》（2010 年）第二十二条规定了 12 种情况下使用作品，可以不经著作权人许可，不向其支付报酬，但应当指明作者姓名、作品名称，并且不得侵犯著作权人依照本法享有的其他权利。

《著作权法实施条例》（2002 年）第二十一条规定，依照著作权法有关规定，使用可以不经著作权人许可的已经发表的作品的，不得影响该作品的正常使用，也不得不合理地损害著作权人的合法利益。

（1）为个人学习、研究或者欣赏，使用他人已经发表的作品；

（2）为介绍、评论某一作品或者说明某一问题，在作品中适当引用他人已经发表的作品；

（3）为报道时事新闻，在报纸、期刊、广播电台、电视台等媒体中不可避免地再现或者引用已经发表的作品；

（4）报纸、期刊、广播电台、电视台等媒体刊登或者播放其他报纸、期刊、广播电台、电视台等媒体已经发表的关于政治、经济、宗教问题的时事性文章，但作者声明不许刊登、播放的除外；

（5）报纸、期刊、广播电台、电视台等媒体刊登或者播放在公众集会上发表的讲话，但作者声明不许刊登、播放的除外；

（6）为学校课堂教学或者科学研究，翻译或者少量复制已经发表的作品，供教学或者科研人员使用，但不得出版发行；

（7）国家机关为执行公务在合理范围内使用已经发表的作品；

（8）图书馆、档案馆、纪念馆、博物馆、美术馆等为陈列或者保存版本的需要，复制本馆收藏的作品；

(9) 免费表演已经发表的作品，该表演未向公众收取费用，也未向表演者支付报酬；

(10) 对设置或者陈列在室外公共场所的艺术作品进行临摹、绘画、摄影、录像；

(11) 将中国公民、法人或者其他组织已经发表的以汉语言文字创作的作品翻译成少数民族语言文字作品在国内出版发行；

(12) 将已经发表的作品改成盲文出版。

上述规定适用于对出版者、表演者、录音录像制作者、广播电台、电视台的权利的限制。

《信息网络传播权保护条例》(2006) 第六条还规定了互联网环境下的8种合理使用情形，即通过信息网络提供他人作品，属于下列情形的，可以不经著作权人许可，不向其支付报酬：

(1) 为介绍、评论某一作品或者说明某一问题，在向公众提供的作品中适当引用已经发表的作品；

(2) 为报道时事新闻，在向公众提供的作品中不可避免地再现或者引用已经发表的作品；

(3) 为学校课堂教学或者科学研究，向少数教学、科研人员提供少量已经发表的作品；

(4) 国家机关为执行公务，在合理范围内向公众提供已经发表的作品；

(5) 将中国公民、法人或者其他组织已经发表的、以汉语言文字创作的作品翻译成的少数民族语言文字作品，向中国境内少数民族提供；

(6) 不以营利为目的，以盲人能够感知的独特方式向盲人提供已经发表的文字作品；

(7) 向公众提供在信息网络上已经发表的关于政治、经济问题的时事性文章；

(8) 向公众提供在公众集会上发表的讲话。

如何判断“报道时事新闻中不可避免地再现或者引用已经发表的作品”，尤其是对“不可避免”的界定问题？下面的案例对这一问题的理解应该有所帮助。

《北京晚报》在2008年7月15日曾报道一则标题为：《纽约人》封面漫画引发轩然大波。奥巴马夫妇：“恐怖分子”？新闻内容如下：“最新一期《纽约人》杂志定于本月21日发行。这一期的封面漫画引起轩然大波。漫画中，奥巴马身穿穆斯林传统服装。他的妻子米歇尔扎了一头非洲妇女样的卷发，肩挎步枪、脚蹬战靴。两人站在白宫的椭圆形办公室内击拳相庆，一旁是熊熊燃烧的壁炉，内有一面被焚烧的美国国旗，壁炉上方悬挂着‘基地’组织头目拉登的画像。”同时附上图4-17。

图4-17　《纽约人》插图

《纽约人》封面的这幅图，很明显是受著作权保护的作品，《北京晚报》在新闻中引用该幅作品，是否属于合理使用？就本案而言，关键是《北京晚报》对该幅图的引用是否属于“不可避免地再现或者引用”的范围。读者可以简单地想一想，如果《北京晚报》仅仅使用文字报道，而没有附上此图，新闻的效果会如何？很明显，新闻报道效果远远差于有图有文字的报道，甚至只要新闻的标题，加上封面画的内容，就可以构成一条具有冲击力极强的新闻。经过对比，可以发现，《北京晚报》对《纽约人》封面漫画的引用就属于“不可避免再现”的范围。

著作权的法定许可，又称非自愿许可。我国著作权法主要规定了教科书法定许可、报刊转载法定许可、制作录音制品法定许可和播放已发表作品的法定许可。教科书法定许可，是指为实施九年制义务教育和国家教育规划而编写出版教科书，除作者事先声明不许使用的外，可以不经著作权人许可，在教科书中汇编已经发表的作品片段或者短小的文字作品、音乐作品或者单幅的美术作品、摄影作品，但应当按照规定支付报酬，指明作者姓名、作品名称，并且不得侵犯著作权人依照本法享有的其他权利。报刊转载法定许可，是指作品刊登后，除著作权人声明不得转载、摘编的外，其他报刊可以转载或者作为文摘、资料刊登，但应当按照规定向著作权人支付报酬。制作录音制品法定许可，是指录音制作者使用他人已经合法录制为录音制品的音乐作品制作录音制品，可以不经著作权人许可，但应当按照规定支付报酬；著作权人声明不许使用的不得使用。播放已发表作品的法定许可，是指广播电台、电视台播放他人已发表的作品，可以不经著作权人许可，但应当支付报酬。

（三）邻接权

邻接权指作品的传播者，就其传播作品的过程中付出的创造性劳动和投资所享有的权利。国际上公认的邻接权，是指表演者权、录音制品制作者权和广播组织权。我国著作权法的相关规定，邻接权主要包括表演者权、录音制品制作者权、广播组织权和版式设计权。

1. 表演者权

表演者权是指表演者对其表演活动所享有的专有权利，即表演者许可或禁止他人利用自己表演活动的权利。表演者是表演文学艺术作品的自然人，包括演员、歌唱家、音乐家、舞蹈家和表演、歌唱、演说、朗诵、演奏或以别的方式表演文学艺术作品的其他人员，演出单位不是表演者。

（1）表演者权客体

表演者权的客体是表演活动，是表演者的每一次表演活动，即表演者通过自己的声音、动作、表情以及其他肢体语言所传达的，或者借助一定的工具，如乐器、道具等将作品的内容传达出来的表演。表演者权的客体与表演对象是不同的。表演的对象是作品，可以是受著作权法保护的作品，也可以是已经进入公有领域的作品。

小说《半生缘》由张爱玲创作，后被改编为话剧《半生缘》，由廖凡和刘若英等演员进行表演。

表演者是廖凡和刘若英等演员；

表演者权的客体是廖凡和刘若英等演员的每一次表演活动；

表演对象是张爱玲著的《半生缘》

（2）表演者权内容

表演者权不同于表演权。表演权是作者就作品所享有的权利，是作者许可或禁止他人利用其作品进行表演的权利。表演者权是表演者就其表演活动所享有的权利，是表演者许可或禁止他人利用其表演活动的权利。表演者权与表演权由一定联系。表演者表演某一作品时，通常需要先向作者要求获得表演权的许可，才能进行表演。表演者权由表演者的精神权利和经济权利构成。精神权利的保护期限不受限制，经济权利的保护期为 50 年。

2. 录音制作者权

录音是以记录声音的方式，将表演活动固定在一定的物质媒介上。录音制作者对其制作的录音制品，享有许可他人复制、发行、出租、通过信息网络向公众传播并获得报酬的权利；权利的保护期为 50 年。

3. 广播组织权

广播组织是指通过载有声音、图像信号进行转播节目的电台、电视台等组织。广播组织在转化节目信息，传播节目信号的过程中，投入大量创造性劳动和投资，为鼓励这些组织能积极传播作品，故设立专门的权利保护。广播组织权的客体是信号，是指向公众提供声音或图像的无线电信号。根据我国著作权法规定，广播电台、电视台有权禁止未经其许可的下列行为：① 将其播放的广播、电视转播；② 将其播放的广播、电视录制在音像载体上以及复制音像载体。该项权利的保护期为 50 年。

4. 版式设计权

版式设计权是指出版者有权许可或者禁止他人使用其出版的图书、期刊的版式设计。版式设计是对印刷品的版面格式的设计，包括对版心、排式、用字、行距、引文、标点等版面布局因素的安排。版式设计权的保护期为 10 年。

外研社诉外文社图书封面设计侵权案

外语教学与研究出版社（外研社）于 2002 年出版《牛津现代英汉双解词典（新版）》，2003 年出版《牛津现代英汉双解大词典（新版）》，2004 年出版《牛津英汉汉英小词典（新版）》，在封面设计上形成较为独特的设计。2005 年，外文出版社（外文社）出版《现代新英汉双解词典》，其封面设计与外研社出版的前述图书非常相似（图 4-18）。于是，外研社诉外文社侵犯其版式设计权。

法院经审理，认为外研社的牛津系列词典的封面设计已经构成知名商品的特有装潢，外文社的行为容易导致消费者产生混淆和误认，构成不正当竞争行为。

图 4-18　侵权案所涉及封面

前三本为外研社出版的牛津词典，第四本为外文社出版的被控侵权词典

（四）著作权侵权救济

1. 侵权行为

著作权是一种排他性权利，只能由权利人行使。如果侵权人未经著作权人许可，以复制、发行、演绎、表演、展览等方式，直接利用作品，又不属于法律规定的例外，即构成著作权的侵权。

还有一种侵权是第三人虽然没有直接侵犯他人的著作权，但是由于他协助了他人实施著作权侵权行为，承担一定的侵权责任。即教唆、帮助他人实施侵权行为的，应当与行为人承担连带责任。代替责任，在网络环境下的著作权保护，尤其是强调互联网内容提供商和服务提供商方面具有重要意义。

2. 侵权救济途径

根据著作权法相关规定，发生著作权侵权时，权利人可以直接向人民法院起诉，也可以请求相应的行政管理机关予以处理。这就是通常所说的知识产权保护“双轨制”。这种双轨制的保护模式普遍存在于专利、商标、植物新品种权以及著作权的保护之中。此外，出现著作权纠纷时，当事人还可以选择自己协商解决，或者申请第三方进行调解，或者也可以根据当事人达成的书面仲裁协议或者著作权合同中的仲裁条款，向仲裁机构申请仲裁。

3. 著作权侵权法律责任

著作权侵权的法律责任包括民事责任、行政责任和刑事责任。根据著作权法规定，民事责任主要包括可以责令侵权人停止侵权、赔偿损失、赔礼道歉和消除影响，支付律师费，以及没收非法所得、侵权复制品和进行违法活动的财物。赔偿损失是侵权人所承担的非常重要的一种民事责任。目前，司法实践中，我国著作权领域的侵权赔偿责任，主要奉行“填平”原则，即让权利人从侵权人那里得到足够的赔偿，以弥补权利人因为其侵权而造成的损失，使权利人的利益回归到侵权没有发生时的状态。

如果侵权行为既损害了权利人的利益，又损害了或者严重损害了社会公共利益，则需要承担行政责任。对于严重侵犯著作权和邻接权的，同时又对社会公共利益造成严重损害，或者对社会经济秩序造成严重危害的，可以追究侵权人的刑事责任。这是打击著作权侵权行为的最严厉措施。

三、专利权

专利制度起源于十三四世纪的欧洲，1474 年威尼斯议会颁布法律规定任何人在威尼斯城制造了前所未有的机械装置，可以具体操作的，经向市政机关登记，就可以获得 10 年的专有权利。英国的专利制度源于 1623 年的《垄断法》。该法最初的目的是为了限制英国国王授予垄断的权利，但有一例外条款，即可以对新产品的真正的第一个发明人授予垄断权利，垄断的期限是 14 年。正是英国《垄断法》的这一例外规定，奠定了现代专利制度中的许多基本内容。美国于 1790 年、法国在 1791 年、德国在 1877 年，分别制定了第一部专利法。1883 年法国、巴西和瑞士等十一个国家签订了《保护工业产权巴黎公约》，以协调各成员的专利制度。目前，世界上已经有 170 多个国家和地区建立了专利制度。

1898 年清政府颁布《振兴工艺给奖章程》，中华民国于 1944 年颁布《专利法》，由于战争连连，没有实施。后在台湾几经修改，沿用至今。新中国成立之后，1951 年颁布《保障发明权与专利权暂行条例》，改革开放后经济建设的需要，1984 年颁布《专利法》，1985 年开始实施；1992 年、2000 年、2008 年、2012 年共进行四次修订。专利制度对于保护技术发明、激励技术创新和产业发展具有非常重要的作用，包括：① 鼓励技术发明；② 传播技术信息；③ 引进外国的先进技术。

（一）专利客体

纵观世界各国的专利法，专利权的客体有发明、实用新型、工业外观设计和植物新品种。根据我国现行《专利法》的规定，中国目前的专利权客体共有三类：发明、实用新型和外观设计，统称为发明创造。

1. 发明

发明是指人们通过创造性的智力活动，制造出或者创造出某种前所未有的东西。专利法上的发明，仅限于技术方案，包括新产品的发明、新方法的发明，以及产品或方法的改进发明。

专利在我们日常生活中处处可见。十大影响世界的专利分别是蒸汽机、拉链、飞机、膨胀螺钉、智能卡、晶体管、电视、安全剃刀、尼龙等。

2. 实用新型

实用新型是对产品的形状、构造或其结合所提出的新的技术方案。通常要具备以下两个条件：① 必须是针对具有一定形状或构造的产品；② 该形状、构造或组合能解决技术问题。如六棱形铅笔、折叠雨伞和茶杯口网状隔离层当都属于比较有创意的实用新型发明。目前世界上保护实用新型的国家有 30 多个，大多采用专利立法和注册的方式进行保护。

3. 外观设计

外观设计是指对产品的外形、图案或者其结合以及色彩与形状、图案的结合所作出的富有美感并适于工业应用的新设计。通常来说，外观设计必须符合以下条件：① 是对工业产品外观的设计，如造型优美的香水瓶；② 是对产品形状、图案和色彩的设计，是产品的形状、图案或其结合，以及色彩与形状、图案的结合；③ 外观设计必须富有美感；④ 外观设计必须适合工业上的应用（图 4-19）。

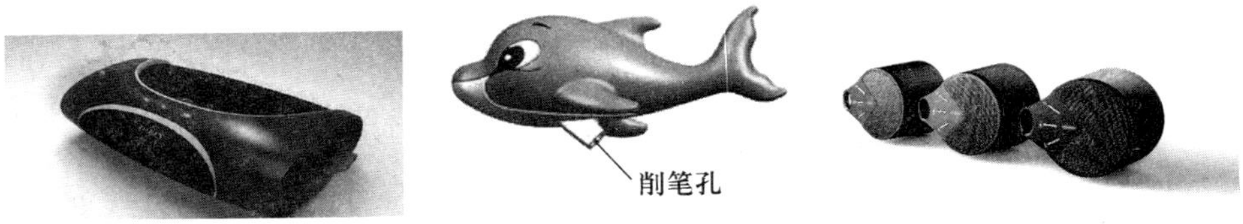

音箱外观设计　　卷笔刀外观设计　　便携音箱外观设计

图 4-19　几个典型的外观设计

4. 不授予专利保护的客体

首先，对违反法律、社会公德或者妨害公共利益的发明创造，不授予专利权。如假币制造机器、带有暴力或淫秽内容的外观设计、从胚胎中提取干细胞的医疗技术，该技术会导致胚胎死亡，等等，这些发明，因其违反社会公德、妨害公共利益，不能授予专利权。

其次，对违反法律、行政法规的规定获取或者利用遗传资源，并依赖该遗传资源完成的发明创造，不授予专利权。

再次，《专利法》（2008 年）第 25 条还明确规定了若干不能授予专利保护的情形：

（1）科学发现（基因专利例外，对于首次从自然界分离或提纯出来的基因或 DNA 片段，如果碱基序列之前不为人所知，如果找到其功能和价值，该基因或 DNA 片段及其制备方法可以授予专利保护）；

（2）智力活动的规则和方法（计算机程序例外，如果计算机程序的执行是一种正确利用自然规律的技术手段，并且能够解决具体技术问题，那么该程序属于技术方案或其组成部分，可以获得专利保护）；

（3）疾病的诊断和治疗方法（治疗仪器可以获得专利保护）；

（4）动物和植物品种（育种方法可获专利）；

（5）用原子核变换方法获得的物质；

（6）对平面印刷品的图案、色彩或者二者结合作出的主要起标示作用的设计。

（二）专利权的授予

申请专利保护必须符合一些法定要件。这些法定要件，可以分为形式要件和实质要件，形式要件，通常是指专利申请人必须是适格的申请人、专利申请文件要齐备，及时缴纳相关费用等等。实质要件主要是从发明本身的要求出发，如新颖性、创造性和实用性等。

1. 发明专利的实质性要件

（1）新颖性

新颖性的含义是相关的技术发明是新的，或者前所未有的；也就是相关的技术发明在现有技术中是不存在的。根据各国专利法规定，主要有三种判断新颖性的标准。第一种是相对新颖性，又称国家新颖性标准，即判断一项技术是否是新的，仅依据该国的现有技术，也就是在专利申请日前，没有相同的技术在国内出版物上公开发表过，也没有相同的技术在国内公知公用。目前，基本已经没有实行相对新颖性标准的国家了。第二种是绝对新颖性，又称世界新颖性标准，即判断一项技术是否是新的，依据世界范围内的现有技术，也就是在专利申请日前，没有相同的技术在全世界范围内的出版物上公开发表过，也没有相同的技术在全世界范围内公知公用。《欧洲专利公约》的成员、美国、日本、韩国等国专利法均采用该种新颖性判定标准。实行绝对新颖性判定标准，有利于保证申请专利保护的技术发明，有可能是全世界范围内的新技术。第三种是混合新颖性，即判断一项技术是否是新的，兼采绝对新颖性和相对新颖性的标准，即在申请日前没有相同的技术在全世界范围内的公开出版物上公开过，也没有相同的技术在本国公知公用。我国专利法在过去很长的一段时间内采用的是混合新颖性的标准，2008 年第三次修订专利法时，改为绝对新颖性标准。

（2）创造性

创造性是指，专利申请案中的技术发明与申请日以前的现有技术相比，具有明显的不同和显著进步。如何判断创造性？首先，必须以申请案中的技术发明与申请日以前的现有技术相比。进行对比的技术，必须是同一技术的技术，而非其他领域的技术。通常要综合两个以上的现有技术进行比对，这与新颖性的标准不同。其次，综合现有技术而判定申请案中的技术是否具有创造性，是相关技术领域中的一般水平的技术人员。“相关技术领域中的一般水平的技术人员”是一种法律上的假定，以尽可能减少审查员或者法官在判断相关技术是否符合创造性时的主观任意性。

（3）实用性

实用性是指申请案中的技术发明能够在产业上应用，并且可以产生有利于人类社会的积极效果。可以结合以下要素进行判断：① 申请的技术发明不是停留在思想观念的层面，必须转化为具体的特定的技术方案；② 申请案中的技术发明能够在产业上重复利用；③ 申请案中的技术发明能够产生某种对人类社会有益的效果，或者能够满足人类社会的某种需求。相关技术发明具有实用性，并不代表该技术发明具有市场价值。通常来说，全世界获得专利保护的技术发明，只有大约 5%具有市场价值。

2. 实用新型专利的实质性要件

实用新型专利的新颖性和实用性要件与发明专利是相同的，在创造性要件上存在区别。就发明专利来说，创造性是指与申请日以前的现有技术相比，该发明具有突出的实质特点和显著进步，而对于实用新型来说，只要该发明具有实质性特点和进步，就符合创造性要求。国家专利局对发明专利的实质性要件，通常在专利授权之前进行审查，而对实用新型则仅仅进行形式审查，实质性要件则留待未来专利侵权诉讼或专利无效程序中进行审查。

3. 外观设计专利的实质性要件

外观设计新颖性，是指申请案中的外观设计与申请日以前的现有设计不同。外观设计的新颖性判定，也采用绝对新颖性判断标准，并且也存在抵触申请。外观设计的新颖性判断，是指申请案中的外观设计与现有外观设计中的一件进行对比，同时要考虑外观设计所依附的产品类别。根据《专利审查指南》的规定，外观设计相同是指被比对的外观设计与在先设计是同一类产品的外观设计。产品类别不同时，即使外观设计的三要素（形状、颜色和图案）相同，也不应认为是相同的外观设计。创造性，是指申请案中的外观设计和现有技术特征的组合相比，具有明显区别。这里的明显区别，要结合外观设计的美学性和产品进行考虑，既要求外观设计的独创性，又要考虑不同的产品类别。尤其是“明显”二字，强化了外观设计的创造性要求。

（三）专利权的申请与获得

专利权的获得，与著作权的自动获得不同，必须要经国家专利机关审批才能获得。申请发明专利和实用新型专利保护的，应向专利机关提出专利申请，并提交请求书、权利要求书、说明书和摘要。申请外观设计专利的，应提交请求书、图片或者照片，以及对该外观设计的简要说明。

1. 申请日的确定

专利机关收到申请文件之日，即为申请日。如果申请文件是邮寄的，以寄出的邮戳日为申请日。我国专利申请实行先申请原则，即两个以上的专利申请人就相同的技术发明申请专利的，专利权授予最先提出专利申请的人。

2. 国际优先权与国内优先权

专利申请的国际优先权制度，来源于《巴黎公约》，公约成员国的国民在一个成员国提出发明专利、实用新型或者外观设计注册的申请以后，又在一定期限内在其他成员国申请保护的额，应当享有优先权。

国内优先权，又叫本国优先权，是指本国国民在提出专利申请的12个月之内，可以就相同的主题再次向专利局提出申请，享有优先权。只有发明和实用新型专利申请享有国内优先权，外观设计专利申请不享有国内优先权。

3. 审查程序

专利局在受理了发明专利后，要经过初步审查、公开申请案和实质审查等程序，对符合专利法要求的技术发明授予专利权。

4. 专利的复审与无效程序

专利申请案经专利局审查，通常会出现两个结果，即授予专利和驳回专利申请。对于驳回专利申请的，申请人不服，可以在收到通知后的3个月内，请求专利复审委员会复审。如果申请人对专利复审委员会的决定，仍然不服的，可以在收到通知后的3个月内向法院提出诉讼。

根据我国《专利法》（2008年）规定，自国务院专利行政部门公告授予专利权之日起，任何单位或者个人认为该专利权的授予不符合本法有关规定的，可以请求专利复审委员会宣告该专利权无效。在实践中，通常实在侵权诉讼的过程中，由被控侵权人向专利复审委员会提出专利无效请求，作为专利侵权指控的抗辩。

专利复审委员会对宣告专利权无效的请求应当及时审查和作出决定，并通知请求人和专利权人。宣告专利权无效的决定，由国务院专利行政部门登记和公告。

（四）专利权内容和限制

1. 专利权内容

专利权是指专利权人就相关的发明创造所享有的权利，未经许可不得利用相关的发明技术，制造、使用、销售、进口相关产品。专利权是一项排他性的权利，世界各国对其权利的规定通常以排他性的方式进行规定，即采用“未经许可，不得……”的方式。

2. 专利权的限制

专利权虽然是一项排他性权利，但不是一项绝对权利，还要受到各种限制。在某些特殊情况下，他人虽然未经许可利用了专利覆盖的技术，但不会构成专利侵权。根据专利法的规定，主要有以下五种专利权的例外情形，包括：

（1）销售权用尽：专利产品或者依照专利方法直接获得的产品，由专利权人或者经其许可的单位、个人售出后，使用、许诺销售、销售、进口该产品的；

（2）先用权：在专利申请日前已经制造相同产品、使用相同方法或者已经作好制造、使用的必要准备，并且仅在原有范围内继续制造、使用的；

（3）临时通过中国领陆、领水、领空的外国运输工具，依照其所属国同中国签订的协议或者共同参加的国际条约，或者依照互惠原则，为运输工具自身需要而在其装置和设备中使用有关专利的；

（4）专为科学研究和实验而使用有关专利的；

（5）为提供行政审批所需要的信息，制造、使用、进口专利药品或者专利医疗器械的，以及专门为其制造、进口专利药品或者专利医疗器械的。

3. 专利保护期限与终止

根据专利法规定，发明专利的保护期限是自申请日起算 20 年，实用新型与外观设计专利的保护期限是自申请日起算 10 年。实践中，专利权因保护期限届满而停止有效的情况并不多，只有那些具有较高市场价值的专利技术，专利权人才会尽力维持。专利权的保护期限会因各种原因提前终止，包括没有按照规定缴纳年费的，以及专利权人以书面声明放弃其专利权的。

（五）专利的转让与许可

1. 专利权的转让

专利权是一项经济性权利。专利权人可以通过专利权转让或者将专利技术许可他人利用获得经济利益。专利的转让，必须订立书面合同，并向国务院专利行政部门登记，由国务院专利行政部门予以公告。专利申请权或者专利权的转让自登记之日起生效。

2. 专利权的许可

专利许可是指专利权人同意他人利用专利权覆盖的发明创造，是专利权内容的许可，不是发明创造的许可。专利权许可主要有三种类型，即独占许可、排他许可和普通许可。独占许可，是指在约定的期限、地域之内，以约定的方式，只有被许可人可以使用专利权覆盖的专利技术，包括专利权人在内的其他人均不得以同样的方式利用该专利技术。排他许可是指专利权人在约定的时间和地域范围内，以约定的方式，将专利权覆盖的发明技术，仅许可一个被许可人利用，同时保留自己的使用权利。普通许可则是专利权人在约定的时间和地域范围内，以约定的方式，将专利权覆盖的技术许可给多家被许可人使用。

3. 专利权的强制许可

为了防止专利权人滥用自己的专利权，如恶意不实施，或者在合理商业条件下，不许可他人实施，或者在合同中进行无理搭售等，世界各国专利法均对专利权规定了强制许可制度。我国专利法主要规定了五种需要强制许可的情形：

（1）专利权人自专利权被授予之日起满三年，且自提出专利申请之日起满四年，无正当理由未实施或者未充分实施其专利的；

（2）专利权人行使专利权的行为被依法认定为垄断行为，为消除或者减少该行为对竞争产生的不利影响的；

（3）在国家出现紧急状态或者非常情况时，或者为了公共利益的目的，国务院专利行政部门可以给予实施发明专利或者实用新型专利的强制许可；

（4）为了公共健康目的，对取得专利权的药品，国务院专利行政部门可以给予制造并将其出口到符合中华人民共和国参加的有关国际条约规定的国家或者地区的强制许可。

（5）一项取得专利权的发明或者实用新型比前已经取得专利权的发明或者实用新型具有显著经济意义的重大技术进步，其实施又有赖于前一发明或者实用新型的实施的，国务院专利行政部门根据后一专利权人的申请，可以给予实施前一发明或者实用新型的强制许可。在依照前款规定给予实施强制许可的情形下，国务院专利行政部门根据前一专利权人的申请，也可以给予实施后一发明或者实用新型的强制许可。

此外，强制许可涉及的发明创造为半导体技术的，其实施限于公共利益的目的和需要解决市场垄断行为的情形。

直到中国目前为止，尚未发生一件专利强制许可案件。尽管如此，专利法的每次修订中，专利权人都非常关注强制许可制度的完善问题。

（六）专利侵权救济

1. 专利侵权

专利权是一项财产权利，他人未经许可利用了专利覆盖的技术，且不属于专利法规定的例外情形，就构成专利侵权，应承担专利侵权的法律责任。

专利侵权主要有三类：字面侵权、等同侵权和帮助侵权。字面侵权，又称不折不扣的侵权，是指侵权人完全根据权利要求所记载的技术特征和步骤，实施了相关专利。

等同侵权，是指被控侵权人对相关专利所覆盖的技术，进行了一定的改造，但这种改造非是实质的。这类侵权的判定，主要是以权利要求所记载的技术特征与被控侵权产品或方法的技术特征进行对比，看两者是否属于实质上相同。如果构成实质上相同，即构成等同侵权。

外观设计专利的侵权判定，与发明专利和实用新型专利的侵权的判定，稍有不同。关键是，要注意外观设计的保护范围存在产品类别的限制。

2. 侵权救济途径

根据专利权法规定，未经专利权人许可，实施其专利，即侵犯其专利权，引起纠纷的，由当事人协商解决；不愿协商或者协商不成的，专利权人或者利害关系人可以向人民法院起诉，也可以请求管理专利工作的部门处理。管理专利工作的部门处理时，认定侵权行为成立的，可以责令侵权人立即停止侵权行为，当事人不服的，可以自收到处理通知之日起十五日内依照《中华人民共和国行政诉讼法》向人民法院起诉；侵权人期满不起诉又不停止侵权行为的，管理专利工作的部门可以申请人民法院强制执行。

3. 专利侵权的法律责任

侵权人应承担的专利侵权责任主要包括停止侵权和赔偿损失。在过去的专利侵权诉讼中，一旦认定专利侵权成立，法院通常就会责令停止侵权。但考虑到专利技术适用范围的特殊性，在有的情况下，法院也会基于公共利益的考虑，判定双方当事人就专利费用达成协议，而不责令停止侵权。赔偿损失是一项侵权人所承担的重要的民事责任。根据专利法规定，侵犯专利权的赔偿数额按照权利人因被侵权所受到的实际损失确定；实际损失难以确定的，可以按照侵权人因侵权所获得的利益确定。

四、商标权

商标是一种商业标记，是商业经营中用来指示商品或服务来源的标识。法国于 1857 年颁布的《商标法》是世界上第一部商标法。以此开始，西方主要发达国家在19世纪相继制定商标法律。随着商品经济的发展与对外贸易的繁荣，出现了协调商标国际保护的需要。1883年缔结的《保护工业产权巴黎公约》对商标予以明确规定，就是出于此种需要。世界贸易组织TRIPS协议是继巴黎公约之后的另一关于商标国际保护的条约。1903年清政府颁布的《商标注册试办章程》及其细则是中国历史上第一部商标法规。中华民国时期，也相继颁布过几部《商标法》。新中国成立后，1950年颁布《商标注册暂行条例》，规定商标注册自愿原则，1963年颁布《商标管理条例》实行商标全面注册。改革开放后，国家工商行政管理部门开始积极起草商标法，于1982年8月颁布《中华人民共和国商标法》，1983年3月实施，该法后经1993年、2001年、2013年三次修订。

（一）商标的种类与构成

商标是在商业经营中区分商品或服务来源的标志，通常由文字、字母、数字、图案、三维标志等要素构成，也可以由颜色、声音、气味等要素构成。商标对于商业经营主体以及其他商业主体主要起到以下几方面的作用：① 商家或生产经营者用以区别商品或服务；② 商家用以广告和宣传商品或服务；③ 消费者用以指示商品或服务的来源；④ 消费者用以指示商品或服务的质量。商标之所以能够区别不同的生产经营者所提供的商品或服务，能够用以指示相关商品或服务的来源与质量，是由于消费者普遍将商标的标识与生产厂家的商业信誉联系起来。保护商标，从某种意义上来说，不是保护作为商标载体的标识，而是保护这一标识背后的商誉。

1. 商标的种类

《巴黎公约》和《与贸易有关的知识产权协议（TRIPS）》将所涉及的商标主要分为五类，即商品商标、服务商标、集体商标、证明商标和驰名商标。这些关于商标种类的划分，不是根据同一标准进行的，相互之间存在交叉和重叠的情况。商品商标是最为古老和重要的商标，是指仅在商品上使用的商标，如奔驰汽车。我国于1983年颁布的《商标法》当时仅保护商品商标，1993年商标法修订时才将服务商标纳入保护范围，如李先生牛肉面。

集体商标是指社团、工商协会或其他集体组织所拥有的供其成员使用的商标。通常由该社团、工商协会或者其他集体组织负责申请，用在其成员提供的商品和服务上，集体商标仅供集体成员使用，集体组织不得使用，除非是为宣传广告该商标。例如，佛山市陶瓷行业协会申请注册的商标，属于集体商标。

证明商标是指用于商品或服务之上的，以证明使用者所提供的商品或服务达到某种要求或标准的商标。其作用是证明商标人为某种商品或服务设定标准，以监控质量，要求所有使用该商标的厂家生产的产品或服务都必须达到相应的质量标准。该商标的使用具有开放性应同等提供所有达到标准的商家，不得歧视。但是，证明商标人不得使用该商标。如绿色食品标志，纯羊毛标志，以及长城电工标志等都属于证明商标。

2. 限制或禁止作为商标的标识

根据商标法规定，下列标志禁止作为商标使用：

（1）同中华人民共和国的国家名称、国旗、国徽、国歌、军旗、军徽、军歌、勋章等相同或者近似的，以及同中央国家机关的名称、标志、所在地特定地点的名称或者标志性建筑物的名称、图形相同的；

（2）同外国的国家名称、国旗、国徽、军旗等相同或者近似的，但经该国政府同意的除外；

（3）同政府间国际组织的名称、旗帜、徽记等相同或者近似的，但经该组织同意或者不易误导公众的除外；

（4）与表明实施控制、予以保证的官方标志、检验印记相同或者近似的，但经授权的除外；

（5）同“红十字”、“红新月”的名称、标志相同或者近似的；

（6）带有民族歧视性的；

（7）带有欺骗性，容易使公众对商品的质量等特点或者产地产生误认的；

（8）有害于社会主义道德风尚或者有其他不良影响的。

县级以上行政区划的地名或者公众知晓的外国地名，不得作为商标。但是，地名具有其他含义或者作为集体商标、证明商标组成部分的除外；已经注册的使用地名的商标继续有效。

商标法还规定，县级以上行政区划的地名或者公众知晓的外国地名，不得作为商标。但是，地名具有其他含义或者作为集体商标、证明商标组成部分的除外；已经注册的使用地名的商标继续有效。同时明确，以下三类不得作为商标注册：

(1) 通用名称、图形、型号；

(2) 仅仅直接表示质量、原料、功能、用途、重量等特点的；

(3) 其他缺乏显著性特征的；

如果上述商标经过使用取得显著特征，并便于识别的，可以作为商标注册。

3. 商标的显著性

商标的显著性是指相关标志具有显著的特征，能够指示商品或服务的来源。商标的显著性主要通过商标标志固有显著性，或者通过相关标志获得“第二含义”予以体现。商标标志的固有显著性，是指商标标识本身能让消费者对相关的商品或服务予以区分。例如，“海尔”这个词在汉语中原本是不存在，属于臆造性标志，标志本身就具有加强的识别性。再如，“青岛”商标，“青岛”这个词在大部分中国消费者的眼里，通常指代青岛市这个地名，但是虽然“青岛”啤酒家喻户晓，当提及青岛啤酒时，消费者自然想到的是在青岛啤酒股份有限公司生产的青岛牌啤酒。这样，“青岛”这个词就获得第二含义，具备了商标所需的显著性。当然，商标的显著性不是永恒的，如果企业使用不当、维护不好，原本具有显著性的商标也会因丧失显著性而无法再作为商标使用。如我们所熟悉的阿司匹林、尼龙、香槟、Cellphone、Xerox、Bluetooth、优盘、氟利昂、吉普车等，原本都是风靡一时的商标，最终都被淡化成商标的通用名称。

防止商标淡化的经典案例

2006 年 5 月，英式英语权威《牛津英语字典》收录了“to google”的动词词条，美式英语权威韦氏大字典则收录“Google”，解释为 Google 公司。为此，Google 公司律师向各大媒体发出了言辞严肃的律师信，要求他们规范单词“Google”的用法，停止将其公司商标用作动词。Google 公司正是担心其 Google 商标被淡化成某些动词，因此予以关注。Google 公司的这种做法是防止商标的淡化的好做法。

(二) 商标的注册程序

1. 申请注册商标

商标注册实行申请在先原则，又称先申请原则，是指两个或两个以上的申请人，在同一种商品或类似商品上，以相同或近似的商标申请注册的，申请在先的可以获得注册。

我国采用《商标注册用商品和服务国际分类尼斯协定》，根据商品性能、用途、原料和生产工艺、服务性质等将商品和服务分45类，其中商品34类，服务11类。

2. 审查注册商标

商标局对申请注册的商标，应当自收到商标注册申请文件之日起9个月内审查完毕，符合本法有关规定的，予以初步审定公告。

对驳回申请、不予公告的商标，商标局应当书面通知商标注册申请人。申请人不服的，可向商标评审委员会申请复审。再不服的，可以自收到通知之日起30日内向人民法院起诉。

3. 注册商标的无效

注册商标的无效，是指社会公众或者在先权利人和利害关系人，要求商标行政机构撤销已经注册的商标。世界各国的商标法律都规定了注册商标的无效制度。根据我国《商标法》（2013年）规定，注册商标无效的理由分为绝对无效理由和相对无效理由。绝对无效理由主要包括该注册商标使用了禁止作为商标使用的标志、或者使用了限制作为商标注册的标志，或者使用了具有功能性的三维标志注册为商标。相对理由基本与在先权利有关。

4. 商标的续展与撤销

商标保护期限为10年，自商标核准之日起算。届满可以不断续展，每次续展10年。届满前6个月内提出申请，未提出再给6个月宽限期用于续展。

商标注册人在使用注册商标的过程中，自行改变注册商标、注册人名义、地址或者其他注册事项的，由地方工商行政管理部门责令限期改正；期满不改正的，由商标局撤销其注册商标。注册商标成为其核定使用的商品的通用名称或者没有正当理由连续三年不使用的，任何单位或者个人可以向商标局申请撤销该注册商标。

（三）商标的转让与许可

1. 商标的转让

商标的转让，实践中主要有两种形式，一是商标与商标所有人的企业或经营活动一并转让，另一种是商标的单独转让。根据《商标法》（2013年），商标的转让应注意以下几个问题：

（1）商标的转让不得造成消费者在商品或服务来源上的混淆，对容易导致混淆或者有其他不良影响的转让，商标局不予核准，书面通知申请人并说明理由；

（2）商标的转让不得损害被许可人的利益；

（3）商标受让人应保证相关商品的质量。

转让注册商标经核准后，予以公告。受让人自公告之日起享有商标专用权。

2. 商标的许可

根据《商标法》（2013年）规定，商标注册人可以通过签订商标使用许可合同，许可他人使用其注册商标。许可人应当监督被许可人使用其注册商标的商品质量。被许可人应当保证使用该注册商标的商品质量。经许可使用他人注册商标的，必须在使用该注册商标的商品上标明被许可人的名称和商品产地。许可他人使用其注册商标的，许可人应当将其商标使用许可报商标局备案，由商标局公告。商标使用许可未经备案不得对抗善意第三人。

（四）商标侵权救济

商标权是商标所有人就其商标及其商誉所享有的权利。注册商标的专用权，以核准注册的商标和核定使用的商品为限。一般而言，商标权通常由专用权和禁用权两部分构成。所谓的商标专用权，是指商标所有人可以在自己提供的商品或服务上使用相关商标，也可以许可他人在同类商品或服务上使用自己的商标。商标的禁用权则指，他人未经许可，则不得在相同或类似的商品或服务上使用相同或类似的商标。

1. 商标侵权认定

实践中，未经许可，在同类或类似的商品或服务上，使用与他人相同或近似的标志，并且有可能造成消费者在商品或服务的来源上的混淆，就构成商标侵权。根据《商标法》（2013年）规定，有下列行为之一的，均属侵犯注册商标专用权：

（1）未经商标注册人的许可，在同一种商品上使用与其注册商标相同的商标的；

（2）未经商标注册人的许可，在同一种商品上使用与其注册商标近似的商标，或者在类似商品上使用与其注册商标相同或者近似的商标，容易导致混淆的；

（3）销售侵犯注册商标专用权的商品的；

（4）伪造、擅自制造他人注册商标标识或者销售伪造、擅自制造的注册商标标识的；

（5）未经商标注册人同意，更换其注册商标并将该更换商标的商品又投入市场的；

（6）故意为侵犯他人商标专用权行为提供便利条件，帮助他人实施侵犯商标专用权行为的；

（7）给他人的注册商标专用权造成其他损害的。

将他人注册商标、未注册的驰名商标作为企业名称中的字号使用，误导公众，构成不正当竞争行为的，依照《中华人民共和国反不正当竞争法》处理。

2. 侵权救济途径与法律责任

因侵犯注册商标专用权引起纠纷的，由当事人协商解决；不愿协商或者协商不成的，商标注册人或者利害关系人可以向人民法院起诉，也可以请求工商行政管理部门处理。

未经商标注册人许可，在同一种商品上使用与其注册商标相同的商标，属于假冒他人注册商标的行为，该行为情节严重的，除赔偿被侵权人的损失外，依法追究刑事责任。

（五）驰名商标保护

驰名商标是指在某一个国家或地区范围内，为相关公众广为知晓并享有较高声誉的商标，包括已经注册的商标和未注册商标。在中国，虽然直到 2001 年修订《商标法》才首次在法律中明文规定对驰名商标的保护，但对驰名商标进行保护的实践早在 1985 年中国加入巴黎公约之后就已经开始了。《商标法》（2013 年）规定，就不相同或者不相类似商品申请注册的商标是复制、摹仿或者翻译他人已经在中国注册的驰名商标，误导公众，致使该驰名商标注册人的利益可能受到损害的，不予注册并禁止使用。可见，对注册的驰名商标实行跨类保护。

为了防止企业为了获得广告宣传上的优势而努力认定驰名商标，从而对消费者产生误导，以为拥有驰名商标的商品或服务就是高质量的商品或服务，助长了市场上的不正当竞争。为此，《商标法》（2013年）规定，生产、经营者不得将“驰名商标”字样用于商品、商品包装或者容器上，或者用于广告宣传、展览以及其他商业活动中。

（六）地理标志保护

地理标志是指标示某商品来源于某地区，该商品的特定质量、信誉或者其他特征，主要由该地区的自然因素或者人文因素所决定的标志。如北京烤鸭，金华火腿、西湖龙井等均为耳熟能详的地理标志。地理标志表明某一种商品来源于一成员方地域内，或此地理内的一地区并且该产品的特定品质、信誉或其他特征，主要与该地理来源相关联。

通常来说，地理标志具备以下基本特征：

（1）很强的地域性：商品来源地的生产者只有在一定地域范围内；

（2）显著的集团性：由商品来源地所有的企业、个人共同使用；

（3）所代表的商品与一定的地理区域相联系；

（4）自然因素和人文因素是影响地理标志的主要因素。

在我国，目前有三个独立的地理标志注册、登记和管理系统。第一个是向农业部申请农产品地理标志。第二个是向国家质检总局申请中华人民共和国地理标志保护产品。第三个是向国家工商总局商标局申请集体商标或证明商标，即中国地理标志，其管理规则要遵循集体商标获证明商标的规则。实践中，相关企业可以根据自己需要选择申请其中一种或多种机制进行保护。

五、其他知识产权

除了著作权、专利和商标外，实践中还有商业秘密、植物新品种、集成电路布图设计等类型的知识产权。

（一）商业秘密

对商业秘密的保护，主要是从反不正当竞争的角度提供法律保护的。所谓的商业秘密，是指不为公众所知悉、能为权利人带来经济利益、具有实用性并经权利人采取保密措施的技术信息和经营信息。这里的经营信息，如管理方法，产销策略，客户名单、货源情报等；技术信息，如生产配方、工艺流程、技术诀窍、设计图纸等。

1. 保护条件

根据《反不正当竞争法》规定，相关的信息要构成商业秘密进行保护，其必须具备以下三个条件：

（1）秘密性，即相关信息不为公众所知悉，也就是相关信息不能从公开的渠道直接获得。但是相关信息所具有的秘密性，不是绝对的，而是相对的，主要是指相关信息不能从公开渠道获得，不为社会公众所知悉。

（2）价值性，具有商业价值，即相关信息由于处于保密状态而为所有人在市场竞争中拥有高于他人的竞争优势或真实或潜在的经济利益。

（3）采取合理保密措施，是指信息的所有人为了让有关信息处于保密状态，采取了一系列必要的和合理保密措施。订立保密协议、建立保密制度等均属保密措施的范围。根据法律规定，信息所有人所采取的保密措施只要合理即可，不要求必须万无一失。实践中，对相关保密措施是否合理，要根据具体案情进行考虑。

2. 对商业秘密保护的限制

对商业秘密的保护，与其他各项知识产权一样，法律也规定了若干利用商业秘密信息的例外情况。相关行为人在下列情况下，即使利用了商业秘密信息，不会构成侵权，也不需要支付许可费用。这些情况包括行为人独立开发获得、合法购买、从公开渠道观察获得、合法接受许可获得以及通过反向工程获得相关的商业秘密信息。

3. 侵犯商业秘密的不正当行为

商业秘密保护在于防止不正当竞争。《反不正当竞争法》规定下列行为属于侵犯他人商业秘密的不正当竞争行为：

（1）以盗窃、利诱、胁迫或者其他不正当手段获取权利人的商业秘密；

（2）披露、使用或者允许他人使用以前项手段获取权利人的商业秘密；

（3）违反约定或者违反权利人有关保守商业秘密的要求，披露、使用或者允许他人使用其所掌握的商业秘密。

第三人明知或者应知前款所列违法行为，获取、使用或者披露他人的商业秘密，为被视为侵犯商业秘密的行为。

对于侵犯商业秘密的行为，权利人可以通过行政途径或民事途径获得救济，但就商业秘密保护而言，尤其是对侵犯商业秘密的救济来说，主要是法院的责任。只有双方当事人在相应的诉讼程序中，就是否构成商业秘密、是否采用正当或不正当的手段、是否属于例外情形，进行充分质证，才能真正保证双方当事人的合法权益得到充分保障。对于严重侵犯商业秘密的行为，符合犯罪构成要件的，可以追究刑事责任。但总体来说，商业秘密的保护是一项民事权利，应当主要通过民事诉讼加以解决。

（二）植物新品种权

植物新品种权是知识产权领域中较为年轻但备受关注的知识产权类型。植物新品种保护涉及农业的科技进步和国家粮食安全，具有非常特殊的地位。植物新品种保护的客体是具有生命的植物发明，因此在植物新品种保护条件、权利范围、例外限制等方面具有较为鲜明的特点。

1. 保护条件

植物新品种，是指经过人工培育的或者对发现的野生植物加以开发，具备新颖性、特异性、一致性和稳定性并有适当命名的植物品种。国务院农业、林业行政部门分工共同负责植物新品种权申请的受理和审查并对符合规定的植物新品种授予植物新品种权。

根据规定，一项植物发明，要获得植物新品种保护，就必须具备以下条件：

（1）新颖性：新颖性是指申请品种权的植物新品种在申请日前该品种繁殖材料未被销售，或者经育种者许可，在中国境内销售该品种繁殖材料未超过1年；在中国境外销售藤本植物、林木、果树和观赏树木品种繁殖材料未超过6年，销售其他植物品种繁殖材料未超过4年。

（2）特异性：是指申请品种权的植物新品种应当明显区别于在递交申请以前已知的植物品种。

（3）一致性：是指申请品种权的植物新品种经过繁殖，除可以预见的变异外，其相关的特征或者特性一致。

（4）稳定性：是指申请品种权的植物新品种经过反复繁殖后或者在特定繁殖周期结束时，其相关的特征或者特性保持不变。

（5）适当的名称：授予品种权的植物新品种应当具备适当的名称，并与相同或者相近的植物属或者种中已知品种的名称相区别。

2. 权利范围

植物新品种权的获得，必须经过国务院农业、林业行政部门的审查，并对符合规定条件的植物新品种授予植物新品种权。根据《植物新品种保护条例》的规定，完成育种的单位或者个人对其授权品种享有排他的独占权，即任何单位或者个人未经品种权人许可，不得为商业目的生产或者销售该授权品种的繁殖材料，不得为商业目的将该授权品种的繁殖材料重复使用于生产另一品种的繁殖材料；但是，本条例另有规定的除外。根据上述规定可知，植物新品种保护的对象，仅限授权品种的繁殖材料。其保护期限为自授权之日起，藤本植物、林木、果树和观赏树木为20年，其他植物为15年。

3. 权利的限制与例外

根据《植物新品种保护条例》规定，下列两种情况下，使用授权品种的，可以不经品种权人许可，不向其支付使用费，但是不得侵犯品种权人依照本条例享有的其他权利，包括：① 利用授权品种进行育种及其他科研活动；② 农民自繁自用授权品种的繁殖材料。

同时，为了国家利益或者公共利益，审批机关可以作出实施植物新品种强制许可的决定，并予以登记和公告。取得实施强制许可的单位或者个人应当付给品种权人合理的使用费，其数额由双方商定；双方不能达成协议的，由审批机关裁决。品种权人对强制许可决定或者强制许可使用费的裁决不服的，可以自收到通知之日起3个月内向人民法院提起诉讼。

4. 品种权侵权救济

一旦发现植物新品种侵权的，当事人可以通过协商、调解和仲裁等方式进行解决，也可以请求省级以上人民政府农业、林业行政部门进行处理，或者到侵权行为地的指定中级人民法院提起诉讼。侵权责任主要包括停止侵权、赔偿损失等民事责任。在损害公共利益的情况下，省级以上人民政府农业、林业行政部门依据各自的职权处理品种权侵权案件时，可以责令侵权人停止侵权行为，没收违法所得，可以并处违法所得5倍以下的罚款。

（三）集成电路布图设计权

集成电路，是指半导体集成电路，即以半导体材料为基片，将至少有一个是有源元件的两个以上元件和部分或者全部互连线路集成在基片之中或者基片之上，以执行某种电子功能的中间产品或者最终产品。集成电路布图设计（以下简称布图设计），是指集成电路中至少有一个是有源元件的两个以上元件和部分或者全部互连线路的三维配置，或者为制造集成电路而准备的上述三维配置。

1. 登记程序与保护条件

国务院知识产权行政部门负责布图设计登记工作，受理布图设计登记申请。经初步审查没有发现驳回理由的，应当颁发布图设计登记证书，并在国家知识产权局互联网站和中国知识产权报上予以公告。布图设计专有权自申请日起生效。

布图设计登记申请人对国务院知识产权行政部门驳回其登记申请的决定不服的，可请求复审，仍不服的，可向人民法院起诉。

想要获得保护的集成电路布图设计，必须具备独创性。所谓独创性是指，布图设计应当是作者依靠自己的脑力劳动完成的，设计必须是突破常规的设计或者即使设计者使用常规设计但通过不同的组合方式体现出独创性时，都可以获得法律保护。布图设计自其在世界任何地方首次商业利用之日起 2 年内，未向国务院知识产权行政部门提出登记申请的，国务院知识产权行政部门不再予以登记。

2. 权利范围

布图设计专有权经国务院知识产权行政部门登记产生。未经登记的布图设计不受本条例保护。根据《集成电路布图设计保护条例》规定，布图设计权利人享有下列专有权：

（1）对受保护的布图设计的全部或者其中任何具有独创性的部分进行复制；

（2）将受保护的布图设计、含有该布图设计的集成电路或者含有该集成电路的物品投入商业利用。

布图设计专有权的保护期为 10 年，自布图设计登记申请之日或者在世界任何地方首次投入商业利用之日起计算，以较前日期为准。但是，无论是否登记或者投入商业利用，布图设计自创作完成之日起 15 年后，不再受保护。对布图设计的保护，不延及思想、处理过程、操作方法或者数学概念等。

3. 权利的限制与例外

根据《集成电路布图设计保护条例》规定，下列行为可以不经布图设计权利人许可，不向其支付报酬：

（1）为个人目的或者单纯为评价、分析、研究、教学等目的而复制受保护的布图设计的；

（2）在依据前项评价、分析受保护的布图设计的基础上，创作出具有独创性的布图设计的；

（3）对自己独立创作的与他人相同的布图设计进行复制或者将其投入商业利用的。

受保护的布图设计、含有该布图设计的集成电路或者含有该集成电路的物品，由布图设计权利人或者经其许可投放市场后，他人再次商业利用的，可以不经布图设计权利人许可，并不向其支付报酬。

此外，在国家出现紧急状态或者非常情况时，或者为了公共利益的目的，或者经人民法院、不正当竞争行为监督检查部门依法认定布图设计权利人有不正当竞争行为而需要给予补救时，国务院知识产权行政部门可以给予使用其布图设计的非自愿许可。

4. 集成电路布图设计侵权救济

未经布图设计权利人许可，使用其布图设计，即侵犯其布图设计专有权，引起纠纷的，由当事人协商解决；不愿协商或者协商不成的，布图设计权利人或者利害关系人可以向人民法院起诉，也可以请求国务院知识产权行政部门处理。

第五篇　契约法治

契约是人类最古老的智慧和信誉，无论东方和西方，它都是人们社会生活中的重要工具，是人类社会的伟大发明（图 5-1 和图 5-2）。

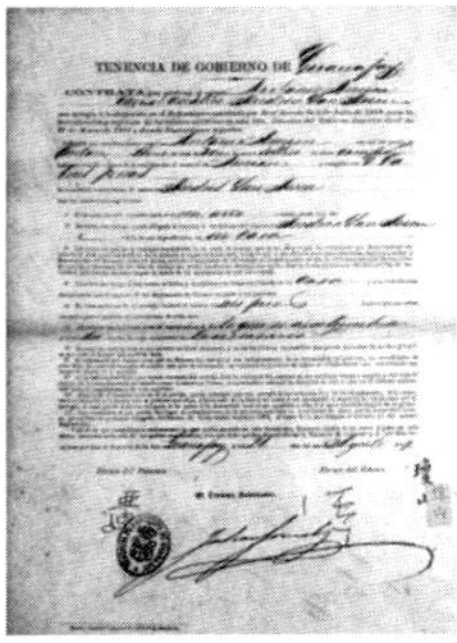

图 5-1　西方契约

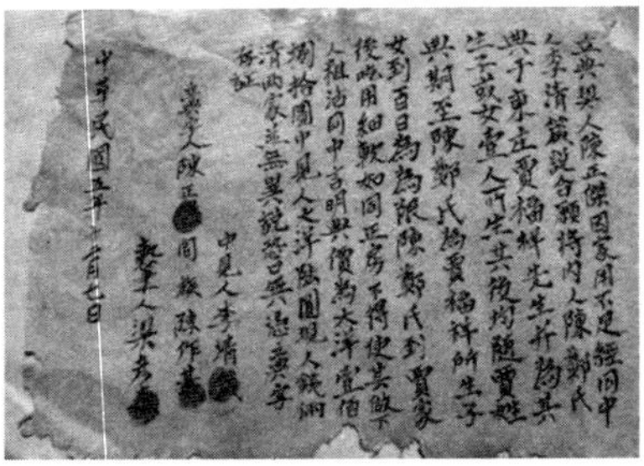

图 5-2　中国契约

第一节　市场与契约

一、契约成为市场秩序的工具

合同在传统上俗称“契约”，是平等主体的自然人、法人、其他组织之间设立、变更、终止民事权利义务关系的协议。合同是商品交换关系在法律上的表现形式，任何一项合同的订立和履行都意味着某个商品交换的形成和实现。合同具有以下的特征：

（一）合同是双方（多方）民事法律行为

法律行为是人们表示自己意思的、具有特定法律后果的行为。民事法律行为是当事人意在确立一种民事权利义务发生、变更或终止的行为，可以分为单方和双方法律行为。合同就是典型的双方法律行为。合同是人们表示自己的意愿，达成一致意志，产生特定法律后果，并受法律规范制约和保障的行为。

（二）合同是当事人意思表示一致的结果

合同是当事人协商一致的产物，是当事人形成合意的结果。合意须具备三个条件：第一，有两个或两个以上的当事人；第二，真实表达各方的意愿；第三，当事人之间的意思表示完全一致。

（三）合同的目的是谋求一定的民事法律后果

人们订立合同是为了实现各自的经济利益，为此，谋求以合同的方式来约束将从事交易的行为，从而形成各自权利与义务的范围，产生相应的民事法律后果。合同是符合法律要求的当事人间的协议，因此受到国家法律的承认与保护。正常情况下，当事人追求的民事后果就应当达到，这是当事人希望实现的目的，是社会经济生活正常运转的必然结果。

（四）合同主体的法律地位平等

在社会经济生活中，人们各自具有不同职能。在管理和被管理的社会关系中，一方当事人总是处于被管理与尽义务的地位。但是，在人们之间建立合同关系时，主体的法律地位与管理和被管理的社会关系会有所不同。合同是独立的民事主体之间在自愿的基础上产生的，所以当事人在合同关系中的地位必须完全平等，这是合同的本质属性所决定的，是当事人之间建立合同关系的基础。因此，订立合同的当事人无论行政级别高低、单位规模大小以及是否为管理与被管理关系，相互之间都处于平等地位，任何一方都不能把自己的意志强加给对方。

商品交换是市场经济体系中最基本的交易活动，这些海量的、每时每刻大量发生的交易活动都是通过合同体现出来的，因此合同已经成为市场秩序的基本工具。

某企业多次赴欧洲考察，经过与当地某财团的接触、洽商，双方就共同进行内地某城市的住宅建设、市政建设等方面达成共识。三个月后，双方签署了“共同开发城市住宅小区意向书”，约定：我方负责城市住宅建设的前期报批、拆迁等开工准备；外方负责融资，并从住宅销售收入中得到一定比例的投资回报。同时约定：双方将进一步洽商确定合作中的各项细节，尽快签订合同。这项协议对双方有合同的约束力吗？

二、契约成为交易的保障

为保证社会经济秩序与交易的安全，维护当事人的合法权益，世界各国都在不同的历史时期制定、颁布有关的法律，用以调整人们之间的商品交换关系，规范社会交易行为。通常，可以把调整合同关系的法律、法规统称为“合同法”。合同法是调整平等主体的当事人之间因设立、变更、终止民事权利义务达成协议而产生的各种关系的法律规范的总称。

合同法主要调整在市场经济领域当事人之间基于财产流转和劳务、服务等行为而发生的债权债务关系。当事人之间的婚姻、收养、监护等有关身份关系的协议，以及雇佣劳动关系，不适用合同法的规定，而适用家庭婚姻法、劳动法等其他相关法律。在企业经营管理活动中，非平等主体之间的协议，如与上级主管单位签订的承包经营合同等，同样不适用我国的合同法，应当适用国家颁布的其他相关的法律、法规。

在20世纪80年代初，为适应社会经济发展的需要，我国先后颁布了《经济合同法》《涉外经济合同法》《技术合同法》，用以分别调整不同领域内的商品交易行为。随着我国社会主义市场经济的不断深化发展，人们的市场行为逐渐受到了这种立法格局的影响和限制。为解决我国合同立法不统一的问题，1999年3月15日全国第九届人大第二次会议通过了《中华人民共和国合同法》（以下简称《合同法》），共23章，428条，于1999年10月1日起施行（图5-3）。这部法律作为我国统一的合同法，是我国市场经济活动的一个基本准则。

我国《合同法》通过对合同关系的调整，将当事人的合同行为纳入法律规范之内，以维护当事人的合同权益为基础，从而保障整个社会商品交换的基本秩序，保障社会主义市场经济的正常发展。

图5-3 中华人民共和国合同法

三、市场经济需要契约精神

契约精神贯穿于我国合同法的各项规则之中，集中体现于合同法所确立的基本原则中。我国合同法确立了平等、自愿、诚信、守法等原则，是我国合同领域立法、执法的指导思想，也是当事人订立履行合同必须遵循的基本准则。

（一）平等原则

平等的原则就是商品交换基本守则在合同法中的集中体现。根据合同法的规定，在合同关系中，不论经济实力或实际社会地位是否存在差异，当事人的法律地位平等。贯彻平等原则，要求当事人相互尊重，充分协商，互惠互利，在形成一致意见的基础上订立合同，一方不得将自己的意志强加给另一方，不允许任何人拥有特权，也不允许以大欺小、以强凌弱，只有这样才能真正实现合同目的，才能使社会经济健康发展（图 5-4）。

图 5-4　合同双方地位平等

上世纪 80 年代初，我国某部级单位与国内一家汽车制造厂签订了供货合同，订购了大批汽车。后来，该部级单位在没有任何理由、不作任何解释的情况下单方面通知该合同撤销。这个单位的做法给汽车制造厂的生产带来了混乱，造成了难以克服的障碍。厂家通过多种渠道向上级反映，甚至派人到中央有关单位上访以求问题的解决。但当时许多人都认为该部级单位与汽车厂级别不对等，可以理解为是上下级的关系，还是应当找那家部级单位协商解决。无奈之下，汽车制造厂只好抱着试试看的心情向某市中级人民法院提起诉讼，请求被告履行合同义务。法院依法受理了该合同纠纷，并按照法定程序通知被告出庭应诉。被告以某市的中级人民法院受理该纠纷，与部级单位级别不对等为由拒绝出庭。之后，法院通知被告，拟按照我国诉讼法的规定采取“拘传”措施。在严格依法办事的情况下，当事人之间的合同纠纷得到顺利解决。

（二）公平自愿原则

自愿原则是反映合同本质的原则，也是合同条件中属于核心地位的条件。自愿是指当事人有权依照自己的真实意志参与合同活动。合同的根本目的就是参与者实现权利义务的设定和转移，通过市场以合同的形式满足自己和他人的需要，其他方面是实现这一目的的形式和保障。真实自愿是合同的基础，也是合同立法的基础。实现真实自愿才能体现参与者的意志，才能达到互惠互利、提高效率、促进社会经济发展的目的。但充分自愿的基础取决于社会的进步，广大人民群众认识水平的提高，以及包括诚信意识的整体素质的完善。另外，真实自愿的前提应是无损社会和他人的自愿。自愿表现在订立合同、协商补充、修改以至解除合同；也表现在权利人可以自愿转让权利、放弃权利；还包括当事人在发生争议时自愿选择解决争议的方式等。自愿也是经济活动自愿性多于强制性的体现，更是经济法律关系区别于行政、刑事法律关系的标志；同时，也是发展社会主义市场经济的客观要求。

合同的订立、履行既要自愿也必须公平。公平是进行经济活动的客观尺度，当事人必须按照公道、合理的要求进行经济交往，公平交易，童叟无欺，禁止利用合同损人利己。行为人应在充分协商的基础上，在真实自愿和公平互利的前提下，建立起相互依赖的合同关系（图5-5）。

图5-5 合同双方公平自愿

（三）诚实信用原则

诚实信用原则是指当事人在合同活动中讲诚守信，真诚相待，履行诺言，不欺瞒对方，不损害社会或他人利益。诚实，就是实事求是、心怀善意、坦诚待人、开诚布公，不投机行骗，不弄虚作假；信用，就是注重信誉，做到一诺千金。由于诚实信用原则体现了法律所追求的社会正义的基本观念，从而成为世界各国合同立法和法律学说所公认的一项基本原则。诚实信用不仅是我国合同法的原则规定，也是合同法对合同具体操作的指导和强制要求。它贯穿于合同订立初始至合同履行完毕的所有阶段（图 5-6）。

图 5-6　订立合同要诚实守信

某大企业的一些配件由一个乡镇企业生产，双方有着多年的业务合作。后来，这个企业更换了新厂长张某。张某上任以后对企业进行了全面整顿同时终止了与乡镇企业的业务合作，将业务交给其他企业。乡镇企业多次找张某协商均未得到圆满的答复。之后，该乡镇企业委托律师找张某交涉，要求该企业先行结算已经检验、收下的产品，价值约 150 余万元，其他的事情以后再商量。这个要求遭到张某的拒绝，在律师出具双方的业务合作合同时，张某一把抢过来，几下子撕得粉碎，并说：“这个合同不就是一张纸吗，我撕啦，怎么着？”在之后的诉讼中，法院判决这家大企业如数支付货款，以及违约金 20 余万元，张某在法庭上十分后悔地陈述道：“没想到我的几个简单动作的代价这样大，竟然能值 20 万元。回去后要好好学法。”

（四）守法原则

合同的订立、履行必须符合法律、法规的规定，必须尊重社会公德，不得与强制性规范和社会公共利益相抵触。在现代市场经济活动中，合同不仅关系到当事人双方，有时也会影响他人和社会。为维护社会整体利益，必须依法规范合同行为。在社会主义市场经济条件下，国家颁布了有关法律、法规，用以维护市场经济秩序，保障国家、集体和个人的合法权益。合同只有在符合法律、法规的规定，在不违背社会公德时，才能得到国家的承认。因此，当事人的行为合法是合同成立并生效的基础（图 5-7）。

图 5-7 违法合同不受保护

张某、刘某在婚前共同签订《婚前财产约定书》，并且经过了某市公证处的公证。三年后，双方因感情不和拟办理离婚手续。在协商分割财产的过程中，双方因对所签署的《婚前财产约定书》规定的内容产生了不同的理解并发生争执。为此，双方提出按照我国合同法的规定来处理争执。当事人签署的《婚前财产约定书》能适用我国的合同法吗？

（五）法律保护原则

依法订立的合同，受法律保护。合同当事人依法订立合同时取得了合同权利，并承担合同义务，同时获得一项法律上延伸的权利，即请求司法保护权，当事人在自己的合法权益不能实现时，有权提请人民法院、仲裁机构或有关部门给予帮助和保护，以实现自己的权益。法律作为正当权益的后盾在当事人无力或不便解决合同纠纷以实现自己的权益时，以强有力的法律手段保护合同当事人的合法权益。

某大学毕业生小李，毕业后到一家公司任部门经理的助理。在上班前，该公司人力资源部负责人老王与小李商谈签订劳动合同事宜。老王讲到这家公司招聘的大学毕业生，合同一年一签，小李也不例外，合同签到 2013 年 7 月，试用期三个月，一年以后签正式聘用合同，公司负担小李的各项社会保险。小李觉得这些要求有些不妥，就向大学期间法律专业的同学咨询，询问在签订劳动合同时应当注意哪些问题。想一想：在我国签订劳动合同是否也能够适用我国的《合同法》？

第二节　合同的订立

一、合同订立的程序

合同订立的程序就是当事人就合同条款通过协商达成协议的过程，这一过程包括要约和承诺两个阶段。

某顾客在商场选购钢琴，经过反复比较、挑选，对一款标价 5 000 元的钢琴质量、样式表示满意，遂决定购买。服务员为顾客开出购物票据，要顾客到收款台付款。顾客到收款台交款时，收款员经电脑核对，认为钢琴售价有误，因而要顾客与服务员进行核对。几经核对服务员发现，钢琴标价为 5 000 元，而实际价格应当为 50 000 元，为此向顾客作出解释。顾客认为：该钢琴商品标价 5 000 元，到交款时却改为 50 000 元，这种做法有损顾客的利益，要求按照商品标价 5 000 元结算。商场方面承认钢琴的价格是自己搞错了，但坚持钢琴并未实际出售，也未收该顾客的钱。因此，顾客可以不买，但不能按 5 000 元结算。那么，在这个交易中，顾客与商场处于什么样的地位，各自负有哪些责任？

（一）要约

要约也称发盘、出盘、出价、报价等，是一方提出合同条件，希望与他人订立合同的意思表示。提出要约一方称要约人，接到要约的一方称受要约人。

1. 要约的条件

要约是要约人以订立合同为目的的一种提议，作为订立合同的前提，须具备以下的条件。

（1）要约的内容具体确定。要约人发出要约的目的是订立合同，因此，要约中须包含准备交易的合同条款，这些条款应是能使合同成立并产生实质效果的条款。一般应包括合同标的、数量、质量、价款或报酬，以及如何履行和保障措施等。

（2）要约应是特定当事人的意思表示。要约人应为合格的并可以确认的行为主体，可以是某个具体的自然人、法人、其他组织及代表人或代理人。受要约人也应是特定或特定化的行为人，即可以确认的能够接受要约或确认履行的人，要约到达受要约人时生效。

（3）要约人认可即有约束力。要约是具有法律意义的行为，要约人对要约有预见后果和承担后果的义务。要约的约束力主要是受要约人一旦承诺，双方合同即告成立。

2. 要约的效力

要约的法律效力，主要包括要约的生效时间、要约效力的存续时间以及要约对要约人和受要约人的拘束力三个方面。要约到达受要约人时生效。口头要约的相对人了解要约时为到达；书面要约送达时为到达；采用数据电文形式要约的电文进入收件人系统的为到达。要约效力的存续时间有不同情况，限定有承诺期的要约，期限届满失效；未定承诺期的要约，口头要约的应当场内答复；书面要约的，应在合理时间内答复。要约的拘束力主要是指要约生效后，非依法定条件，要约不得撤销，也不得对要约加以限制、变更和修改。受要约人有权接受要约也有权拒绝要约。

3. 要约的撤回、撤销与失效

根据我国《合同法》的规定，要约在生效前符合一定条件的可以撤回，即“撤回要约的通知应当在要约到达受要约人之前或与要约同时到达受要约人”。要约在生效后符合一定条件的可以撤销，即“撤销要约的通知应当在受要约人发出承诺通知之前到达受要约人”。

我国《合同法》对撤销权的行使作出了限制，规定在两种情况下要约不得撤销。要约的失效是指要约丧失法律效力，行为人不再受要约的拘束，要约人解除相关的义务，受要约人也丧失承诺的权利。

我国《合同法》第二十条规定要约在以下四种情形时失效：

（1）拒绝要约的通知到达要约人；

（2）要约人依法撤销要约；

（3）承诺期限届满，受要约人未作出承诺；

（4）受要约人对要约的内容作出实质性变更。

李某将装有价值50万元的汽车提货单等物品的手提包遗失。之后，李某在某报上刊登寻物启事，声明一周内有知情送还者酬谢1万元。次日，手提包拣拾人张某与李某取得联系，并在双方约定的时间和地点交换钱物。由于在给付酬金问题上发生争执，张某遂向法院提起诉讼，要求李某依其许诺支付酬金1万元。

问题：（1）李某在报刊刊发的广告属于什么性质的行为？（2）张某的主张是否合理，有无法律依据？

（二）承诺

承诺是受要约人同意要约的意思表示。即受要约人表示愿意按照要约的内容与其订立合同的答复，承诺生效时合同成立。因此，承诺须具备以下条件：

1. 承诺的内容须与要约的内容一致

承诺是对要约的同意，其内容应当与要约相一致，合同才成立。但要求承诺与要约内容绝对一致，不利于经济交往和交易稳定。因此，合同法对此作出了两种规定：第一，受要约人对要约的内容作出实质性变更的，为新要约；第二，承诺对要约的内容作出非实质性变更的，除要约人及时表示反对或要约明确表示不得变更的以外，该承诺有效。

2. 承诺应当按照要约通知的方式作出

受要约人对要约同意的答复，应当符合要约的要求。如果要约未规定承诺的方式或法律有强制规定的，则按照法律规定的方式承诺。根据交易习惯或者要约表明可以通过行为作出承诺的也应认可。

3. 承诺须在确定的期限内到达要约人

要约中确定有承诺期限的，受要约人应当在承诺期内作出承诺的表示，并到达要约人。要约没有确定承诺期限的，则按合同的有关规定作出承诺。

承诺可以撤回，承诺的撤回是受要约人阻止承诺发生法律效力的行为。由于承诺一经到达要约人即产生合同的效力，所以，当撤回承诺的通知在承诺通知到达要约人之前或者与承诺通知同时到达要约人时，承诺得以撤回。

合同的生效、履行、变更、终止、违约责任以及解决争议和法律适用都以合同成立为前提，因此，判断合同是否成立，以及成立的时间、地点是非常重要的。一般地说，当事人就合同条款协商一致，合同即告成立。因合同订立的方式不同，法律的规定也有所不同。

某果品公司甲派采购员到柑橘产地某农场乙订购柑橘。经协商甲乙签订一项柑橘购销合同，约定甲采购乙种植的柑橘10吨，每千克1元，乙应当于当年10月15日之前将柑橘发运至甲公司所在地，“货到付款”。合同签订后，乙方签字盖章，并将一式四份的合同交甲的采购员带回甲方签字盖章。甲方采购员将合同带回后，在合同中“货到付款”一句后，加上“按银行托收承付”。之后，签字、盖章并将其中两份合同交回乙方。乙方收到合同后，发现原来的付款条款有所更改，当即与甲联系，要求恢复原来合同条款规定的内容。经交涉不成，乙方明确向甲方表示：“你方擅自修改合同，我们不签了。”合同约定的供货期一过，甲即以“乙方违约”为由向法院提起诉讼。

问题：在这个案例中，甲方的请求是否妥当？

（三）合同成立

我国《合同法》第二十五条规定，承诺生效时合同成立，这是合同成立的原则性规定。依据这一规定，当事人之间做出了符合要求的承诺时，合同即告成立。依据当事人为订立合同而洽商的不同情况，合同成立具体表现为以下几种情形：

1. 以直接对话或非直接对话方式订立合同

以直接对话的方式订立的合同，承诺人表示承诺的时间为合同成立的时间；

非直接对话的方式订立的合同，以收到承诺通知的时间为合同成立的时间。

2. 在法律规定或当事人约定条件下订立合同

在有效时间内，受约人未拒绝承诺默示表示同意的，如按约定发送货、支付或接受价款、租金等，则在规定或约定的期限届满后的次日为合同成立的时间。

3. 一般要式合同或通信方式订立合同

以履行特定手续为合同成立的时间。我国合同法规定，当事人采用合同书形式订立合同的，自双方当事人签字或者盖章时合同成立。采用信件、数据电文的形式订立合同在合同成立之前要求签订确认书的，签订确认书时合同成立。

4. 合同成立的地点

依据合同法的规定，承诺生效的地点为合同成立的地点。采用数据电文形式订立合同的，收件人的主营业地为合同成立的地点；没有主营业地的，其经常居住地为合同成立的地点。当事人另有约定的，按照其约定。当事人采用合同书形式订立合同的，双方当事人签字或者盖章的地点为合同成立的地点。

另外，为了维护诚信和交易稳定，合同法还规定，法律、行政法规规定或者当事人约定采用书面形式订立合同，当事人未采用书面形式；以及采用合同书形式订立合同，在签字盖章之前，当事人一方已经履行主要义务，对方接受的，该合同成立。

二、合同的内容

20 世纪 80 年代，我国经济体制改革首先在农村展开。当时，我国农村普遍实行联产承包责任制，为了规范承包行为，也为了打消广大农民对实行承包制的顾虑，一些乡镇政府想了许多办法。某地一个乡政府为了推广联产承包责任制，调动广大农民的生产积极性，决定用试用合同的方式来规定承发包人的权利义务。一次，乡政府召开了隆重的承包合同颁发大会。在会上，乡党委书记讲话，并当场亲自为承发包人颁发了《果园承包合同任务书》。该合同书的内容如下：

村东果树一片，年交提留二万。上边不变我不变，上边一变我全变。

这个合同用四句话确立了承发包人的合同关系，从法律上讲，这些内容涉及了合同当事人双方的权利与义务，确定了合同的期限，以及解除的条件与责任。但这样高度的概括难以规范当事人的行为，在执行中肯定会出现许多问题。因此，确定合同应当具备哪些条款，也是一项重要的内容。

（一）合同的指导性条款

合同的指导性条款是从大量的实际经济交易中概括、总结出来，涵盖了绝大多数合同的内容，目的是引导、规范当事人用来订立合同。指导性条款与当事人的权益密切相关，表现为大多数交易中当事人都高度关注的实质性的内容。这些合同条款如有欠缺可能会形成交易的障碍，甚至导致合同的不成立或者无效。合同法第 12 条规定，合同的指导性条款有以下几方面的内容。

1. 当事人的名称或者姓名和住所

在合同的条款中，首先应当明确合同当事人的有关情况。在涉外交易合同中，应当明确当事人的国籍。还应当明确当事人在合同中所处的位置，对当事人的自然状况进行概括和描述。

合同中当事人的地位由从事的交易的性质所决定，相互之间具有对应性。各方当事人负担的义务不同，享受的权利也有所不同。例如：在买卖合同中，买方、卖方的地位截然相反，各自从事的交易行为完全不一样。在借款合同中，出借人、借款人各自承担着完全相反的义务。因此，在合同条款中，首先应当明确当事人在合同中的地位，以及基本的自然情况。

在我国的实际交易中，人们往往习惯于用“甲方”和“乙方”的简称来表明当事人双方在合同中的位置。例如：在买卖合同中，一般称买方为甲方，卖方为乙方。在建筑工程合同中，发包人一般为甲方，施工人为乙方。这些交易中当事人简称的习惯，并没有得到合同法的认可，当事人可以任意简称。一次，某企业正大力推出自己的新产品。一天，听说有一家外地企业的采购员正在当地大肆采购，于是到招待所登门拜访。那个业务员非常热情，听完企业产品介绍后，当即表示可以采购一些设备的配件、耗材。同时，拿出合同文件夹。那个文件夹遮住了当事人名称、住所、简称一栏，只留下产品名称、规格、数量、价格、总价款、交货时间、地点、验收等条款，该业务员逐一填写清楚。之后，让该企业在合同中乙方的位置上签字、盖章。一看交易顺利做成，企业很是高兴，当即在“乙方”一栏签字并加盖企业公章。此后不久，该企业收到了外地厂家发来的货物，同时，购货合同也从外地寄来。这时，企业才惊异地发现，那个购货合同的“乙方”原来是买方的简称。企业本想把自己的产品卖出去，没想到反而把别人的产品从“甲方”买了回来。

2. 标的

标的是合同双方当事人权利和义务所共同指向的对象，是当事人通过建立合同关系所要达到的目的，人们从事商品交易的目的是实现所有权在相互之间的转移，因此，合同标的一般是指当事人所履行的交付行为。

标的与标的物有所不同，当合同标的表现为交付某种物的时候，一般将该物称之为“标的物”。在现实经济生活中，人们通常最为关注的是交易中的物，从这一角度可以把合同的标的物大体概括为四种形态：一是商品，是当事人用来交换的出卖物，可以是动产，也可以是不动产；二是各种权利与无形资产，包括当事人的专利、商标、字号、股权、非专利技术以及域名等；三是劳务，是当事人一方为另一方提供的有关服务，如货物的运输、保管等；四是其他，例如保险合同中承保的内容。合同条款中应当对标的物状态作出详细的说明和界定。

3. 数量

数量是标的反映在量上的具体指标和尺度的条款。在合同的数量条款中，应当明确标的的计量单位和数字指标。同时，还应当确定交易时标的数量的正负尾数，合理的磅差和损耗等。在具体的合同实务中，数量条款一般包括规格、计量单位或者计量方法、数量指标、磅差或者损耗的比例等。

北方某厂的采购员到南方一个厂家订货，经过协商，双方谈妥价钱并成交。在签署合同时，供货厂家提供的合同在数量条款中，以“万个”为计量单位，需方拟购进5 000个，本应填写0.5（万个），但采购员没有注意到计量单位，信手在数量一栏中填下5 000。一时间，采购员成为该厂的特大客户，供货厂家好生招待。全厂立即开足马力加班加点生产供货。按照约定，供货厂家分两次发货，第一批到货后，需方没有注意到货物数量激增。当第二批货物开始发运后，需方发现货物太多无处存放，厂里的球场、甚至办公楼的楼道里都堆满了货物，经查对才发现误填了数量。当时，需方厂长正赴外地洽商业务，得到消息后立即赶回厂处理此事。厂长通知供方停止发运货物，来人共同协商处理的办法。后来，厂长找采购员谈话，告诉该业务员：经过计算，按照我们厂现有的生产规模，这次你订购的货可以供我们厂生产用6 700余年。

4. 质量

质量是确定标的内在品质和外部形态状况的具体标准的条款。在合同的质量条款中，应当根据当事人各自的条件，以及交易的具体内容，明确标的具体质量标准。

某农产品进出口公司拟向某国组织出口一批红小豆。在收获季节之前，公司派采购员前往红小豆产地，察看红小豆长势，准备组织货源。经采购员实地考察决定选购某地的产品。经与当地农户协商，谈妥了价格、数量、交货时间，并签署了农产品预购合同。在合同的质量条款中，约定产品必须达到二级以上。合同履行时，农户交上来的红小豆一半达到了一级质量，另外一半符合二级的质量标准。公司对交上来的二级红小豆全部拒收。除强调这批产品全部出口国外，特意申明：质量规定二级以上就是所有的产品都必须都达到一级，二级不包含在内，因而发生争议。在合同的质量条款中，必须明确质量标准的等级，一级就是一级，不要用二级以上来表示质量标准为一级。

5. 价款或者报酬

价款或者报酬是合同一方因获得财产或经济利益等而向对方支付的货币、劳务酬金。合同的这一条款，应当确定价款、报酬的具体构成，计价单位、货币种类等。

某网站拟开通电子商务业务，为此，与网上供货的商家拟定了合同，按照合同约定，用户在电子商城购物时，首先向网站发出订单，网站将订单转发商家。商家向用户发出货物后，通知网站。用户收到货物之后，向网站付款。网站按照3%的比例扣除费用之后，将款项交付给商家。合同签订后网站财务部门立即通知该业务暂停，原来该网站必须按照5%缴纳营业税，如果执行这项合同，网站每笔业务都要贴补2%。合同价格条款与税收密切相关，在确定价格时，不要忽略了税收问题。

6. 履行的期限、地点和方式

合同中这项条款是对当事人履行各自义务的具体界定。

履行期限是当事人实现权利、义务的时间范围，也是当事人是否履行有关义务的时间界线。

履行地点是当事人实现权利、义务的空间范围。通常表现为标的交接的地点，一般根据交易的具体方式而由当事人协商确定。

履行方式是当事人完成各自义务的具体状态的限定。一般依据交易的性质由当事人协商确定。

甲、乙公司于2012年2月签署了一项产品销售合同。其中详细规定了买卖物的名称、规格、型号、产地、单价、数量、计量单位、磅差、总价款，以及验收、运输包装，交货地点等。同时，还明确了违约责任。在交付时间问题上，约定交货时间为2012年7月之前。乙公司于2012年7月11日将全部货物运送到甲公司，被甲公司拒收。理由是乙公司交货时间延迟，合同中写明的2012年7月之前，最终截止时间应当是2012年6月30日。乙公司则认为：2012年7月之前，最终截止时间应当是2012年7月31日。此事说明，在订立合同的期限时，最好落实到年、月、日，或者明确写上“2012年7月底之前”或“第一季度内”，以免发生不必要的争议，影响交易的进行。

7. 违约责任

违约责任是当事人商定的在不履行或不能完全履行合同规定的义务时，应当承担的法律责任。依据违约行为的程度、具体状态，当事人承担的违约责任形式主要有：继续履行合同；采取补救措施；赔偿损失、违约金、定金等。

2012年3月17日，王某在某市一家超市的珠宝柜台用6 000元购买了一只翡翠手镯，附有国家首饰质量监督检验中心出具的鉴定证书，鉴定结论为A级翡翠手镯。经过协商，销售方在手镯发票上注明：“经理同意，假一罚十”字样。王某戴后不久发觉该手镯开始褪色，经过鉴定部门鉴定，结论是该手镯为翡翠（处理）手镯。王某当即找到超市协商退货，要求商家按照约定以10倍赔偿。经协商不成，王某将争议诉至某市某区人民法院审理。经法院审理认为：王某与超市之间的买卖合同成立，“假一罚十”为双方真实的意思表示，双方对此均未提出异议，我国法律也未对此作出禁止性的规定。因此，当事人双方均应当履行各自的义务。据此，法院判决王某将手镯退还超市，超市退还王某购手镯款 6 000 元，并赔偿王某违约金 6 万元。

8. 解决争议的方法

当事人在履行合同过程中，如果发生争议，可以通过协商或者仲裁、诉讼的方式解决。因此，当事人可以在合同订立时，在合同条款中明确争议解决的途径。

依据我国现行民事诉讼法、仲裁法的规定，当事人选择仲裁机构解决争议的，人民法院将不受理此案；选择人民法院解决争议的，仲裁机构也不再受理，两者只能选择其一。因此，合同当事人应当在合同中事先选择、确定解决争议的具体机构。

为了引导人们正确地签订合同，政府有关机构制定了有关的合同示范文本。可以参照这些示范文本来签订合同。

（二）合同的格式条款

格式合同又称标准合同，是当事人为了重复使用而预先拟定，在订立时未与对方协商具体条款的合同。在现实经济生活中，一般只需当事人在格式合同预留的空白处填写所需产品或者服务的名称、数量、总价款、具体的时间，以及当事人的姓名或者名称，即可构成一项完整的合同书。因此，这些具有格式条款性质的合同，也可以称为“格式合同”。在商品交换、社会服务较为发达的情况下，格式条款虽然具有使用便捷、促进交易等优点，但无限制地使用必然会损害到相对人的合法权益。为此合同法规定：提供格式条款的一方应遵循公平原则，确定当事人之间的权利和义务，而且应采取合理的方式提请对方注意免除或者限制其责任的条款。同时还明确规定：对格式条款的理解发生争议时，应当按照通常理解予以解释。对格式条款有两种以上解释的，应当作出不利于提供格式条款一方的解释。格式条款和非格式条款不一致的，应当采用非格式条款。为了充分保证当事人的合法权益，实现交易公平，合同法对格式条款的无效作出了专门规定。这一规定限制了提供方的行为，可以制止提供方利用格式条款争取交易中的优势，致使相对人处于不平等地位的现象。《合同法》第四十条的规定：格式条款具有本法第五十二条和第五十三条规定情形的，或者提供格式条款一方免除其责任、加重对方责任、排除对方主要权利的，该条款无效。

北京某商贸有限公司在商场内张贴告示承诺："手机三包、七天包退、假一罚十。"郭某在该公司购买了一部摩托罗拉A388手机后，发现该手机标识非原配标识，电池系假冒产品。当郭某拿着鉴定结论去索赔时，商贸公司只同意按《消费者权益保护法》三倍赔偿。郭某起诉到法院后，作为被告的商贸公司竟然说"假一罚十"中的"十"应当解释为十元，即如果商品有假，只能赔偿10元。

问题：(1) 商贸公司的说法存在哪些问题？(2) 合同法对格式条款有什么要求？

三、合同的效力

合同效力是依法成立的合同对当事人所具有的法律约束力，合同之所以具有法律约束力，是因为法律赋予的权力。我国《合同法》第八条规定："依法成立的合同，对当事人具有法律拘束力。当事人应当按照约定履行自己的义务，不得擅自变更或者解除合同。"可见，当事人订立的合同是否有效，是否具有法律约束力，应当以符合法律的规定为前提条件。

合同的法律约束力表现在两个方面。第一，就某个具体合同，当事人订立合同是在相互之间自设规矩，自定规则。当事人双方在合同订立、履行和后期保障方面，都必须按照合同与合同法的规定自我约束、相互制约，保证全面、正确、及时地履行合同义务，不经对方同意或符合法定条件，当事人任何一方都不得擅自变更和解除合同，否则就构成违约。第二，如果当事人不按合同的约定和法律的规定履行合同义务或履行不适当，守约方有权申请人民法院或仲裁机构裁决并强制执行，由违约方承担相应的法律责任，以保障守约方合法权益的实现。

依据当事人订立合同过程中的表现与行为，合同的效力可以分为：无效合同、可撤销的合同以及效力待定的合同。

(一) 无效合同

无效合同是虽具有一定的合同的形式，但内容违反法律强制性明文规定，因而不能产生合同效力的约定。对无效合同的认定是合同法的强制性规范，它不取决于当事人的主张，也不取决于任何人的认可，只要符合法律规定的条件，合同即不能发生合同法律效力。

我国《合同法》第五十二条规定有下列情况之一的，合同无效：

（1）一方以欺诈、胁迫的手段订立合同，损害国家利益；

（2）恶意串通，损害国家、集体或者第三人利益；

（3）以合法形式掩盖非法目的；

（4）损害社会公共利益；

（5）违反法律、行政法规的强制性规定。

无效合同可以分为全部无效或部分无效。我国合同法第五十三条规定在合同中下列免责条款无效：

（1）造成对方人身伤害的；

（2）因故意或者重大过失造成对方财产损失的。

在这两种情况出现时，这些免责条款无效，但合同的其他条款可能仍然有效。

（二）可撤销的合同

崔某上网浏览时发现，某IT商城里开设的新惠普金牌店网页上，正开展“全新惠普笔记本网上促销”活动，其中有一款型号为533 MHz的惠普笔记本电脑新款上市，网页上显示：“市场价：14 499.00，eNet价：1 100.00”。崔某立刻提交了订单，系统显示订单有效。然而当天下午，IT公司向崔某发来电子邮件，声明因其疏忽，将笔记本电脑的实际价格11 000元，误写为1 100元，并表示原订单无效。崔某认为自己的订单已经被接受，双方已经成交，IT公司应当按照所标明的1 100元出售该电脑。在交涉不成后，崔某将该公司诉上法庭。

在法院审理过程中，作为被告的IT公司强调“该笔记本电脑的实际价格为11 000元，已经低于市场上价格。1 100元是工作人员不慎而误写”，因此，与崔某之间的交易属于重大误解订立的合同，依据我国合同法的规定应当予以撤销。

问题：（1）什么是可撤销的合同？（2）该公司的抗辩理由能否得到法院的认可？

可撤销合同是合同的订立具有瑕疵，可能违背当事人意愿，为对这种情况做出补救，法律赋予当事人变更或者撤销申请权的合同。

我国《合同法》第五十四条规定，下列合同当事人一方有权请求人民法院或者仲裁机构变更或者撤销合同：

（1）因重大误解订立的；

（2）在订立合同时显失公平的；

（3）一方以欺诈、胁迫的手段或者乘人之危，使对方在违背真实意思的情况下订立的合同。

这些情形发生时，当事人有权向人民法院或者仲裁机构提请变更或撤销，撤销权的时效为一年，自当事人知道或者应当知道撤销事由之日起计算。

（三）合同无效或被撤销的后果

无效的合同、被撤销的合同自始没有法律约束力。合同部分无效，不影响其他部分效力的，其他部分仍然有效。可撤销合同的确认权归人民法院或者仲裁机构行使。

合同无效或者被撤销后，所引起的财产后果按以下方式处理：

1. 返还或补偿财产

当事人应当返还依据无效合同、可撤销的合同取得的财产。相互取得的，应当相互返还。不能返还或者没有必要返还的，应当折价补偿。

2. 赔偿损失

合同无效、被撤销中有过错的一方应当赔偿对方因此所受到的损失，双方都有过错的，应当各自承担相应的责任。

3. 收归国家或返还受害人

当事人恶意串通，损害国家、集体或者第三人利益的，因此取得的财产收归国家所有或者返还集体、第三人。

（四）效力待定合同

刘女士担任一家中外合资经营企业的总经理，整日忙于工作，根本无暇顾及正在上小学五年级的11岁的儿子王某。刘某为照顾王某的生活，把自己的银行信用卡交给王某使用。王某每月使用该卡提取现金，支付在学校的伙食、住宿等费用。一次，王某与几个同学在一家大商场闲逛，看中了一款大型飞机模型玩具，标价1.2万元。经过讨价还价，商场营业员同意以1.1万元的价格成交，王某即以所持银行信用卡结算，并要求商场于三天后将玩具直接送到自己的家里。三天后，商场如约将飞机模型玩具送到王某的住所，恰被王某的母亲刘某发现。刘某指责商场的做法不妥，坚决要求退货。商场则认为：王某已持银行信用卡办理了结算，双方的交易已经完结。同时，针对刘某提出的“王某年纪较小，不能辨别商品价值”的说法辩解道：该玩具价值1.2万元，经过与王某的讨价还价，才以1.1万元卖出，王某对该玩具的价值非常清楚。而且强调：“顾客就是我们商场的上帝，而上帝没有年龄、性别的区分”“童叟无欺是我们商场的一贯口号”。

问题：(1) 王某与商场之间的交易是什么性质的交易？(2) 刘某要求退货的主张是否合理？

效力待定合同是指合同虽成立，但其效力能否发生尚未确定，须经有关权利人表示承认，始生效力的合同。根据我国《合同法》的有关规定，效力待定合同主要包括以下三种情况：

1. 因主体资格欠缺订立的合同

我国合同法第四十七条规定：“限制民事行为能力人订立的合同，经法定代理人追认后，该合同有效。”限制民事行为能力人除依法可以独立实施行为所订立的合同以外，都属于效力待定的合同。这类合同需经法定代理人追认方能生效。相对人可以催告法定代理人在一个月内予以追认。法定代理人未作表示的，视为拒绝追认。合同被追认之前，善意相对人享有撤销的权利。

2. 因无权代理而订立的合同

行为人没有代理权、超越代理权或者代理权终止后以被代理人名义订立的合同，需经被代理人追认才能发生代订合同的后果，否则由行为人自己承担责任。相对人可以催告被代理人在一个月内予以追认，被代理人未作表示的，视为拒绝追认。合同被追认之前，善意相对人享有撤销权。

我国合同法还规定因无权代理而订立的合同，如果相对人有理由相信行为人有代理权的，该代理行为有效，其代理行为产生的合同后果直接由被代理人承受。

3. 因无权处分而订立的合同

我国合同法第五十一条规定：“无处分权的人处分他人财产，经权利人追认或者无处分权的人订立合同后取得处分权的，该合同有效。”这类合同如果未得到权利人的追认，或者无处分权人订立合同后未取得处分权，合同就会归于无效。因此，因无处分权而订立的合同属于效力待定合同。

第三节 履行与违约

一、合同的履行

（一）合同履行的概念

合同的履行是当事人按照合同的约定，全面、准确履行各自所承担的合同义务，实现合同债权的行为过程和结果。合同的履行以完成合同的主债务为核心，同时，还应遵循诚实信用的原则，承担通知、协助，以及保密等义务，以妥善全面地达到合同的目的。在合同履行制度中，还包括全面履行、协作履行、经济合理及情势变更等原则。

某百货公司甲与某化纤厂乙签订了一项买卖各类涤纶产品的合同。其中全面规定了交易的各项内容。因当时产品价格浮动幅度较大，双方约定：产品按交货时价格结算。三个月后，乙按时交货，甲验收后全部接受。在双方结算时，甲认为价格太高，协商不成后，甲以双方未能就价格协商一致、合同不成立为由，提出退货。

问题：（1）合同的履行有哪些要求？（2）合同中约定不明时有哪些规则履行？

（二）合同履行的适用规则

1. 约定不明确的履行规则

合同生效后，合同中质量、价款、报酬、履行地点等内容没有约定或者约定不明确时，可以由当事人协议补充加以确定。不能达成补充协议时，按照合同有关条款或者交易习惯确定。这是处理合同履行中约定不明确时的基本规则。

当事人不能按这项规则确定有关的合同内容，适用以下的规定：

（1）质量要求不明确的，按照国家标准、行业标准履行；没有国家标准、行业标准的，按照通常标准或者符合合同目的的特定标准履行。

（2）价款或者报酬不明确的，按照订立合同时履行地的市场价格履行，依法应当执行政府定价或者政府指导价的，按照规定履行。

（3）履行地点不明确的，给付货币的，在接收货币一方所在地履行；交付不动产的，在不动产所在地履行；其他标的，在履行义务一方所在地履行。

（4）履行期限不明确的，债务人可以随时履行，债权人亦可以随时请求履行，但应当给对方必要的准备时间。

（5）履行方式不明确的，按照有利于实现合同目的的方式履行。

（6）履行费用的负担不明确的，由履行义务一方负担。

2. 价格调整的履行规则

在社会经济运行过程中，政府可以通过税收、价格等手段来实现对国民经济的宏观调控，保证社会经济的协调发展。合同在履行过程中，价格方面的约定也必然受到政府价格政策的制约。为此，我国的合同法规定，执行政府定价或者政府指导价的，在合同约定的交付期限内政府价格调整时，按照交付时的价格计价。逾期交付标的物的，遇价格上涨时，按照原价格执行；价格下降时，按照新价格执行。逾期提取标的物或者逾期付款的，遇价格上涨时，按照新价格执行；价格下降时，按照原价格执行。

3. 第三人履行规则

甲公司欠乙公司 50 万元货款，而丙公司则欠甲公司 50 万元的债务，两债务均已到期。乙公司多次向甲公司催索，甲一直表示无力偿还。但同时允诺：待丙公司偿还其 50 万元后，甲公司立即偿还所欠乙公司的货款。经乙多次催要，甲与丙协商，要求丙将拖欠甲的 50 万元债务，直接向乙偿还，同时，把由丙来还债的情况通知乙。乙、丙同意了甲的请求。但是，约定还款的时间已经过去了很久，丙没有一点向乙偿还债务的意思。虽甲、乙分别催促丙应当按时约定履行，然而，丙对甲说：你的债务已经说好由我来还，乙就是我的债权人，你没有权利向我提出要求。另外，丙又对乙讲：原本就是甲欠你的钱，你我之间根本就没有任何关系，你没有权利向我要甲欠你的钱。

问题：（1）合同债务可否由第三人履行？（2）丙的说法是否成立？

合同生效后一般是在合同的债务人、债权人之间履行义务，实现权利。因此，有关法规、政策规定，以及当事人约定必须由当事人亲自履行的合同，合同的债务人不得以第三人来代替其履行。但是，法律并不绝对排除第三人代替履行。在不违反法律规定，并且由当事人约定的情况下，可以由第三人代替债务人履行义务，或者由第三人代替债权人接受债务人履行。

我国合同法第六十四条规定：当事人约定由债务人向第三人履行债务的，债务人未向第三人履行债务或者履行债务不符合约定，应当向债权人承担违约责任。第六十五条规定：当事人约定由第三人向债权人履行债务的，第三人不履行债务或者履行债务不符合约定，债务人应当向债权人承担违约责任。

4. 同时履行规则

同时履行规则是指在双务合同中，没有先后履行顺序的，应当同时履行。同时履行是合同履行中的主要规则。

我国合同法第六十六条规定了同时履行规则及同时履行抗辩权：当事人互负债务，没有先后履行顺序的，应当同时履行。一方在对方履行之前有权拒绝其履行要求。一方在对方履行债务不符合约定时，有权拒绝其相应的履行要求。当事人享有的同时履行抗辩权应当具备以下要件：

（1）具有同一双务合同。互负债务当事人之间必须基于同一合同相互负有对待给付义务。互负义务应当具有对价关系，即你若履行我就履行；你若不履行，那我也不履行。

（2）双方互负债务均已届清偿期。同时履行抗辩权的目的在于双方债务的同时履行。因此，行使的前提债务均已到清偿期限。

（3）对方未履行债务或履行债务不符合约定的，一方向另一方请求履行债务时，须己方已为履行并提请对方履行。否则，对方可行使同时履行抗辩权，拒绝履行自己的债务。

（4）对方的对待给付为可能履行。对方的对待给付已不可能时，同时履行的目的无法实现，应由合同解除制度解决，不适用同时履行规则。

5. 不同时履行规则

甲公司与乙公司签订一项买卖合同，其中约定甲自合同生效后15日内将40%的预付款支付乙，乙自收到该款后3日内向甲发货；甲收到货物后7日内将剩余的60%款项支付给乙。在履行过程中，甲支付了预付款后，乙按约定发货。甲验收时发现大部分货物不符合合同约定的质量标准。为此，甲通知乙暂停供货，并拒付剩余的60%的货款。

问题：甲方的做法是否妥当？

不同时履行规则是指双务合同中，当事人的义务有先后履行顺序的应当按顺序履行。

（1）后履行抗辩权

先履行一方未履行前或履行债务不符合约定，后履行一方有权拒绝其履行请求或相应的履行请求，这种权利称为后履行抗辩权。

后履行抗辩权构成条件包括：当事人双方互负债务；两个债务具有先后顺序；先履行一方未履行或履行不合格；双方债务均已届清偿期。

（2）不安抗辩权

后履行一方如果财产、经营状况恶化，可能危及先履行一方当事人债权实现的，先履行一方可中止履行或解除合同，这种权利称为不安抗辩权。

不安抗辩权包括先履行一方的中止履行权和解除合同权。我国合同法第六十八条规定：应当先履行债务的当事人，有确切证据证明对方有下列情形之一的，可以中止履行：① 经营状况严重恶化；② 转移财产、抽逃资金，以逃避债务；③ 丧失商业信誉；④ 有丧失或者有可能丧失履行债务能力的其他情形。当事人没有确切证据中止履行的，应当承担违约责任。

我国的合同法在赋予当事人一方享有中止履行权的同时，也规定了相应的举证义务和通知义务，以及解除合同的条件。我国合同法第六十九条规定：当事人依照本法第六十八条规定中止履行的，应当及时通知对方。对方提供适当担保时，应当恢复履行。中止履行后，对方在合理期限内未恢复履行能力并且未提供适当担保的，中止履行的一方可以解除合同。

合同法规定的履行适用规则还有风险负担规则和合同解释规则等。

二、合同的保全

（一）合同保全的概念

合同保全是法律为防止因债务人财产的不当减少而给债权人的债权带来损害，而采取的一种保障制度。该制度通过设置债权人的撤销权和代位权最大限度地保障债权人债权的实现。由于这两种权利都要涉及债的关系以外的第三人，都要对其产生法律上的拘束力，故称之为债的对外效力。

金锋集团与某信托投资公司订立一份借款合同，约定该信托投资公司借款200万元给金锋集团，一年后归还。然而，两年后金锋集团仍未归还该款项。经查账，金锋集团账户上资金仅剩70万元，不足以清偿借款。另获悉，正大公司欠金锋集团货款300万元，到期后一直未还。金锋集团虽经催讨，但一直没有结果。某信托投资公司遂向法院起诉，请求以自己的名义行使金锋集团对正大公司的债权。

问题：（1）什么是合同的保全？（2）某信托投资公司的请求是否妥当？

（二）债权人的代位权

1. 代位权的概念

债权人代位权是指债务人怠于行使其到期债权而对债权人造成损害的，债权人可以请求人民法院以自己的名义代位行使债务人的债权，从而保障自己债权实现的权利。债权人代位权是债权人以自己的名义行使债务人权利的实体法上的权利。我国合同法规定了代位权制度，对于隐匿财产或故意不主张自己的债权甚至放弃债权等逃避债务的行为予以法律上的制约，对保护债权人合法权益、维护交易安全具有积极意义。

2. 代位权的成立要件

（1）须债务已构成迟延。尚未发生效力的债权，无产生代位权的必要和根据；已发生效力的债权，在债务人迟延履行前，债权人债权也不能判定有无不能实现的危险，此时亦不能发生债权人的代位权。

（2）须债务人怠于行使其到期债权，对债权人造成损害。在债务人与其债务人之间的债权债务关系中，如果债务尚未到履行期，则不发生债权人的代位权，因为此时债务人尚不能向自己的债务人主张权利，债权人当然也不能代位债务人行使其权利。

债务人怠于行使其到期债权，对债权人造成损害的，这是指债务人不履行其对债权人的到期债务，又不以诉讼方式或者仲裁方式向其债务人主张其享有的具有金钱给付内容的到期债权，致使债权人的到期债权未能实现的。

（3）债务人的债权不是专属债权。专属于债务人自身的债权，不能作为代位权的对象。专属债权是指基于扶养关系、赡养关系、继承关系产生的给付请求权和劳动报酬、退休金、养老金、抚恤金、安置费、人寿保险、人身伤害赔偿请求权等权利。

（4）债权人对债务人的债权合法。不合法的债权不受法律保护，自然也不能产生相关的权利。如因赌博、嫖娼等行为所生之债既不合法也不能产生代位权。代位权的行使范围以债权人的债权为限。债权人行使代位权的必要费用，由债务人负担。

（三）债权人的撤销权

债权人撤销权是指债务人以放弃债权、无偿或不合理转让财产等方式减少其责任财产而损害债权时，债权人请求人民法院撤销该行为的权利。债权人撤销权，实际上是一种请求权，也称废罢诉权。债权人行使撤销权，须提起撤销权诉讼，请求人民法院撤销债务人放弃债权或转让财产的行为，经人民法院审理，依法撤销的，该行为无效。债权人可以就该行为涉及的财产在自己债权的范围内主张权利。

撤销权的成立条件有以下两种不同情况：

（1）债务人的处分是无偿行为时，只需有客观要件：① 有债务人放弃债权或无偿转让财产的行为；② 其行为损害了债权人的债权。

（2）债务人的处分是有偿行为时，除限定客观条件（以明显不合理的低价转让财产，对债权人造成损害）外，还须具备主观要件：① 债务人知道其行为有损债权人债权；② 受让人亦知道该情况。

撤销权的行使范围以债权人的债权为限，债权人行使撤销权所支付的律师代理费、差旅费等必要费用，由债务人负担；第三人有过错的，应当适当分担。

撤销权的时效期间为一年，自债权人知道或应当知道撤销事由之日起算。自债务人的行为发生之日起5年内没有行使撤销权的，该撤销权消灭。

三、合同的变更、转让与终止

（一）合同的变更

合同的变更是在合同生效后，尚未履行完毕之前，经过当事人协商一致，依法对合同条款作出的修改、增删。合同的变更只能涉及合同尚未履行的部分，同时，必须经双方协商一致并采用书面形式。经过批准、登记等手续的合同，在变更时也必须经履行批准、登记等手续。

当事人对合同变更的内容约定不明确的，推定为未变更。

合同变更应符合以下条件：

（1）须原已存在合同关系；

（2）须合同内容、标的发生变化，而非主体变更；

（3）须经当事人协商一致或依法律规定；

（4）变更须遵守法定方式。

（二）合同的转让

甲乙签订一项买卖合同，甲购买乙的机制砖，价值 2 万元。甲在支付货款后不久，提出要求提前交货。因乙无法满足甲的要求，甲向另一家砖厂购得 2 万元的机制砖。同时，将从乙购买机制砖的合同转让给丙。丙将 2 万元支付给甲，甲将合同转让丙之事通知乙。交货期限届满时，丙按约定到乙去提货，乙提出与丙无合同关系，拒绝向丙交货。

问题：（1）合同权利、义务能否转让给第三人？（2）合同转让有哪些程序？

合同的转让是合同的当事人将合同中的全部或部分权利、义务转让给第三人的行为。依据合同法的规定，合同的转让可以分为三种形式。

1. 债权让与

债权让与是在不改变合同内容的前提下，当事人将合同中的权利全部或部分转移给第三人。债权让与可以分为全部让与和部分让与，两者产生不同的法律后果。债权让与必须由让人与受让予人达成书面的让予协议，并且，必须书面通知债务人。

依照法律规定或当事人约定以及合同性质不得转让的合同不能转让。

2. 债务转移

债务转移是当事人依据协议将合同中的义务转移给第三人承担的行动。可以分为两种情况：

（1）债务的全部转移，又称免责的债务承担，是债权人或债务人与第三人达成转移债务的协议，由第三人取代债务人承担全部债务。

（2）债务的部分转移，又称并存的债务承担，是债务人通过协议转移部分债务，与第三人一起共同承担对债权人的债务。在这种情况下，债务人与第三人之间成立连带关系，共为连带债务人。债务人将合同义务全部或部分转移给第三人的，应当经债权人同意。

3. 合同承受

合同承受又称权利义务的一并转让。是当事人一方经对方同意，将自己在合同中的权利义务一并转让给第三人。合同权利义务一并转让的，适用有关转让权利和转让义务的规定。

法律、行政法规规定转让权利或者转移义务应当办理批准、登记手续的，当事人必须履行相应的手续合同才能转让。

（三）合同当事人的合并与分立

当事人在订立合同后合并的，由合并后的法人或者其他组织行使合同权利、履行合同义务。当事人订立合同后分立的，除另有约定以外，由分立的法人或者其他组织对合同的权利和义务享有连带债权，承担连带债务。

（四）合同的终止

某百货商场与某服装厂于2007年8月签订了一份服装供货合同。约定于2007年10月1日前，由服装厂一次供应百货商场羽绒服5 000件，单价200元，合同总价款100万元，交货付款，百货商场先付定金10 000元。合同签订后，服装厂即开始准备原料，安排生产。10月1日，商场未收到货物，遂派人去服装厂，发现该厂仅生产出羽绒服700多件，因此要求解除合同，服装厂恳请给予宽限，经协商，双方同意服装厂于10月20日前将货送到百货商场。10月20日，服装厂未能将货送到。百货商场于10月21日书面通知服装厂解除合同，并要求其承担违约责任。服装厂拒绝接受，并于10月25日将羽绒服送至商场。双方发生纠纷。

问题：（1）什么是合同的解除？（2）该商场解除合同是否妥当？

当事人权利义务的终止是依据合同当事人约定或法律规定使得合同的效力消灭，根据合同法的规定，合同在下列情形时得以终止：

1. 清偿

合同义务已经按照约定得以履行，合同关系因而终止的情形。在这种情况下，合同目的已经达到。合同因清偿而终止是合同终止的基本形式。

2. 解除

合同在履行过程中因双方协商或依一方行使权利，致使合同关系不再继续而归于消灭的情形。合同解除的形式可以分为两种：一种是协议解除，即通过双方协商，为解除合同达成一致而使得合同终止；另一种是行使权利解除，即当事人一方依法解除合同，致使合同失去效力。

合同协议解除的基础是当事人双方的合意。可以在合同成立后通过协商解除合同；也可以在合同订立时约定解除合同的条件，解除合同的条件具备时，解除权人可以解除合同。

合同法规定了当事人行使解除权的法定条件：

（1）因不可抗力致使不能实现合同目的；

（2）在履行期限届满之前，当事人一方明确表示或者以自己的行为表明不履行主要债务；

（3）当事人一方迟延履行主要债务，经催告后在合理期限内仍未履行；

（4）当事人一方迟延履行债务或者有其他违法行为致使不能实现合同目的。

（5）法律规定的其他情形。

当事人一方主张解除合同时，应当通知对方。合同自通知到达对方时解除。对方有异议的，可以请求人民法院或者仲裁机构确认解除合同的效力。法律、行政法规规定解除合同应当办理批准、登记等手续的，依照其规定。合同解除后，尚未履行的，终止履行；已经履行的，根据履行情况和合同性质，当事人可以要求恢复原状、采取其他补救措施，并有权要求赔偿损失。

3. 抵销

抵销是指二人互负同种类债务时，各以其债权充当对他方债务的清偿，从而使各自担负的债务在对等数额内相互消灭的法律行为。依据发生根据的不同，抵销可分为法定抵销与合意抵销。前者是依法律规定以当事人一方的意思表示形成的抵销，此种抵销由法律规定其构成要件。后者是互负债务的债务人经合意发生的抵销，此种抵销只要当事人达成一致，不受法律规定的构成要件的限制。

法定抵销的构成要件包括：

（1）当事人相互负有债务享有债权；

（2）双方债务均届清偿期；

（3）抵销的债务为同种类债务；

（4）双方债务均非不能抵销的债务。

当事人主张抵销的，应当通知对方。通知自达到对方时生效，相关的债权债务消灭。抵销不得附条件或者附期限。

4. 提存

提存是合同义务人因合同权利人的原因无法向其交付合同标的物时，将标的物提交特定部门保管，致使合同消灭的情形。

提存的原因有两个方面：一是债务人要完成履行义务；二是债权人的原因无法履行交付义务。

提存的条件包括：

（1）债权人无正当理由拒绝受领。债权人不履行合同规定，无故不领取标的物时，债务人不得已行使提存权；

（2）债权人下落不明。合同权利人因分立、合并或变更依据住所等，使得义务人不知其下落而难以履行义务时，得以行使提存权；

（3）债权人丧失领受能力。合同权利人死亡、丧失行为能力等，在未确定继承人或监护人代行权利时，得以行使提存权；

（4）法律规定的其他情形。如担保法中抵押人转让抵押物所得价款的提存。标的物提存后，应及时通知债权人或相关人。标的物提存后，相关债务消灭。标的物风险由债权人承担。债权人未履行对债务人的有关义务时，提存人可代债务人行使抗辩权，拒绝其领取提存物。债权人领取权的时效为五年。自提存之日起五年内行使。否则，领取权消灭，提存物归国家所有。

5. 免除

免除是合同权利人单方面放弃债权，免除义务人的债务而终止合同的情形。免除部分义务时，合同部分终止。

免除的条件包括：

（1）债权人本人或其授权的代理人作出免除债务的意思表示；

（2）意思表示必须向债务人或其代理人作出；

（3）免除的意思表示一经到达对方即产生合同终止效力，不能撤回。

6. 混同

混同是合同中的权利人、义务人因某种原因混合归为一人，使得合同消灭的情形。混同主要是因合同主体发生重组、兼并使合同权利、义务归于一人。

混同的原因包括：

（1）债权与债务因主体变化而混同；

（2）债权与债务因合同主体的转让、转移而混同。

四、合同的违约

某商场与某电器集团于 2013 年 11 月订立了一份空调购销合同，约定由电器集团于 2014 年 5 月底交付新型立式空调机 500 台给商场，每台售价 4 000 元。商场向电器集团交付定金 30 万元。2014 年入春后，气象部门预测今年将持续高温，电器集团的立式空调被订购一空，且定价上涨 500 元，达 4 500 元/台。2014 年 3 月底，电器集团给商场发函电，声称生产能力受到影响，无法履约，要求取消合同。商场为防止电器集团向他人交付货物，给自己造成损失，于 2014 年 4 月将电器集团诉至法院，要求其实际履行合同，并承担相关违约责任。电器集团以合同未到履行期为由，拒绝承担违约责任。

问题：（1）什么是违约责任？（2）某电器集团是否应承担违约责任？

（一）违约责任

违约责任，又称违反合同的民事责任，是指合同的当事人因违反合同义务，所应承担的民事法律后果。违约责任具有如下特征：

1. 违约责任是民事责任

民事责任是指民事主体在民事活动中，因实施违法行为或不履行相关义务而应承担的民事法律后果，包括违约责任和侵权责任。

2. 以当事人不履行合同义务为前提

违约责任的产生以合同义务的存在为前提，以合同当事人不履行义务为条件。合同一经有效成立，即具有法律效力，当事人双方必须严格遵守，任何一方违反合同，都会产生违约责任。

3. 仅限于合同关系当事人

违约责任只能在合同关系的当事人之间发生，合同关系以外的人，不可能承担合同的违约责任。

4. 违约责任主要为财产责任

违约责任的目的在于使当事人一方因他方违约所受损害及时得到纠正和补偿，以体现合同的公平、公正。

（二）违约责任的构成要件

1. 须有违约的事实

违约行为是合同当事人违反合同义务而损害合同债权及与此有关的权益的行为，包括给付迟延、给付拒绝、不完全给付和因债务人原因所致的给付不能等情况。只有出现以上违约事实的，才会导致违约责任的发生。

2. 没有免责条件

免责条件是当事人违约后不承担违约责任的事由，包括法定条件和约定条件。法定条件是由合同法或其他相关法律明文规定的免责事由；约定条件是当事人双方在合同中订立的以免除或限制当事人责任的条款。免责条件有以下几个方面：

（1）不可抗力

不可抗力，是指不能预见、不能避免并不能克服的客观情况，如地震、台风、洪水、战争等。

（2）意外事件

意外事件，是指非因当事人的故意或过失偶然发生的事故。对于意外事件的发生，不能归责于当事人，所以，在法律无特别规定或当事人无特别约定的情况下，意外事件可以作为免责事由。只是意外事件作为免责事由的适用范围受到严格的限制。

（3）当事人约定的免责事由

当事人约定的免责事由包括免责条款和旨在限制或免除其未来责任的条款。当事人在合同中事先约定的不可抗力条款，可具体列举各种不可抗力事由和范围，是对法定的关于不可抗力的免责条件的补充，如果当事人约定的免责事由不违反法律规定，则在这些约定的事由发生后，具有免责的效力。

（三）违约责任的形式

1. 违约金

违约金是当事人在违约行为发生时按约定向对方支付一定数额的货币。当事人在合同中可以约定具体的违约金数额，也可以约定因违约产生的损失赔偿的计算方法。

约定的违约金低于或高于造成的损失，当事人可以请求人民法院或仲裁机构予以增加或减少。

当事人既约定违约金，又约定定金的，一方违约时，对方可以选择适用违约金或定金责任。

2. 继续履行

当事人一方未支付价款或者报酬的，对方可以要求其支付。当事人一方不履行非金钱债务或者履行非金钱债务不符合约定的，对方可以要求履行。

3. 采取补救措施

当事人履行义务时不符合约定的，应当按约定承担修理、更换、重作、退货、送还价款或报酬等补救措施。

4. 赔偿损失

当事人一方不履行合同义务或者履行合同义务不符合约定，给对方造成损失的，应当承担赔偿责任。损失赔偿额应当相当于因违约所造成的损失，包括合同履行后可以获得的利益。但是，不得超过违反合同一方订立合同时预见到或者应当预见到的因违反合同可以造成的损失。

（四）责任竞合

当事人因违约而致对方当事人人身财产损害时，会产生违约责任和侵权责任的责任竞合，在此种情况下如何承担责任，合同法赋予受害方依照合同法要求违法行为人承担违约责任或依照其他法律承担侵权责任的选择权。

第六篇 程序法治

如果一次犯罪可以说是污染了水流，那么一次不公正的司法裁判则是污染了泉源。

——培根

弱势的平民百姓，只有依赖法律来维护自身尊严和生存基本利益。不公正的司法裁判是对公民法律信仰的摧残，对社会正义期盼的打击。

公民有了分歧冲突，如果难以调解，最终要通过打官司来解决。如何打官司，要依据合法的诉讼程序。民事诉讼常用的诉讼方式包括仲裁和诉讼。那么在请求诉讼时，到底该选择仲裁还是选择诉讼？这要依据具体的案件特点而定。

中华人民共和国民事诉讼法：

1991 年 4 月 9 日通过并施行；2007 年 10 月 28 日修订，自 2008 年 4 月 1 日起施行；2012 年 8 月 31 日，再次修订，自 2013 年 1 月 1 日起施行。主要包括：管辖、回避、诉讼参加人、证据、期间和送达、调解、保全和先予执行、对妨害民事诉讼的强制措施、诉讼费用、第一审普通程序、简易程序、简易程序中的小额诉讼、公益诉讼、第三人撤销之诉、执行异议之诉、第二审程序、特别程序、审判监督程序、督促程序、公示催告程序、执行程序、涉外民事诉讼程序的特别规定、附则等内容，共计一百一十八条。

《最高人民法院关于适用〈中华人民共和国民事诉讼法〉的解释》于 2014 年 12 月 18 日由最高人民法院通过，自 2015 年 2 月 4 日起施行。

第一节　仲裁制度

王兵于2013年春节后到迎春汽车用品有限公司做仓库理货员，试用期3个月，月薪800元。6月底转正，正式工资月薪1 000元，还外加每月绩效工资300元。8月起又担任发货组组长一职，月工资1 100元。每月休息4天，每周工作时间为早上8点到晚上6点。通常6点工作没完成则继续加班，直到完成工作后才能下班，因此，加班超时2小时几乎成为了常态。中午没有休息时间，吃完饭就开始工作。到了8月底公司要与王兵签订劳动合同，但王兵发现合同甲方是公司下属的朝晖汽车用品经营部，且合同上没有明确工作和休息的时间。王兵因此没有签订此合同并按照公司的规定写下了：由于个人原因不签订合同的证明。9月因与领导发生冲突，被解雇，公司只补偿他一个月工资。如果你是王兵，你会起诉迎春公司吗？

其实，王兵完全可以先不到法院起诉公司，而是先通过法律程序申请仲裁。因为仲裁同样是法律制度，但比到法院进行民事诉讼简单得多。那么，什么是仲裁呢？

一、发生纠纷一定要上法院打官司吗

（一）什么是仲裁

仲裁即“公断”，指双方当事人根据在争议发生之前或者争议发生之后达成的书面仲裁协议，自愿将纠纷提交仲裁机构进行审理并作出仲裁裁决的一种解决纠纷的法律制度。

在当今社会，仲裁作为一种最为重要的替代司法诉讼的争议解决方式，在民事、商事等领域，以其独立、公正、高效、轻松的特点，日渐赢得人们的信任。除民事、商事领域外，仲裁还广泛地应用于其他方面，如劳动争议、人事争议等。

我国加入WTO后，随着经济贸易的增长，各种各样的贸易争议随之产生，国际贸易争议的解决通常都采用仲裁的方式，可以说仲裁已成为一种国际化的纠纷解决机制。同时，深谙市场经济规则的人们也开始重新发掘“和气生财”的真意，与其“对簿公堂”耗费大量精力、财力，不如选择“以和为贵”的仲

裁，去化解争端、赢取更多的商机。

仲裁的特点：

1. 仲裁是自愿的行为

通过仲裁解决争议须出于双方当事人自愿。一般来说，具体仲裁机构的选择、仲裁庭组成人员的产生、适用哪个实体法、甚至适用何种仲裁规则都可以由当事人协议确定。

2. 仲裁需要法律专业人员参与

仲裁的对象大多是民事、商事纠纷，纠纷的内容常涉及专业性极强的经济贸易和技术性问题。所以，各仲裁机构的仲裁员一般由精通专业、公正而有权威的人士担任，供当事人选择。仲裁的专业性恰恰适应了民事、商事纠纷的专业要求，具有诉讼无法替代的优势。

3. 仲裁的程序十分灵活

仲裁不像诉讼那样严格，基于自愿原则，当事人可以选择仲裁庭的组成形式、开庭的方式，以及仲裁规则等，因此仲裁程序在很多环节上可以简化，文书格式和裁决书的内容、形式也可以灵活处理。

4. 仲裁一般不公开审理

仲裁具有保密性，一般以不公开审理为原则，以公开审理为例外。因此，经济纠纷适用仲裁解决，有利于保护当事人的商业秘密。

5. 仲裁要求效率

实行一次裁决终局制度，各仲裁规则中均规定有审理时限，可以使当事人的纠纷在较短的时间内得到解决。仲裁可以不拘泥于仲裁地点、仲裁时间、可以根据当事人的意愿简化仲裁程序，体现了较强的灵活性。

6. 仲裁独立审理

仲裁机构是民间机构，仲裁员是民间人士。仲裁机构独立于行政机关，且由于仲裁不实行级别管辖，各仲裁机构之间也没有隶属关系，所以仲裁独立进行，不受任何机关、社会团体和个人的干涉。

（二）《仲裁法》和仲裁基本原则

1. 仲裁法

《仲裁法》是指国家制定或认可的，调整仲裁程序和仲裁机构、仲裁庭及仲裁当事人进行仲裁活动所产生的仲裁法律关系的法律规范的总和。

我国现行《仲裁法》：

1994年8月31日，经第八届全国人民代表大会常务委员会第九次会议通过，于1995年9月1日起施行，该法共七章八十条。

此后，最高人民法院又于2006年9月8日颁布实施《关于适用〈中华人民共和国仲裁法〉若干问题的解释》。

《仲裁法》及相关法律的实施，标志着我国仲裁制度由行政性仲裁向民间性仲裁转型。仲裁机构与行政机关彻底分离，开启了与国际接轨的现代仲裁制度，从而更好地服务于社会主义市场经济。

按照仲裁法的规定，仲裁适用于解决平等主体的公民、法人和其他组织之间发生的合同纠纷和财产权益等纠纷。

2. 仲裁基本原则

依《仲裁法》，在仲裁过程中，必须坚持以下基本原则。

（1）当事人自愿

我国现行《仲裁法》第四条规定：当事人采用仲裁方式解决纠纷，应当双方自愿，达成仲裁协议。没有仲裁协议，一方申请仲裁的，仲裁委员会不予受理。仲裁委员会应当由当事人协议选定。

当事人达成仲裁协议申请仲裁，选择仲裁机构及仲裁员，达成仲裁调解或和解协议等都必须出自其真实意愿，任何机关、组织和个人都不得强迫当事人仲裁，任何一方也不得将自己的意志强加于对方。当事人意思自治原则是仲裁法最基本的原则，并且当事人自愿通常被称为现代仲裁制度的基石。

（2）以事实为根据，以法律为准绳

《仲裁法》第七条规定：仲裁应当根据事实，符合法律规定，公平合理地解决纠纷。

仲裁是一种严肃的司法程序和司法制度，必须以事实为依据，以法律为准绳。

（3）仲裁独立公正

《仲裁法》第八条规定：仲裁依法独立进行，不受行政机关、社会团体和个人的干涉。

仲裁机构是不直接隶属于任何行政机关、社会团体的中立解决民事纠纷的准司法机构。具有相对的独立性。其司法独立性主要体现为：第一，仲裁依法独立进行，不受行政机关、社会团体和个人的干涉；第二，仲裁机构与行政机关没有隶属关系，而且仲裁委员会相互之间也没有隶属关系。

（4）一次裁决终局

《仲裁法》第九条规定：仲裁实行一裁终局的制度。裁决作出后，当事人就同一纠纷再申请仲裁或者向人民法院起诉的，仲裁委员会或人民法院不予受理。

裁决被人民法院依法裁定撤销或者不予执行的，当事人就该纠纷可以根据双方重新达成的仲裁协议申请仲裁，也可以向人民法院起诉。

（5）人民法院监督

人民法院既对仲裁裁决予以执行，同时又对仲裁裁决进行必要的监督。法院的监督主要表现在仲裁裁决生效后，人民法院经当事人申请应组成合议庭，经审查核实，对符合法定条件的仲裁裁决，可裁定撤销或不予执行。

3. 仲裁协议

仲裁协议是指当事人双方自愿将已经发生的或将来可能发生的纠纷提交仲裁机构进行裁决的共同意思表达。表现为仲裁条款和仲裁协议书两种形式。

（1）仲裁条款

仲裁条款是指双方当事人在签订合同时表示愿意将他们之间可能发生的争议提交仲裁解决的条款，该条款作为民事、商事合同的不可分割的组成部分。不过，仲裁条款独立存在，合同的变更、解除、终止或者无效，不影响仲裁协议的效力。

（2）仲裁协议书

仲裁协议书是双方当事人在争议发生前或争议发生后，单独订立的愿意将争议提交仲裁解决的一种书面文件。

仲裁协议表明双方当事人愿意将争议提交仲裁机构裁决，是仲裁机构受理纠纷案件的依据，任何仲裁机构都无权受理无书面仲裁协议的争议。任何一方当事人在仲裁协议存在前提下，不得将纠纷提交人民法院审理。因此，仲裁协议还排除了人民法院对有关案件的管辖权。

仲裁协议的内容可以分为两类：一为法定内容，即法律规定仲裁协议必须具备的内容；二为约定内容，即法定内容外可由当事人自由约定的内容。

二、遇到纠纷该怎样申请仲裁

像前文提到的王兵与迎春公司劳动纠纷案，就应当从劳动争议发生之日起一年内，向当地劳动部门牵头组织起的独立工作的仲裁委员会提出书面申请。申请时，应提交：① 劳动仲裁申请书；② 有关的劳动关系证明，如劳动合同、工资单等；③ 劳动纠纷证据，如未付工资、工伤的证人等；④ 身份证。当然，如果对最后的仲裁不服，还可以向人民法院提请复议。

（一）仲裁程序

仲裁程序是《仲裁法》的核心内容。它规定当事人、仲裁员和其他有关人员在仲裁过程中的权利、义务和职责的规则事项。由于仲裁程序充分贯彻了当事人意思自治原则，因而比诉讼程序更具有灵活性，允许当事人双方自由确定的事项较多。从仲裁法的规定来看，一个完整的仲裁程序应包括如下几个阶段：

1. 申请和受理

当事人之间因合同争议或者其他财产权益纠纷，可以根据双方自愿达成的仲裁协议，向仲裁委员会提出仲裁请求。申请仲裁必须符合下列条件：

（1）当事人在合同中订立有仲裁条款或事后达成书面仲裁协议；

（2）必须有明确的被诉人、具体的仲裁请求和理由；

（3）报请仲裁的事项属于法律允许仲裁组织受理的范围。

依据我国仲裁法的规定，婚姻、收养、监护、抚养、继承不适用仲裁；依法应当由行政机关处理的行政争议，不允许仲裁；劳动争议和农业集体经济组织内部的农业承包合同纠纷不适用仲裁。

仲裁委员会如何受理仲裁：

仲裁委员会收到申请人的仲裁申请后，应当依法进行审查，从而作出受理或不予受理的处理决定。对符合申请仲裁条件的，应当在5日内受理，并通知当事人；认为不符合受理条件的，应当在5日内通知当事人不予受理，并说明理由。为保障仲裁程序的顺利进行，仲裁委员会受理仲裁申请后，应当作好以下准备工作：如应在仲裁规则规定的期限内将仲裁规则和仲裁员名册送达申请人，并将仲裁申请书副本和仲裁规则、仲裁员名册送达被申请人。被申请人收到后，应在规定的期限内向仲裁委员会提交答辩书等。

2. 仲裁庭的组成

仲裁庭是指由当事人选定或者仲裁委员会主任指定的仲裁员组成的、对当事人申请仲裁的案件按照仲裁程序进行审理并作出裁决的组织形式。

仲裁庭可由3名或1名仲裁员组成。由3名仲裁员组成的，设首席仲裁员。当事人约定由3名仲裁员组成仲裁庭的，应当各自选定或者各自委托仲裁委员会主任指定一名仲裁员，第三名仲裁员是首席仲裁员，由当事人共同选定或者共同委托仲裁委员会主任指定。当事人约定由1名仲裁员成立仲裁庭的，由双方共同选定或者共同委托仲裁委员会主任指定。当事人没有在仲裁规则规定的期限内约定仲裁庭的组成方式或者选定仲裁员的，由仲裁委员会主任指定。仲裁庭组成后，仲裁委员会应当将仲裁庭的组成情况当面通知当事人。

仲裁庭组建后，即可开庭审理进行裁决了。

（二）开庭审理及裁决

仲裁审理是指仲裁庭依法组成以后，按照法律规定的程序和方式对当事人交付仲裁的争议案件进行审理并作出裁决的活动。仲裁审理的形式通常有两种即开庭审理和书面审理。

1. 开庭审理

仲裁应当开庭进行，依据我国《仲裁法》第四十条的规定，仲裁不公开进行。当事人协议公开的，可以公开进行，但涉及国家机密的除外。这样可为当事人保守商业秘密，维护当事人的形象和声誉。

2. 书面审理

在双方当事人以及其他仲裁参与人不到庭参加审理的情况下，仲裁庭可以根据当事人提供的仲裁申请书、答辩书以及其他书面证据材料即作出裁决，以确认双方当事人之间的权利义务关系，解决争议。书面审理作为开庭审理的必要的补充。

3. 开庭审理的程序

根据《仲裁法》关于仲裁程序的规定，仲裁庭开庭审理一般经过5个阶段：庭审准备阶段、庭审调查阶段、庭审辩论阶段、先行调解阶段、评议和作出裁决阶段。

（1）庭审准备阶段

庭审准备阶段的步骤主要有：首席仲裁员或独任仲裁员宣布开庭；核对案件当事人的基本情况；宣布案由；宣布仲裁庭的组成人员和记录人员名单；告知当事人有关的仲裁权利和义务；询问当事人是否对仲裁庭组成成员提出回避申请。

（2）庭审调查阶段

庭审调查阶段的中心任务是听取当事人对案情的陈述，听取证人证言，出示各种证据，全面审核证据，揭示案件真相。凡证据都应当在开庭时出示，当事人可以质证，作出鉴定结论的鉴定人也应参加开庭，在仲裁庭许可下接受当事人的提问。

（3）庭审辩论阶段

庭审辩论是指在仲裁员的主持下，双方当事人依据在庭审调查阶段查明的案件事实和证据，提出自己的主张和意见，进行言辞辩论的全过程。辩论终结时，首席仲裁员或者独任仲裁员应当征得当事人的最后意见，并记入仲裁笔录。

（4）先行调解阶段

我国《仲裁法》第五十一条规定：仲裁庭在作出裁决前，可以先行调解。当事人自愿调解的，仲裁庭应当调解。调解不成的，应当及时作出裁决。调解达成协议的，应制作调解书或者根据协议的结果制作裁决书。调解书经双方当事人签收后，即与裁决书有同等的法律效力。调解不成的或者当事人在调解书签收前反悔的，仲裁庭应当及时作出裁决。

（5）评议和裁决

仲裁庭根据仲裁双方辩论和调查查明的案件事实和认定的证据，正确适用法律，依法作出裁决。裁决按照多数仲裁员的意见作出，少数仲裁员的不同意见可以记入笔录。仲裁庭不能形成多数意见的，裁决应当按首席仲裁员的意见作出。裁决书自作出之日起发生法律效力。

（三）仲裁裁决的执行

执行仲裁裁决是仲裁裁决所确定的实体权利得以实现的重要手段。当义务人不自动履行仲裁裁决所确定的义务时，就应通过司法机关行使司法执行权，通过强制手段迫使义务人履行应尽的义务，我国《仲裁法》第六十四条规定：当事人应当履行裁决。一方当事人不履行的，另一方当事人可以依照民事诉讼法的有关规定，向人民法院申请强制执行。受申请的人民法院应当执行。

对于申请执行的有效期限，根据《民事诉讼法》第二百一十五条规定，申请执行的期间为 2 年。申请执行时效的中止、中断，适用法律有关诉讼时效中止、中断的规定。仲裁裁决的强制执行应当向有管辖权的法院提出申请。当被执行人在国外的，由当事人直接向被执行人所在国的有管辖权的法院申请裁决的承认及执行。被执行人在中国境内的，国内仲裁裁决由被执行人住所地或被执行人财产所在地的人民法院执行。

三、对仲裁结果不满意该怎么办

法院对仲裁的监督有两个方面：第一，裁定确认仲裁协议的效力。第二，裁定撤销仲裁裁决。

申请撤销仲裁裁决是《仲裁法》赋予双方当事人通过申请人民法院行使司法监督权来纠正不正确或违法的仲裁裁决以维护自己合法权益的权利。当事人提出证据证明仲裁裁决有我国《仲裁法》第五十八条第一款法定情形之一的，可以向仲裁委员会所在地的中级人民法院申请撤销。人民法院组成合议庭审查核实后，应当裁定撤销。

当事人申请撤销裁决的，应当自收到裁决书之日起 6 个月内提出，超过法律规定的期限，人民法院即不再受理当事人撤销仲裁裁决的申请。人民法院对当事人的申请依法组成合议庭进行审查，应当自受理撤销仲裁裁决申请之日起 2 个月内作出撤销裁决或驳回申请的裁定。

人民法院受理撤销裁决申请后，认为案件可以由仲裁庭重新仲裁的，应当书面通知仲裁庭在一定期限内重新仲裁，并裁定中止撤销程序。该程序有利于尽快、彻底地解决当事人之间的纠纷。

此外，法院在裁决的执行中，被申请人提出证据，证明仲裁裁决有《民事诉讼法》规定的法定情形之一的，或者人民法院认为执行该裁决违背社会公共利益的，经人民法院组成合议庭审查核实，可裁定不予执行。

四、与外国人发生纠纷该如何申请仲裁

我国《仲裁法》对国内仲裁和涉外仲裁的基本原则和重要制度统一加以规定。然而，涉外仲裁毕竟有其区别于国内仲裁的特殊性，因此，我国《仲裁法》第七章和我国《民事诉讼法》第二十八章对涉外仲裁的有关问题都作出了特别规定。

涉外仲裁的特别规定：

(1) 我国的涉外仲裁机构是中国国际经济贸易仲裁委员会（CIETAC）和中国海事仲裁委员会（CMAC）。

(2) 涉外仲裁委员会组成的人数不受限制。涉外仲裁委员会由主任1人、副主任和委员若干人组成，对副主任和委员人数未作限制；国内仲裁委员会的副主任和委员的人数都是法定的。

(3) 涉外仲裁委员会可从具有法律、经济贸易、科学技术等专业知识的外籍人士中聘任仲裁员。

(4) 涉外仲裁的当事人申请证据保全时。涉外仲裁委员会必须将当事人的申请提交被申请人住所地或财产所在地中级人民法院或相当于中级人民法院的海事法院，由法院作出裁定。

(5) 涉外仲裁规则由中国国际商会依照我国仲裁法和民事诉讼法的有关规定制定，而国内仲裁规则则由中国仲裁协会制定。

(6) 与国内经济仲裁中有关申请法院撤销、不予执行仲裁裁决的规定相比，法院在涉外仲裁的监督内容上限于仲裁程序而不涉及实体内容。

(7) 我国仲裁法规定，涉外仲裁委员会作出生效裁决，当事人请求执行的，如果被执行人或财产不在中华人民共和国领域内，应当由当事人直接向有管辖权的外国法院申请承认和执行。

五、仲裁时效

李晓红是北京某私企仓库管理员。2014 年春，当得知自己怀孕后，就把医院开的需要休息的证明交给领导。哪知公司知道她怀孕后，开了一张日期在医院证明之前的辞退通知书，在没有任何通知的情况下，在一个月以后才以挂号信的形式邮寄给她，这显然是想拖延时间。现在，李晓红明明想申请劳动仲裁，但已过了仲裁时效，她该怎么办？等学完下面的知识后，您给她出个主意吧！

（一）什么是仲裁时效

仲裁时效是指达成仲裁协议的双方当事人在一定期间不依据协议提出仲裁申请，即丧失仲裁请求权利的制度。除对方当事人仍愿承担责任的以外，仲裁机构一般不再受理此案，当事人即丧失胜诉的权利。

我国《仲裁法》第七十四条规定：法律对仲裁时效有规定的，适用该规定。法律对仲裁时效没有规定的，适用诉讼时效的规定。

我国《劳动争议调解仲裁法》规定：劳动争议诉讼时效是一年。

设立仲裁时效制度的目的在于促使当事人及时向仲裁机构申请仲裁，以利于纠纷的及时解决，有利于社会经济秩序的稳定。同时便于仲裁庭及时收集证据，查明事实真相，准确合理，及时有效地解决纠纷（图 6-1）。

图 6-1 仲裁时效

（二）仲裁时效的种类

仲裁时效分为普通仲裁时效和特殊仲裁时效。

普通仲裁时效期间，是指民事、经济纠纷普遍适用的仲裁时效。根据我国《仲裁法》第七十四条的规定：普通仲裁时效应当适用一般诉讼时效的规定，即从权利人知道或者应当知道权利被侵害时起2年；但是，从财产权利被侵害时起超过20年的，仲裁委员会不予保护。

特殊仲裁时效，是指普通仲裁时效以外的仲裁时效。特殊仲裁时效优于普通仲裁时效，即对于某一法律关系，有特别时效规定的应该适用该特别时效，没有特别规定时才适用普通时效。

我国《合同法》规定：因国际货物买卖合同和技术进出口合同争议提起诉讼或者申请仲裁的期限为4年。

我国《民法通则》第一百三十六条规定：诉讼时效期间为1年。

仲裁时效中止：

当事人在仲裁时效期间的最后6个月内，当事人因不可抗力或者其他障碍不能行使请求权的，仲裁时效中止。中止的原因消失后，仲裁时效继续计算。在仲裁时效进行中，因请求、承认或者申请仲裁、提起诉讼，致使已经进行的仲裁时效期间全归无效。从中断时起，仲裁时效期间重新计算。

当事人有特殊情况，在仲裁时效期间没有行使权利，可以请求仲裁委员会延长仲裁时效期间。

前述李晓红因怀孕被公司无理解聘案的有效期为自解除劳动关系起1年内。更何况该解聘由于没有正当理由，属于无理解聘，是无效的。即便李晓红同意解聘，公司也应支付补偿金。更何况按《劳动合同法》女职工在孕期和哺乳期是不能辞退的，即使合同到期也不行。此外，李晓红因怀孕，还可以申请中止仲裁效期的计时。因此，她完全可以据此向当地仲裁委员会申请仲裁。

第二节 民事诉讼

韩利群于2013年3月15日到某购物网上浏览时，发现一辆二手帕萨特汽车的起拍价只有10块钱。他以前也参加过网上竞拍活动，认为是网站在搞促销，就参加了进去。几轮下来他竟成了最终买主，成交价是116元，网站也发来了电子合同。他立即根据网站提供的电话与帕萨特汽车的卖主联系。卖主是一家专营二手汽车的公司，他们也收到了网站那份电子合同，但是坚决认为一辆帕萨特汽车根本就不可能以116元的价格出售。请问，假如你是韩利群，你会怎么办？

一、遇到纠纷该怎样打官司

诉讼，俗称“打官司”，在解决日常工作和生活的诸种争议、纠纷方式中，是最权威和最有效的方式。诉讼按其解决的具体争议的性质不同，可划分为刑事诉讼、民事诉讼和行政诉讼。

我国现行《民事诉讼法》：

我国于1991年4月9日由第七届全国人民代表大会第四次会议通过施行《中华人民共和国民事诉讼法》，这部民事诉讼法分四编，共二十九章二百七十条。我国于2007年10月28日由第十届全国人民代表大会常务委员会第三十次会议通过了对这部诉讼法的修正案，修改后的民事诉讼法自2008年4月1日起施行。第十一届全国人大常委会第二十八次会议于2012年8月31日又通过关于修改民事诉讼法的决定，于2013年1月1日实施。

（一）民事诉讼法

《民事诉讼法》是国家制定的关于办理民事案件程序的法律规范的总称。这句话尽管严谨，但有些拗口。解释起来就是，为了使民事案件或经济纠纷案件等能够得到正确处理，不仅需要有各种民事法律、经济法律等实体法，而且还需要有如何运用这些法律的法律，即能够保证人民法院查明事实、分清是非、正确适用法律、及时审理民事案件、经济纠纷案件和制裁民事违法行为的法律（图 6-2）。

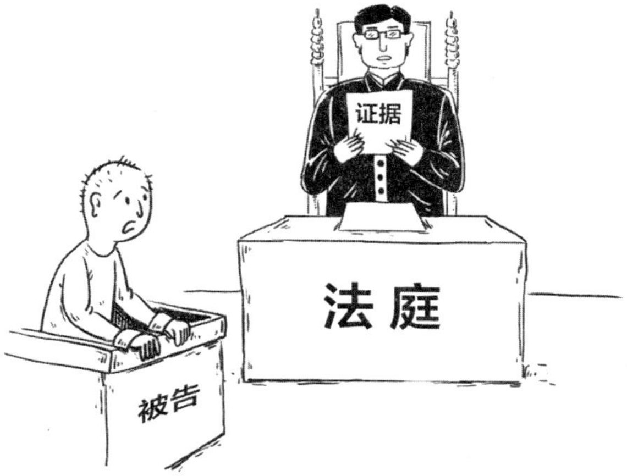

图 6-2 民事诉讼

像上述韩利群网购帕萨特汽车的纠纷，就可以依据《民事诉讼法》通过诉讼程序来解决。那么，你觉得韩利群在这场官司中会赢吗？

（二）民事诉讼基本原则

根据《宪法》和《人民法院组织法》等有关规定，《民事诉讼法》首先遵循与《刑事诉讼法》和《行政诉讼法》共同具有的统一原则和制度。除了如民事审判权由人民法院统一行使；人民法院依照法律规定对民事案件独立进行审判；两审终审、公开审判、合议、回避等制度外，《民事诉讼法》还规定了自己特有的基本原则。

1. 当事人诉讼权利平等原则

民事诉讼双方当事人的诉讼地位完全平等，同时人民法院必须保障和便利当事人能够平等地行使诉讼权利和承担诉讼义务。

2. 辩论原则

双方当事人在人民法院的主持下，有权就案件的事实和争议的问题，各自陈述自己的主张和根据，互相进行反驳和论证，以维护自己的合法权益。

3. 法院调解原则

人民法院审理民事案件，应当根据自愿和合法的原则进行调解；调解不成的，应当及时判决。

4. 处分原则

当事人有权在法律规定的范围内自由支配自己的民事权利和诉讼权利。如起诉权、撤诉权、上诉权、申诉权、申请执行权等。此外，原告提出诉讼请求之后还可以变更或者放弃诉讼请求。在整个诉讼过程中，原被告可以达成调解，在判决执行过程中，当事人也可以达成和解等。

5. 人民检察院监督原则

人民检察院有权对民事诉讼活动实行法律监督。对人民法院已经发生法律效力的判决、裁定认为确有错误的，人民检察院依照审判监督程序提出抗诉并派员出席再审法庭；对审判人员贪赃枉法、徇私舞弊行为进行监督和立案侦查（图 6-3）。

图 6-3　人民检察院的监督

6. 诚实信用原则

人民法院、当事人以及诉讼参与人在民事诉讼与审判活动中必须公正、诚实和善意。

鉴于上述原则，韩利群的网购帕萨特汽车一案，就不会担心在官司中吃亏了。只要以事实为依据，以法律为准绳，相信法律会给他一个公道。那么，他应该向哪家法院提请诉讼呢？

二、民事案件的管辖

（一）什么是法律意义上的管辖

在发生民事纠纷，当事人准备通过诉讼渠道解决时，首先要解决的问题是应向哪一级、哪一家法院提起诉讼，哪一家法院有权行使审判权，这就是诉讼管辖要解决的问题。确定各级人民法院和同级人民法院之间受理第一审民事案件的分工和权限就是法律概念的管辖。

人民法院基于管辖的规定，产生相应的管辖权，有管辖权的法院才能对案件具体行使审判权。为防止当事人规避法律，管辖权的确定以起诉时为准。

（二）级别管辖

案件的管辖首先应确定的是级别管辖。它是根据案件的性质、繁简程度、影响范围和诉讼标的的金额来确定上下级法院之间受理第一审民事案件的分工和权限问题。

北京人赵刚于2014年6月的一天傍晚，驾驶着小型货运面包车在河北省邯郸段的高速公路上与山东人王平驾驶的私家小客车发生碰撞，造成王平家两死一伤的惨剧。王平在伤愈出院后，与赵刚就赔偿问题无法达成协议，准备向法院起诉民事赔偿。此时，他既可以选择在事故发生地邯郸起诉，也可以选择向被告王刚的所在地北京的法院起诉。由于案件涉及的伤亡较大，他可以跨过赵刚所在地的北京市西城区基层人民法院，而直接向北京市第二中级人民法院起诉。这样做的有利之处在于：首先相关赔偿费用会按照北京的标准计算而不是按河北邯郸的标准；其次是审判的效率也会高一些。

（三）地域管辖

在级别管辖确定的基础上，就要确定同级人民法院之间在各自的辖区内受理第一审民事案件的分工和权限，这就是地域管辖。我国《民事诉讼法》规定地域管辖主要分为一般地域管辖和特殊地域管辖。

1. 一般地域管辖

指以被告住所地确定管辖法院，被告住所地与经常居住地不一致的，由经常居住地人民法院管辖。这一规则也通常称作“原告就被告原则”。同时《民事诉讼法》第二十二条以及最高人民法院相关司法解释也规定了“原告就被告”的例外。

浙江小伙张峰与江西姑娘江兰蕙在上海打工时结识，2010 年经恋爱在上海结婚，2012 年曾因感情不和，向法院起诉离婚，后经法院做工作，撤诉和好。2013 年两人决定到北京发展，1 年后再次因感情不和而分居。2014 年江兰蕙向北京市朝阳区人民法院起诉离婚，但因未能提供张峰在北京的居住证明，法院不予受理，因此只得远赴千里到被告户籍所在地浙江的法院起诉。于是她求助张峰在京住所所在地的当地街道妇联取得张峰在京居住的证明，才得以在朝阳区人民法院立案。

2. 特殊地域管辖

是指以诉讼标的所在地、法律事实所在地以及被告住所地为标准确定的管辖。我国《民事诉讼法》第二十三至三十二条规定了 10 种特殊的地域管辖。例如，因合同纠纷提起的诉讼由被告住所地或合同履行地人民法院管辖；因保险合同纠纷提起的诉讼，由被告住所地或者保险标的物所在地人民法院管辖等。

《民事诉讼法》规定的 10 种特殊地域管辖：

第二十三条　因合同纠纷提起的诉讼，由被告住所地或合同履行地人民法院管辖。

第二十四条　因保险合同纠纷提起的诉讼，由被告住所地或者保险标的物所在地人民法院管辖。

第二十五条　因票据纠纷提起的诉讼，由票据支付地或被告住所地人民法院管辖。

第二十六条　因公司设立、确认股东资格、分配利润、解散等纠纷提起的诉讼，由公司住所地人民法院管辖。

第二十七条　因铁路、公路、水上、航空运输和联合运输合同纠纷提起的诉讼，由运输始发地、目的地或者被告住所地人民法院管辖。

第二十八条　因侵权行为提起的诉讼，由侵权行为地或被告住所地人民法院管辖。

第二十九条　因铁路、公路、水上和航空事故请求损害赔偿提起的诉讼，由事故发生地或者车辆、船舶最先到达地、航空器最先降落地或者被告住所地人民法院管辖。

第三十条　因船舶碰撞或者其他海事损害事故请求损害赔偿提起的诉讼，由碰撞发生地、碰撞船舶最先到达地、加害船舶被扣留地或者被告住所地人民法院管辖。

第三十一条　因海难救助费用提起的诉讼，由救助地或者被救助船舶最先到达地人民法院管辖。

第三十二条　因共同海损提起的诉讼，由船舶最先到达地、共同海损理算地或者航程终止地的人民法院管辖。

3. 专属管辖

是指法律强制规定某些案件必须由特定的人民法院管辖，任何人不得加以变更。专属管辖具有强制性和排他性。《民事诉讼法》第三十三条规定了由人民法院专属管辖的三种情况。

4. 协议管辖

协议管辖是指合同或其他财产案件的双方当事人在民事纠纷发生前或之后，以书面协议的方式约定管辖法院。民事诉讼法第三十四条规定了适用条件。

（四）移送管辖和指定管辖

移送管辖是指人民法院受理案件后，发现自己对该案件无管辖权，而依法将案件移交给有管辖权的法院。受移送的法院应当受理案件。

指定管辖是指上级人民法院以裁定的形式指定下级人民法院对某一案件行使管辖权。法律在程序上对指定管辖做出了严格的规定。

在管辖权存有异议的情况时，根据民事诉讼法第一百二十七条的规定处理：人民法院受理案件后，当事人对管辖权有异议的，应当在提交答辩状期间提出。人民法院对当事人提出的异议应当进行审查。异议成立的，裁定将案件移送有管辖权的法院；异议不成立的，裁定驳回。当事人未提出管辖异议，并且应诉答辩的，视为受诉人民法院有管辖权，但违反级别管辖和专属管辖规定的除外。

三、民事诉讼当事人

（一）什么人可以作当事人

民事诉讼中的当事人是指因与他人发生民事纠纷，而以自己的名义参加诉讼，并受人民法院裁判约束的利害关系人。我国民事诉讼法第四十八条规定：公民、法人和其他组织可以作为民事诉讼当事人。法人由法定代表人进行诉讼。其他组织由其主要负责人进行诉讼。

当事人的权利与义务：

诉讼权利主要有：提起诉讼和反驳、反诉的权利；委托代理人代为诉讼的权利；申请回避的权利；进行质证和辩论的权利；申请调解的权利；自行和解的权利；查阅复制本案有关材料和法律文书的权利；上诉的权利；申请执行的权利。

诉讼义务主要有：依法行使诉讼权利；遵守诉讼秩序；履行生效法律文书。

（二）当事人的分类

1. 原告和被告

原告是指因民事权益发生争议或受到侵害，以自己的名义要求人民法院保护合法权益而提起诉讼的人。

被告是指因民事权益发生争执或者侵害他人民事权益，被人民法院传唤应诉的人。

2. 共同诉讼人

共同诉讼人是指当事人一方或双方为两人以上，诉讼标的是共同的，或者诉讼标的是同一种类，人民法院认为可以合并审理并经当事人同意而一起进行诉讼的人。共同诉讼分为必要共同诉讼和普通共同诉讼两种情况。

（1）必要共同诉讼

必要共同诉讼是指当事人一方或双方为两人以上，有共同的诉讼标的，人民法院认为必须合并审理，并作出同一判决的诉讼。例如，根据我国《担保法》第十八条规定：当事人在保证合同中约定保证人与债务人对债务承担连带责任的，为连带责任保证。因此当因连带保证合同发生纠纷提起诉讼时，保证人和债务人是必要共同诉人。

（2）普通共同诉讼

普通的共同诉讼人是指当事人一方或双方为两人以上，诉讼标的属于同一种类而且人民法院认为可以合并审理、经当事人同意而一同诉讼的人。

例如，购销合同法律关系或损害赔偿法律关系中，权利人既可以单独起诉，也可以共同起诉。共同起诉的，若法院认为可以合并审理，在经当事人同意合并后，就形成了普通的共同诉讼。

必要共同诉讼人与普通共同诉讼人的比较如表 6-1 所示。

表 6-1 两种共同诉讼人比较

诉讼内容	必要共同诉讼人	普通共同诉讼人
诉讼标的性质、数量	诉讼标的共同（一个诉讼标的）	诉讼标的同一种类（两个以上性质相同的诉讼标的）
共同诉讼人与诉讼标的的关系	有共同的权利义务关系	各自分别与对方有一个独立的诉讼标的存在
共同诉讼人之间的关系	不可分，一人的诉讼行为经全体承认或认可，对全体发生效力	每个人的诉讼行为由各自负责
是否必须合并审理	必须合并审理	可以合并审理，也可分开审理
审判结果不同	裁判统一作出	裁判分别作出，且裁判结果各不相同

3. 诉讼代表人

当共同诉讼人数量众多，推选代表，由其为维护本方当事人利益而进行诉讼活动时，其称为诉讼代表人。近年来，随着社会经济不断发展，出现了涉及众多人利益的群体纠纷。例如因环境污染使广大居民遭受损失的案件、产品质量纠纷等。受害人与加害人之间的法律关系是同一种类，适用普通的共同诉讼将众多原告合于同一程序，由于原告人数众多，诉讼无法进行。而由众多当事人推选诉讼代表人代为进行诉讼的制度既能提高办案的效率和质量，又能达到诉讼经济的目的。

4. 第三人

第三人有两种：有独立请求权的第三人和无独立请求权的第三人。

（1）有独立请求权的第三人

指对争议双方争议的诉讼标的，主张有全部或一部分权利而参加到诉讼中的人。这种第三人参加诉讼的根据，有如下两种情况：第一，对案件的诉讼标的提出独立的诉讼请求；第二，主张由于诉讼结果而使自己权利受到损害。

甲向乙提出给付10万元的诉讼，丙向法院提出请求确认甲乙之间的10万元债权不存在。认为甲乙是共谋提起诉讼，意图使乙的财产减少，进而损害丙对乙的债权。在这个诉讼中，丙即是主张因甲乙诉讼结果将对自己的权利造成损害从而提起诉讼的有独立请求权的第三人。

（2）无独立请求权的第三人

指对当事人争议的诉讼标的，不主张自己有独立权利，但与案件处理结果有法律上的利害关系，为保护自己的利益而申请参加或由法院通知其参加到已经开始的诉讼中的人。

甲公司从乙公司处购进一批组装的电脑后，发现质量不合格，对乙提起诉讼，要求退货或赔偿。而乙公司的电脑散件是从丙公司买来的，假如法院判决电脑质量不合格，乙公司败诉后就会向丙公司提出索赔要求，丙公司将因此而承担赔偿的义务。丙参加到甲告乙的诉讼中，就称为无独立请求权的第三人。

上述两种第三人的比较如表6-2所示。

表6-2　两种第三人特征的比较

诉讼内容	有独立请求权的第三人	无独立请求权的第三人
参加诉讼根据	主张全部或部分权利	与案件结果有法律上的利害关系
诉讼地位	相当于原告	不是原告，也不是被告
参加诉讼形式	起诉	申请或法院依照职权通知
诉讼权利	有原告的诉讼权利	看判决是否承担民事责任

四、民事诉讼证据

（一）什么是证据

民事诉讼的证据是指能够证明民事案件真实情况的一切客观事实，也是人民法院认定有争议的案件事实的根据。其特征表现为证据的客观性、关联性和合法性。

《民事诉讼法》规定，证据包括：① 当事人陈述；② 书证；③ 物证；④ 视听资料；⑤ 电子证据；⑥ 证人证言；⑦ 鉴定意见；⑧ 勘验笔录。

民事诉讼证据是当事人维护自己民事权益的重要武器，也是法院查明案件事实真相的必要手段。审判人员认定案件事实必须严格遵循证据的规则，保证了审判的公正、公平，从而使审判更加具有公信力。

（二）证明对象和举证责任

1. 民事诉讼证明对象

证明对象是指在诉讼中需要运用证据予以证明的与案件有关的事实。

民事诉讼的证明对象主要包括：

（1）当事人主张的民事实体权益事实。如当事人之间产生、变更和消灭权利义务关系的事实，妨碍当事人行使权利和履行义务的法律事实，当事人之间权利义务发生纠纷的法律事实等。

（2）当事人主张的具有程序意义的事实。如当事人是否符合条件、人民法院是否有管辖权等。

2. 当事人的举证责任

2014 年 3 月 15 日，王同在路经一居民楼时，被该楼 2 层住户沈方舟放置在阳台上的花盆坠落砸伤。王同治疗花去医疗费 1 万元。出院后，他找到沈家，要求其承担全部医疗费用。沈方舟以花盆不是自己故意摔下去为由，拒付医疗费。王同只好起诉，只提供了证人证言证明他确系被沈家的花盆砸伤，以及医疗费用证明。沈方舟依然坚持原理由，没有提出证据。法院最后判决沈家承担责任，赔偿王同医疗等相关费用。

可见，举证对审判具有极其重要的作用，当事人要积极为自己的主张举证。举证责任就是指当事人对自己提出的主张负有提供证据加以证明的责任。如果提供证据不充分或不能举证，则要承担不利的后果。举证责任负担的基本原则是“谁主张，谁举证”，即每一方当事人对自己提出的主张都有责任提供证据。当事人的举证责任符合法定情形可以免除。

《最高人民法院关于民事诉讼证据的若干规定》对举证责任作出了一些具体规定，该规定第 2 条规定：当事人对自己提出的诉讼请求所依据的事实或者反驳对方诉讼请求所依据的事实有责任提供证据加以证明。没有证据或者证据不足以证明当事人的事实主张的由负有举证责任的当事人承担不利后果。

“谁主张，谁举证”的基本原则在很多情况下经常显得有些显失公平，因此《民事诉讼法》及有关司法解释规定了一些补充规则，其中规定在特定案件中，实行举证责任倒置，即被告对原告主张的一定的侵权诉讼提出的主张予以否认的，由被告举证（图 6-4）。

图 6-4　举证责任

3. 法院调查收集的证据

在民事诉讼中，人民法院应当全面、客观地审查核实证据，依照职权收集、调查证据必须严格遵守法律的规定。

我国《民事诉讼法》第六十四条第二款规定：当事人及其诉讼代理人因客观原因不能自行收集的证据，或者人民法院认为审理案件需要的证据，人民法院应当调查收集。

2001年12月颁布的《最高人民法院关于民事诉讼证据的若干规定》中规定，人民法院认为审理案件需要的证据是指：第一，涉及可能有损国家利益、社会公共利益或者他人合法权益的事实；第二，涉及依照职权追加当事人、中止诉讼、终结诉讼、回避等与实体争议无关的程序事项。

五、保全

保全是为了保证将来作出的判决能够得到有效的执行，人民法院在案件受理前或者在诉讼过程中，对当事人的有关财产或者争议的标的物以及某种特定的行为而采取的一种保护措施。

（一）诉前保全及适用条件

诉前保全，是指在诉讼发生前，人民法院根据利害关系人的申请，而对有关财产、行为采取的保护性措施。

根据我国民事诉讼法第一百零一条的规定，采取诉前保全应当具备以下条件：

（1）情况紧急，不立即采取诉前保全措施将会使利害关系人的合法权益受到难以弥补的损害；

（2）必须由利害关系人向财产所在地、被申请人住所地或者对案件有管辖权的人民法院提出申请，法院不得依照职权采取；

（3）当事人应当提供担保，否则法院裁定驳回申请。

申请人在人民法院采取保全措施后三十日内不依法提起诉讼或者申请仲裁的，人民法院应当解除保全。

（二）诉讼保全及适用条件

诉讼保全是指在诉讼过程中，对于可能因当事人一方的行为或其他原因，使判决不能执行或难以执行的案件，根据当事人的申请或法院依照职权对有关财产进行保全，以及采取责令其作出一定行为或者禁止其作出一定行为的保护性措施。

采取诉讼保全措施应具备以下条件：

（1）案件必须具有给付内容；

（2）因当事人一方的行为或其他原因使判决不能执行或难以执行；

（3）根据利害关系人申请采取，必要情况下法院依照职权而采取。

六、审判

（一）第一审普通程序

普通程序是人民法院审理第一审民事案件通常适用的程序。普通程序是民事审判程序中的基础程序，是最系统、最完备的程序，具有广泛的适用性。普通程序的各个阶段为：

起诉和受理→审理前准备→开庭审理→合议、宣判

1. 起诉和受理

起诉是指公民、法人和其他组织的合法权益受到侵害或发生争议时，向人民法院提起诉讼，请求人民法院通过审判给予司法保护的行为。根据我国民事诉讼法的规定，起诉必须同时具备以下条件：

（1）原告是与本案有直接利害关系的公民、法人和其他组织；

（2）有明确的被告；

（3）有具体的诉讼请求和事实、理由；

（4）属于人民法院受理民事案件的范围和受诉人民法院管辖。起诉原则上需递交书面起诉书，书写确有困难的，可以口头起诉。

人民法院收到起诉状后，应当在7日内进行审查，对于符合法定条件的，予以受理；对于不符合起诉条件的，裁定不予受理；原告对裁定不服的，可以提出上诉。

2. 审理前的准备

人民法院受理案件后，在开庭审理前，审判人员依法所做的准备工作主要包括：

（1）法院受理后5日内向被告送达起诉书副本，被告应在收到之日起15日内提出答辩状；

（2）告知当事人诉讼权利义务和合议庭组成人员；

（3）审阅诉讼材料，调查收集必要的证据；

（4）组织当事人交换证据；

（5）更换和追加当事人等。

3. 开庭审理

人民法院在当事人和其他诉讼参与人的参加下，依照民事诉讼法规定的形式和顺序，通过核实所有证据查明案件事实，分清是非责任，对案件进行实体审理并最终作出判决。开庭审理的形式有公开审理和不公开审理两种。公开审理是原则，不公开审理是例外。

开庭审理前，书记员应当查明当事人和其他诉讼参与人是否到庭，宣布法庭纪律。开庭审理时，由审判长核对当事人，宣布案由及审判人员、书记员名单，口头告知当事人有关的诉讼权利和义务，并询问当事人是否申请回避。

法庭调查是开庭审理的中心环节，主要任务是审查核实各种证据，对案件进行全面、直接的调查。根据我国民事诉讼法规定，法庭调查按以下顺序进行：当事人陈述；证人出庭作证；出示书证、物证和视听资料；宣读鉴定结论和勘验笔录。

双方当事人及诉讼代理人对案件争议的事实和如何适用法律进行辩驳和论证。法庭辩论按以下顺序进行：原告及其诉讼代理人发言；被告及其诉讼代理人发言；第三人及其诉讼代理人发言；互相辩论。法庭辩论结束后，审判长按原告、被告、第三人的顺序征询各方的最后意见。

4. 合议庭评议、宣判

合议庭评议实行少数服从多数的原则。案件不论是否公开审理，宣判一律公开。当庭宣判的，应当在10日内向当事人发送判决书；定期宣判的，应当在宣判后，立即发给判决书。宣判时应告知当事人上诉权利、上诉期限以及上诉法院。

（二）第一审简易程序

简易程序是基层人民法院和派出法庭审理简单的民事案件所适用的程序。它是普通程序的简化，但也是一个独立的审判程序。

普通程序与简易程序的比较如表6-3所示。

表 6-3　普通程序与简易程序的比较

诉讼内容	普通程序	简易程序
起诉方式	原则是书面起诉，口头起诉是例外	原则上可以口头起诉
受理程序	7 日内决定是否受理	可当即受理
传唤方式	合法传唤	简便方式（如打电话等）
审判组织	合议制	独任制
审判阶段	严格按照法定阶段进行	不受普通程序阶段的限制
审限	6 个月审结，按法律规定可延长	3 个月必须审结

追求程序上的公开、平等，实现司法的公正与效率，已经得到人们普遍的认同。2003 年 12 月 1 日起，最高人民法院《关于适用简易程序审理民事案件的若干规定》（以下简称《规定》）正式施行。比起以往的相关法规，《规定》更加尊重当事人的权利和意愿，其中比较重要的规定如下：

1. 调解签字后立即生效

双方当事人同意调解协议、经双方签名或者捺印生效的，该调解协议自双方签名或者捺印之日起发生法律效力。

2. 当事人未到庭不能轻易撤诉

出现当事人应当到庭而当事人未到庭的情况时，法院可以按照撤诉或者缺席审理处理。

《规定》第十八条规定：以捎口信、电话、传真、电子邮件等形式发送的开庭通知，未经当事人确认或者没有其他证据足以证明当事人已经收到的，人民法院不得将其作为按撤诉处理和缺席判决的根据。

3. 诉讼权利可自由处分

允许当事人自由处分自己的诉讼权利。《规定》第二条规定：基层法院审理一审的民事案件，当事人各方自愿选择简易程序的，经法院审查同意，可以由普通程序转为适用简易程序。

2012 年新修改的民事诉讼法增加了小额诉讼程序的相关规定，对于简单的民事案件而且标的额为各省、自治区、直辖市上年度就业人员年平均工资百分之三十以下的，实行一审终审制。

（三）第二审程序

第二审程序的设立为当事人维护自己的合法权益提供了更加充分的手段，同时又是人民法院保障民事案件审理正确性的重要措施。

第二审程序的审理特点如表 6-4 所示。

表 6-4　第二审程序审理的特点

审查范围	应当限于当事人上诉请求的范围进行审查
审理方式	原则上应当开庭审理。经过阅卷和调查，询问当事人，对没有提出新的事实、证据或者理由，合议庭认为不需要开庭审理的，也可以进行判决、裁定
审理地点	既可以在第二审法院进行，也可以到案件发生地或原审法院所在地进行
审判组织	由审判员组成合议庭进行审理

第二审程序裁判的结果根据情况的不同可以分为四种情形：

1. 驳回上诉，维持原判

原判决、裁定认定事实清楚，适用法律正确，以判决、裁定方式驳回上诉，维持原判决、裁定。

2. 依法改判、撤销

原判决、裁定认定事实错误或者适用法律错误的，以判决、裁定方式依法改判、撤销。

3. 发回重审

原判决认定基本事实不清或严重违反法定程序的，裁定撤销原判决，发回原审人民法院重审。

七、审判监督程序

审判监督程序是指对已经发生法律效力的判决、裁定、调解书，人民法院认为确有错误，或当事人基于法定事实和理由认为确有错误，或检察院认为存在再审的法定事实和理由，而由人民法院对案件再行审理的程序。

启动审判监督程序的方式如下：

（一）人民法院决定再审

各级人民法院院长对本院作出的生效裁判，认为需要再审的，提交审判委员会讨论决定；最高人民法院对地方各级人民法院、上级人民法院对下级人民法院已经发生法律效力的生效裁判，发现确有错误的，有权提审或者指令下级人民法院再审。

（二）当事人申请再审

当事人对已经发生法律效力的判决、裁定和调解书认为符合法定再审事由，可以向上一级人民法院申请再审，但不停止判决、裁定的执行。

（三）检察院抗诉

最高人民检察院、上级人民检察院，认为人民法院生效裁判确有错误，并符合法定情况，有权向人民法院提出抗诉。检察院抗诉的案件，人民法院应当再审。

（四）特殊审判程序之督促程序

在现实生活中，许多债权人在向债务人讨债不成时，只知道向人民法院提起民事诉讼来实现自己的债权，而不知道讨债还有一条捷径，即运用我国民事诉讼法规定的督促程序，申请支付令，适用督促程序解决。督促程序是一种简便快捷的督促债务人还债的非诉讼程序。它是指人民法院依照债权人的申请，对于以给付一定金钱或有价证券为内容的债务，向债务人发布支付令。若债务人在法定期间内未提出异议，债权人可以以支付令为根据，请求人民法院强制执行的一种督促债务人还债的程序。这种程序的最大特点就是简便、迅速、及时。

八、民事执行程序

民事执行程序是民事诉讼法规定的由法定组织和人员运用国家的强制力量，根据法院判决、裁定及其他法律文书的规定，强制当事人履行所负义务的程序。民事执行程序是审判程序的继续和完成。

（一）执行根据

执行根据是指当事人据以申请执行和法院据以强制执行的生效法律文书。

主要包括：

（1）人民法院民事、行政判决、裁定、调解书；民事制裁决定、支付令；刑事附带民事判决、裁定、调解书等；

（2）依法应由人民法院执行的行政处罚决定、行政处理决定；

（3）仲裁机构作出的裁决、调解书；法院依《仲裁法》作出的财产保全、证据保全裁定；

（4）公证机关依法赋予强制执行效力的关于追偿债款、物品的债权文书；

（5）经人民法院裁定承认其效力的外国法院作出的判决、裁定，以及国外仲裁机构作出的仲裁裁决；

（6）法律规定由人民法院执行的其他法律文书。

（二）执行程序

1. 申请执行

依据生效法律文书享有权利的一方当事人，在义务人拒绝履行义务时，可以向人民法院申请强制执行。申请执行人应向有管辖权的人民法院申请执行，并遵守申请执行二年期限的规定。申请执行时效的中止、中断，适用法律有关诉讼时效中止、中断的规定。人民法院作出的生效民事判决书、裁定书、调解书，以及具有财产内容的刑事判决书、裁定书由第一审人民法院执行。发生法律效力的支付令由制作支付令的法院负责执行，仲裁机构制作的发生法律效力的裁决书、调解书，以及公证机关依法赋予强制执行效力的债权文书，由被申请执行人住所地或被执行的财产所在地人民法院执行。

2. 移送执行

移送执行是指由案件的审判人员直接将案件交付执行人员执行。移送执行主要适用于以下几类案件：

（1）判决、裁定具有给付赡养费、抚养费、抚育费等内容的案件；

（2）具有财产给付内容的刑事判决书、裁定书；

（3）审判人员认为涉及国家、集体或公民重大利益的案件。

3. 执行措施

人民法院依照法定程序，强制执行生效法律文书的主要措施有：

(1) 查询、冻结、划拨被执行人的财产；

(2) 扣留、提取被执行人的收入；

(3) 查封、扣押、冻结、拍卖、变卖被执行人的财产；

(4) 搜查被执行人隐匿的财产；

(5) 强制被执行人履行法律文书指定的行为；

(6) 强制被执行人迁出房屋或退出土地；

(7) 强制被执行人履行法律文书指定的行为；

(8) 办理财产权证照转移手续；

(9) 强制被执行人支付迟延履行期间债务利息及迟延履行金。

我国民事诉讼法经修正后还补充规定：被执行人不履行法律文书确定的义务的，人民法院可以对其采取或者通知有关单位协助采取限制出境，在征信系统记录、通过媒体公布不履行义务信息以及法律规定的其他措施。

九、涉外民事诉讼程序的特别规定

(一) 涉外民事诉讼程序的概念

涉外民事诉讼程序是指人民法院审理具有涉外因素民事案件所适用的程序。

涉外因素是指以下情况：第一，诉讼主体涉外；第二，双方争议的民事法律关系发生、变更或消灭的事实发生在国外；第三，双方争议的财产在国外。在涉外民事诉讼程序中，应当首先遵循涉外民事诉讼程序的特别规定，没有规定的，适用民事诉讼程序的一般规定。

(二) 涉外民事诉讼程序应当遵循的原则

(1) 适用我国民事诉讼法原则；

(2) 适用我国缔结或参加的国际条约的原则；

(3) 司法豁免权原则；

(4) 委托中国律师代理诉讼的原则；

(5) 适用我国通用的语言文字原则；

(6) 同等和对等原则。

(三) 涉外民事诉讼管辖

1. 牵连管辖

因合同纠纷或者其他财产权益纠纷，对在中华人民共和国领域内没有住所的被告提起的诉讼，如果合同在中华人民共和国领域内签订或者履行，或者诉讼标的物在中华人民共和国领域内，或者被告在中华人民共和国领域内有可供扣押的财产，或者被告在中华人民共和国领域内设有代表机构，可以由合同签订地、合同履行地、诉讼标的物所在地、可供扣押财产所在地、侵权行为地或者代表机构住所地的人民法院管辖。

2. 协议管辖

涉外合同或者涉外财产权益纠纷的当事人，可以用书面协议选择与争议有实际联系的地点的法院管辖。选择中华人民共和国人民法院管辖的，不得违反本法关于级别管辖和专属管辖的规定。

3. 应诉管辖

涉外民事诉讼的被告对人民法院管辖不提出异议，并应诉答辩的，视为承认该人民法院为有管辖权的法院。

4. 专属管辖

因在中华人民共和国履行中外合资经营企业合同、中外合作经营企业合同、中外合作勘探开发自然资源合同发生纠纷提起的诉讼，由中华人民共和国人民法院管辖。

此外对于期间、送达、财产保全、司法协助等方面我国的《民事诉讼法》也都作出了特别的规定。